2012年 ICT深度观察

工业和信息化部电信研究院　编

人民邮电出版社
北京

图书在版编目（CIP）数据

2012年ICT深度观察 / 工业和信息化部电信研究院编
-- 北京 : 人民邮电出版社, 2012.4
ISBN 978-7-115-27884-5

Ⅰ. ①2… Ⅱ. ①工… Ⅲ. ①信息工业－经济发展－研究报告－中国 Ⅳ. ①F49

中国版本图书馆CIP数据核字(2012)第047909号

内 容 提 要

本书主要内容为工业和信息化部电信研究院在行业发展、法律法规、产业与政策、通信监管、互联网、3G及宽带无线、下一代网络、网络与信息安全等八大软科学研究领域的深度观察报告，具有较高的时效性、权威性和实用性。

本书的主要读者对象为各级政府和行业主管部门、国内外电信运营商、设备制造商、增值服务提供商及相关行业协会、研究机构的相关人员。

2012 年 ICT 深度观察

◆ 编　　工业和信息化部电信研究院
责任编辑　梁　凝
◆ 人民邮电出版社出版发行　北京市崇文区夕照寺街 14 号
邮编　100061　电子邮件　315@ptpress.com.cn
网址　http://www.ptpress.com.cn
北京隆昌伟业印刷有限公司印刷
◆ 开本：880×1230　1/16
印张：12.75　　2012 年 4 月第 1 版
字数：328 千字　　2012 年 4 月北京第 1 次印刷

ISBN 978-7-115-27884-5

定价：298.00 元

读者服务热线：(010)67132786　印装质量热线：(010)67129223
反盗版热线：(010)67171154

编委会

作　者

行业发展篇　余晓晖　许立东　刘默　肖荣美　王涛　石立娜　卢玥　吴晓卿　彭志艺　覃庆玲　刘今超　韦柳融　黄瑞君　鲁春丛　杨子真　罗雨泽　石友康　王远桂

法律法规篇　续俊旗　李海英　王融　丁道勤　石月　杨扬　李梅　马志刚　王慧　蔡雄山　刘耀华

产业与政策篇　辛勇飞　胡珊　史德年　曹蓟光　郝也　司先秀　刘锦华　罗雨泽　王伟华　彭征波　王远桂　万铭　高巍　胡红梅　刘铁志　刘默　朱金周　王婉丽

通信监管篇　陈金桥　马源　徐玉　李冬　胡善冰　何伟　郑放　肖云　杨思维　刘光浩　刘耀华　郝健　马慧　华颖

互联网篇　何宝宏　覃庆玲　刘越　李原　朱乾龙　郭丰　崔颖　高巍　张倩　刘飞　黄伟　李洁　杜娟　魏凯　张杰

3G及宽带无线篇　王志勤　胡坚波　李珊　王跃　林辉　袁琦　宋颖　石中金　刘琪　罗振东　吴丽凤　杨天一

下一代网络篇　续合元　王爱华　杨然　张海懿　罗松　黄伟　陆洋　李海花　田辉　杨葆莉　张炎滨　王锋　周旗

网络与信息安全篇　魏亮　马志刚　程学东　谢玮　许子先　潘娟　杜宏伟　魏薇　卜哲　匡晓烜　陈其云

序

国际国内信息通信业在2011年加速呈现出大变革、大融合的趋势。信息通信业的服务对象更加广泛、服务种类更加多样、服务能力更加增强，传统的、单一的信息传送服务已开始向综合信息服务加速转型。新技术、新业务的跨界融合和快速发展催生了多种新的业态，使得原有的产业生态体系正在发生深刻的变革，产业价值链的核心正在由制造和运营逐渐向应用和服务转移。

2011年，中国信息通信业以加快转变发展方式为主线，积极谋求转型升级，不断推动“两化”深度融合，业务规模持续扩大，市场竞争格局逐步优化，行业发展总体向好。

在行业发展方面，显著特点是速度回升和结构演变。2011年我国电信业收入增速历经六年再次超越GDP，主营收入增长10%，但利润率和投资回报率下降。移动互联网正在重塑通信行业发展图景，移动应用商店成为主要业务形态，中国成为世界第二大应用市场。为应对流量爆发式增长、投资收益压缩和业务创新边缘化的挑战，电信业积极加快智能化转型，在建设智能管道、拓展流量经营、探索智能化运营方面付出努力。预计2012年电信主营业务收入将突破万亿，保持6.6%～8.7%增速，增值业务收入则将保持20%以上增速，业务结构将进一步优化。

在移动和无线宽带领域，我国3G业务渗透率突破了10%的关键转折点，加速进入良性发展阶段。云管端发力推动移动互联网进入新的产业周期，TD-LTE产业加速推进，移动支付标准竞争激烈，商业模式不断创新。预计2012年我国移动用户将迈过10亿大关，LTE技术和产业链不断成熟并扩大试商用。

在互联网领域，2011年技术和产业热点频现。首先是云计算进入实质发展阶段；其次，社交因素植入各类互联网应用；第三，电子商务繁荣背后隐忧凸显；第四，全球围绕网络空间斗争加剧。2012年下一代互联网络将加速推进，IPv6从申请转向规模化应用，运营商将携手互联网企业全面启动云计算服务。

在网络技术演进方面，信息通信网络继续向着泛在化、宽带化、融合化、绿色化不断发展，新的技术热点不断涌现，包括光纤到户、城域网中的 PTN 和 IP RAN、融合 CDN、云化的数据中心、智能管道、智慧城市都有新的发展。

2011 年通信监管热点与基础市场竞争、互联网应用设施、移动应用商店和智能终端密切相关，这些领域发生了一系列事件，引发社会各界广泛关注，推动政策层面的研究评估，导致制度规则与政策措施的调整变化。在法律制度建设上，网络环境下的个人信息保护问题成为争论焦点，各国修法应对上述挑战；互联网企业不正当竞争行为频发，呼吁立法规范；智能手机专利纠纷波及面进一步扩大，对移动互联网产生重大影响。网络安全问题集中表现在网络战争威胁、个人信息保护、网络身份管理、智能终端安全等四个环节，产业发展政策聚焦于激励创新、扶持中小企业、做好产业布局以及推动国际化等方面。

展望 2012 年，“宽带中国”战略的实施，“宽带上网提速工程”的启动，移动互联网、云计算、物联网、三网融合以及社会化应用等的快速发展，将进一步促进信息通信业的发展和转型，也将迎来我国 ICT 产业发展和市场竞争的新局面。

工业和信息化部电信研究院是我国信息通信业的重要研究支撑机构，经过不断探索创新，在 ICT 领域形成了“行业发展、无线宽带、互联网、下一代网络、通信监管、法律法规、产业与政策、网络与信息安全”八大研究领域，从而对信息通信业进行系统深入地研究和分析，鼎立为支撑政府重大决策和指导行业发展做出贡献。

《2012 年 ICT 深度观察》是我院连续四年、每年撰写一部的覆盖广泛、研究深入的年度综合研究报告，旨在对上一年信息通信行业的发展和管理进行系统深入地分析，并对新一年变化趋势进行预测和研判。本书是我院八个领域近百名专家集体智慧的结晶，内容翔实，数据丰富，重点突出，观点鲜明，希望这些研究成果能够引发大家的深入思考，激发业内外朋友的共鸣。

最后对参与深度观察报告撰写和编辑出版的所有专家和工作人员致以衷心感谢，期待该系列出版物能够对政府决策和行业发展起到积极的参考作用。

2012 年 3 月于北京

目 录

法律法规篇 23

3G及宽带无线篇 …………………………………………………… 113

行业发展篇

导　读

全球电信业保持平稳增长，结构变革深化。2011 年全球电信业务收入增长 2%，移动数据业务高速发展，全球性宽带浪潮迅猛推进，新增 6400 万用户，为金融危机以来的新高，智能电视、互联网视频等新型融合业态显著增长，M2M 终端突破 1 亿户，互联网和电信企业的云计算商用服务加快推进。

我国电信业收入增速历经六年再次超越 GDP。主营收入增长 10%，接近金融危机前水平，但利润率和投资回报率下降，高投入增长模式难以长期持续。移动用户和固定宽带用户双创历史新高，月均分别增长 1060 万户和 252 万户，3G 用户在全部移动用户中渗透率提高至 13%，迈过 10% 发展拐点。结构持续优化，非话业务占主营收入比例为 46.5%，新兴服务业态发展加快，成为全球最大 M2M 应用市场，云计算服务探索展开，三网融合成效初显。

我国上市互联网服务企业收入首次突破千亿。2011 年前 3 季度同比增长 35.5%，平均净利润率为 21%，接近基础企业两倍，6 家企业进入全球互联网市值前 25 名。

移动互联网重塑通信行业发展图景。以终端平台为核心的生态体系主导了行业发展，呈现全新服务和竞争模式，应用商店成为当前主要业务形态，我国成为世界第 2 大应用市场，形成企业自营和第三方应用商店高速发展局面，Web 应用也呈现快速发展势头。我国已形成十数家智能终端和操作系统集成创新群体及上百万应用开发者，具备进一步发展创新的条件。

电信业加快智能化转型探索。为应对流量爆发式增长、投资收益压缩和业务创新边缘化的挑战，电信业积极加快智能化转型，一方面建设智能管道，寻求资源与业务智能优化配置，实现管道资源价值最大化。另一方面加快智能化运营探索，通过构建新的业务平台和开放网络能力，重构互联网条件下的业务创新地位。

2012 年，站在新的历史起点上。行业既面临宏观经济环境不确定性增加、增长模式被破坏等当前挑战，又面临行业战略性地位提升及技术、业务变革创新带来的长期机遇。全球电信市场将继续稳定增长，我国将面临“十二五”发展新局面，2012 年预计电信主营业务收入将突破万亿，保持 6.6% ～ 8.7% 增速，增值业务收入则将保持 20% 以上增速，业务结构将进一步优化。

本篇作者：

余晓晖　许立东　刘默　肖荣美　王涛　石立娜　卢玥　吴晓卿　彭志艺　覃庆玲　刘今超　韦柳融
黄瑞君　鲁春丛　杨子真　罗雨泽　石友康　王远桂

一、2011 年通信业发展综述

（一）国际电信业：平稳增长下的结构变革深化

电信业务收入平稳增长。在经历了经济危机所引发的行业增长波动后，2011 年全球电信业增长总体保持平稳，全年电信业务收入达到 1.72 万亿美元，比 2010 年名义增长 7.1%，排除汇率变动因素后增长 2.0%，略低于 2010 年的增长水平。

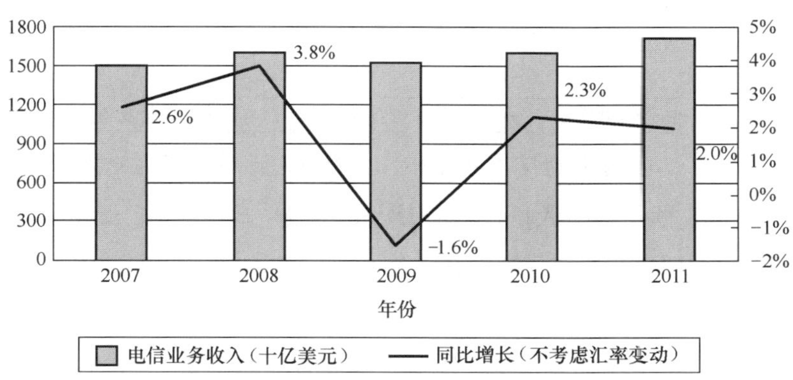

图 1　全球电信运营业市场收入及增长率（数据来源：Gartner）

业务结构变迁持续深化。移动通信成为电信业务结构转型的主要领域。智能终端与移动应用发展显著地拉动了移动数据业务增长，发达国家市场，移动数据等新业务收入贡献在 2011 年前三季度已达到 40.4%。

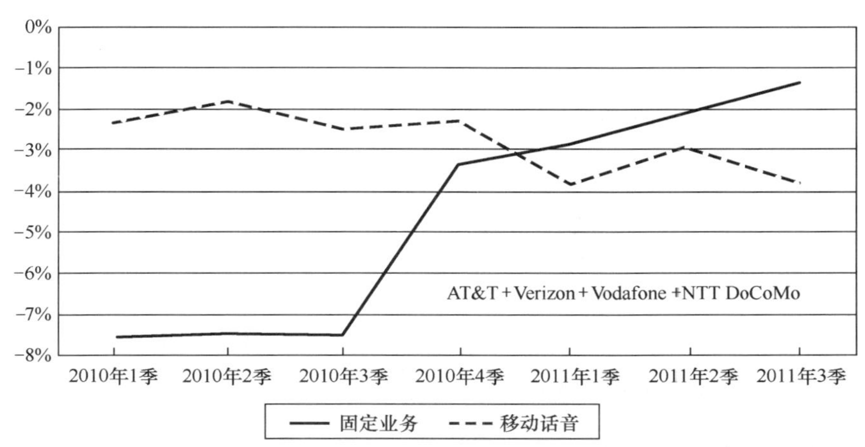

图 2　欧美等主要运营商固定业务和移动话音收入增长率（数据来源：运营商财报）

与此同时，话音业务收入的萎缩则已全面由固定延伸至移动领域，并由发达市场拓展至发展中市场。欧美等主要运营商的固定话音收入已经连续多年保持下滑，移动话音收入则呈现出加速下滑趋势。

（二）我国电信业：强劲的增长和用户规模扩张

电信业务收入快速增长。2011年，电信主营业务收入9880亿元，逼近万亿元大关，同比增长达10%，增速相比去年提高3.6个百分点，也是2005年后的6年来首次超越GDP增速。

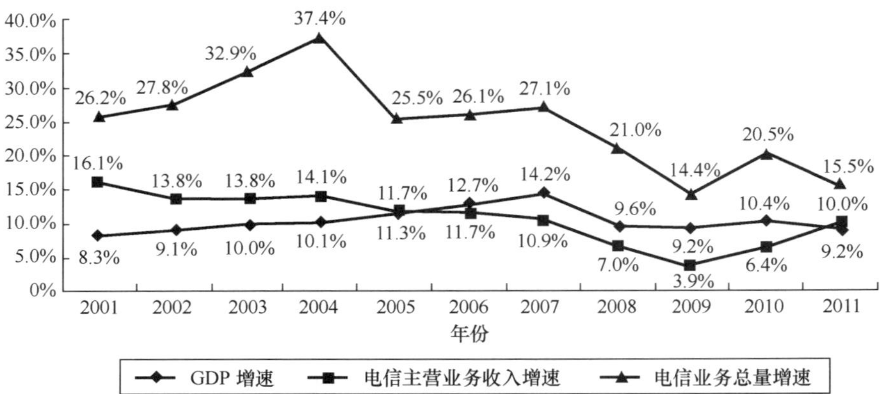

图3　电信业增速与GDP增速对比（数据来源：工业和信息化部）

业务结构持续优化。数据业务成为推动行业增长的主要力量，固定和移动数据及互联网接入业务对整体收入增长的贡献合计超过50%。新兴业务发展加速，IPTV、手机电视等融合性业务和移动支付业务、手机阅读等移动互联网业务成为行业新的增长点。受此推动，非话业务收入增长17.9%，占主营业务收入比例46.5%，同比提高4.2个百分点，行业发展对话音业务的依赖持续减弱。

电话和宽带用户增长再创新高。2011年，移动和固定宽带用户月均增长分别达到1060万户和252万户，创出历史增长新高，总规模分别达到9.86亿户和1.56亿户，普及率提升至73.6%和11.7%。同期，由于无线市话用户流失速度明显下降，整体固话用户流失规模创过去4年最低，全年减少923万户，固定电话用户总数为2.85亿，普及率21.3%。

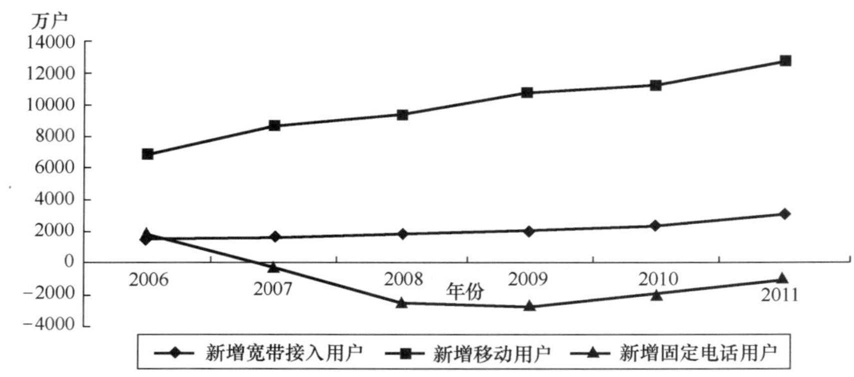

图4　新增电话用户及宽带用户发展情况（数据来源：工业和信息化部）

3G迈入规模化加速发展阶段。2011年，随着3G网络覆盖范围不断延伸、3G终端价格下降、移动互联网应用发展及运营商终端补贴政策的广泛实施，3G发展进一步提速。全年新增3G用户达到8137万户，是上年新增数的2.34倍。占全部新增移动用户比重从2010年的31.1%上升到63.9%，在移动用户中的渗透率也相应从2010年的5.5%提高到13%，在不到一年的时间内超越10%的发展拐点，进入快速成长通道。

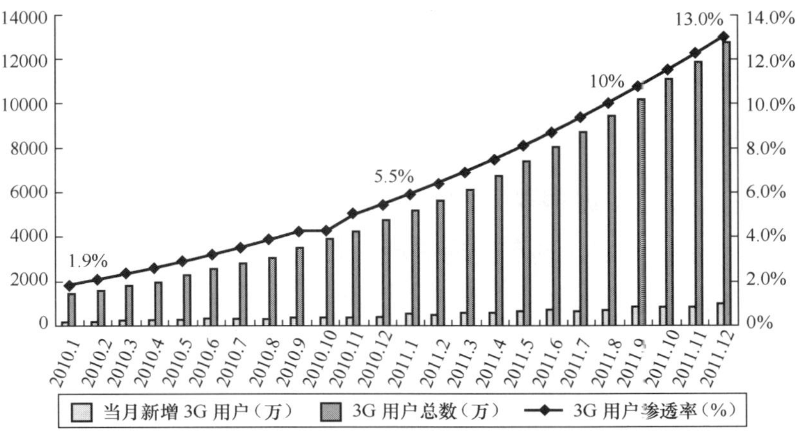

图5　3G用户发展及渗透率变化情况（数据来源：工业和信息化部）

（三）全球性宽带浪潮迅猛推进，我国宽带发展加速

固定宽带用户高速增长。在各国政府宽带计划与激励政策推动下，2011年全年新增固定宽带用户6400万，为金融危机以来最高。另一方面，发展中国家和发达国家发展差距不断拉大，普及率差距由2004年的7.8个百分点扩大到2011年的20.9个百分点。

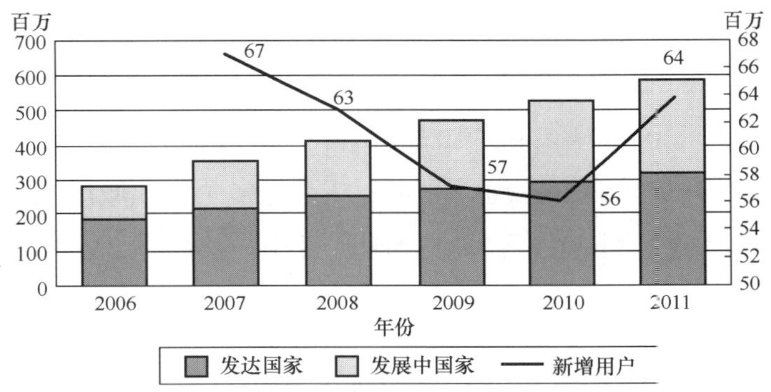

图6　全球固定宽带用户数及增长情况（数据来源：ITU）

移动宽带用户[1]发展全面加速。伴随3G业务的逐渐普及以及LTE网络部署的加速，全球移动宽带持续快速增长态势。2011年新增用户3.15亿，高于过去几年增长规模，同时也远超固定宽带增长速度。其中，全球3G用户在移动用户中的比例达到17%，发达国家则已经超过50%。LTE用户初步增长，至2011年底，全球约有54家运营商推出了LTE商用服务，用户数达到1030万。

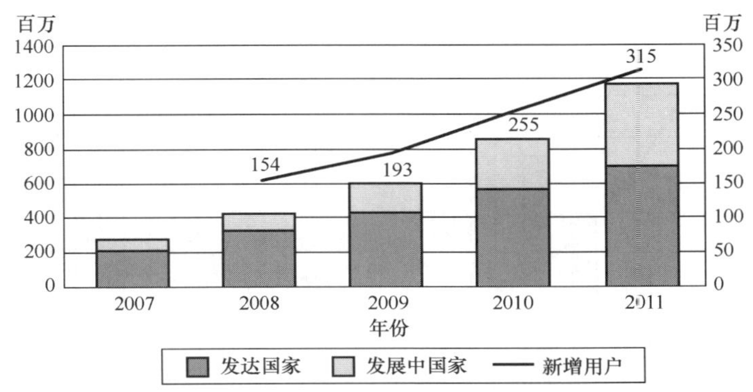

图7　全球移动宽带用户数及增长情况（数据来源：ITU）

1　根据国际电联定义，移动宽带用户是指数据速率为256kbit/s或更高的移动签约用户，包括3G及其后续演进技术标准，如WiMAX等无线宽带技术等。

WiFi 全面兴起。移动智能终端与移动应用的发展给电信运营商的蜂窝网络带来了沉重的流量负担。为分流移动数据流量，全球运营商开始大力发展 WiFi 网络，以作为蜂窝网络的有效补充。2011 年全球公共 WiFi 热点数量增长超过 60%，达到 130 万个，私人 WiFi 热点数量则已经达 3.45 亿个。

我国宽带普及加快。随着光进铜退推进和宽带竞争加剧，我国固定宽带用户普及率提升至 11.7%，一年内增长达 2.4 个百分点，创年度历史增长新高。普及水平不仅超过全球平均水平，且与 OECD 国家差距连续 3 年缩小。

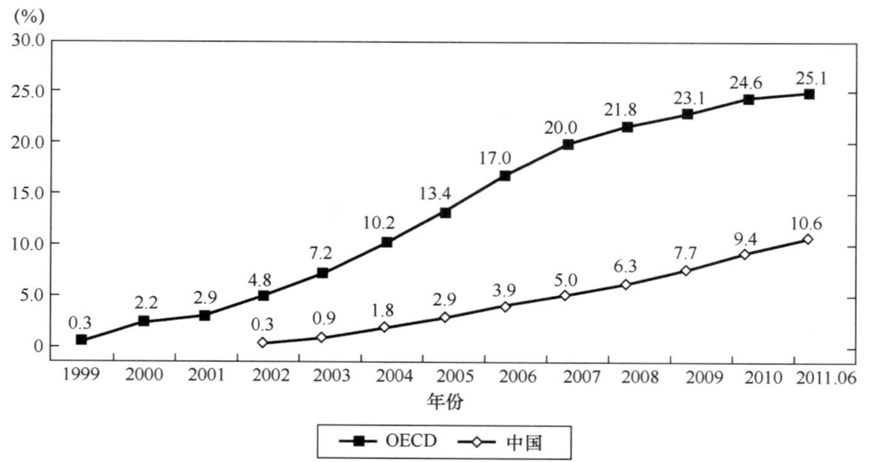

图 8 中国与 OECD 宽带普及率发展比较（数据来源：OECD 网站及工业和信息化部）

宽带接入全面提速。四川、广东、上海、北京、江苏等多个省和城市先后推出宽带提速活动，推动宽带接入速率显著提升。截止到 2011 年底，全国宽带用户速率在 2M 和 8M 之间的占比已达到固定宽带接入用户总数的 79%。

（四）国际三网融合新业态兴起，我国三网融合初显成效

传统融合业务增长趋缓。2011 年，全球 IPTV、手机电视等传统三网融合业务增速显著下降。其中，IPTV 用户增长约 810 万，虽然为历年最高，但增长速度已经降至 30% 以下；手机电视用户全年新增约 500 万，较 2010 年出现明显下滑。未来随着智能电视、互联网视频等日益成熟，IPTV 和手机电视业务增长将进一步趋缓。

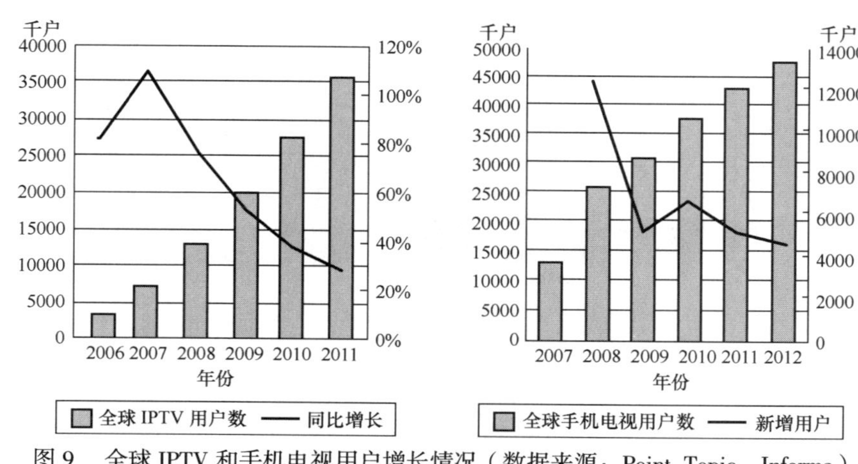

图 9 全球 IPTV 和手机电视用户增长情况（数据来源：Point-Topic、Informa）

新型融合业态迅猛增长。一是智能电视快速发展，以 Google TV 为代表的智能电视产品和以 Apple TV、Boxee 为代表的定制机顶盒产品成为互联网视频服务的主要载体，加速互联网视频向电视设备的延伸。据估计，上述智能电视和智能机顶盒产品的出货量在 2011 年达到 1.5 亿部，同比增长超过 130%。二是互联网视频快速增长，2011 年基于电视的互联网视频业务用户已经达到 5000 万户，用户规模超过 IPTV，已对传统视频服务形成替代效应。

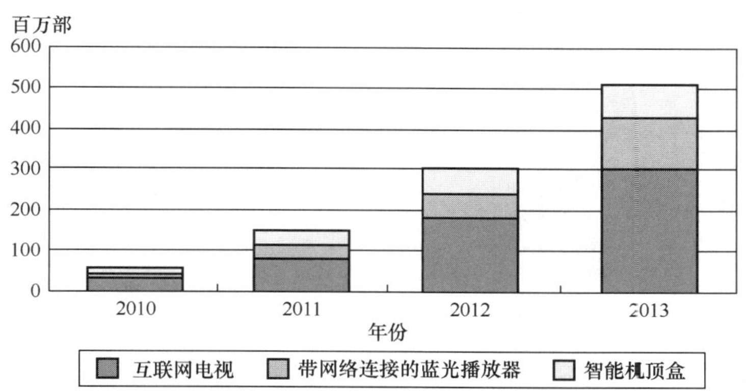

图 10　全球智能电视和智能机顶盒设备增长情况（数据来源：Informa）

我国三网融合初显成效。尽管面临诸多障碍，但在各方共同推动下，我国三网融合发展仍取得了成效。2011 年，IPTV 和手机电视用户分别新增 630 万户和 4723 万户，用户总数分别超过 1300 万户和 5600 万户。

我国智能电视产业条件初具。2011 年智能电视和互联网电视机顶盒的产业准备已初步就绪，而对互联网电视机顶盒经历了从完全禁止到规范发展的态度转变，为撬动 4.6 亿未连接互联网的存量电视机市场开启了可能性，但政策方面仍存在一定的制约和不确定性。

互联网视频服务快速增长。与国际类似，我国互联网视频服务也呈现快速增长势头，如优酷、乐视网和酷 6 三家主要综合视频网站 2011 年前三季度收入同比增长 105%，呈现强劲增长态势。

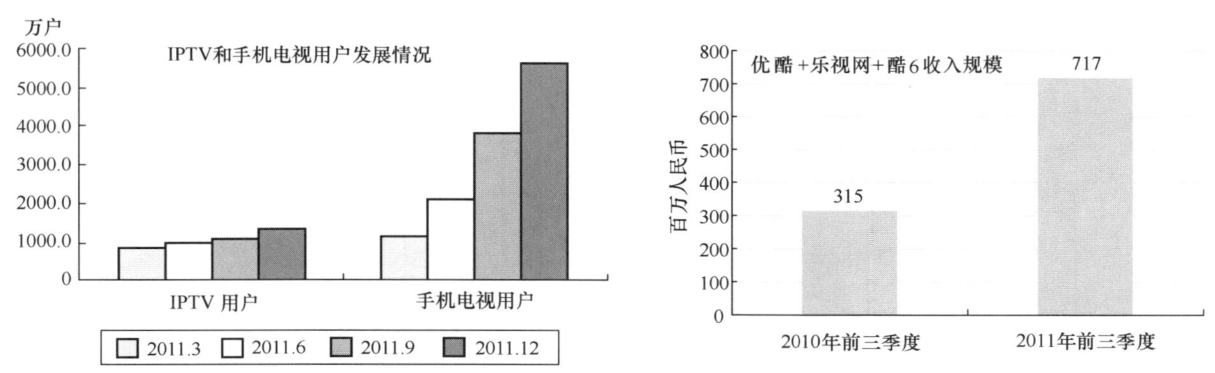

图 11　我国 IPTV、手机电视及互联网视频服务增长情况（数据来源：网站数据整理）

（五）新兴服务业态探索加快

物联网服务市场继续成熟完善。2011 年全球 M2M 连接设备数超过 1 亿，并继续保持着稳定的增长态势。其中，物流、医疗、安全等领域的M2M应用逐步实现大规模商用，而M2M应用与汽车交通的深入结合，使Telematics成为2011年全球M2M市场发展的重要热点。在我国，M2M在三家基础运营商的大力推动下获得快速增长，已经成为全球最大的M2M应用市场。截止到2011年底，M2M用户达到1700万，其中，中国移动的M2M设备连接数已经超过1000万个。

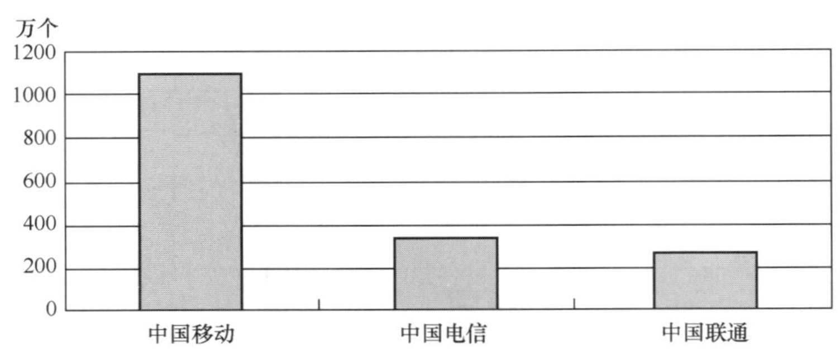

图12　我国电信企业M2M设备连接数（数据来源：企业调研）

云计算服务加速商用。云计算在全球的商用步伐加快，互联网和电信企业成为最重要的云计算服务提供商。在全球范围内，亚马逊、谷歌等互联网企业成为全球云计算的领军企业，提供从IaaS、PaaS到SaaS的大规模云计算商用服务。Verizon、AT&T、BT、NTT等电信企业在云存储等IaaS服务方面发展加快，并开展基于自身优势的Saas和PaaS服务，成为云计算服务的重要力量。在我国，以阿里巴巴、腾讯等为代表的互联网企业成为云服务领导者，PaaS和IaaS已初步规模商用。而电信企业则以IaaS为重点，正开展相应服务能力的建设，IDC成为其重要优势资源。此外，我国ICT制造企业以云存储等为重点，云计算服务探索也已展开。

（六）行业投资规模小幅回升

行业投资规模小幅回升，投资收入比稳定于高位。2011年，为满足用户扩张和网络升级的需要，电信业继续维持较高的投资水平。全年累计完成固定资产投资3331亿元，同比增长4.2%。尽管增速不高，但绝对规模仍巨大，占同期收入的比重仍然维持在33.7%的高位水平。

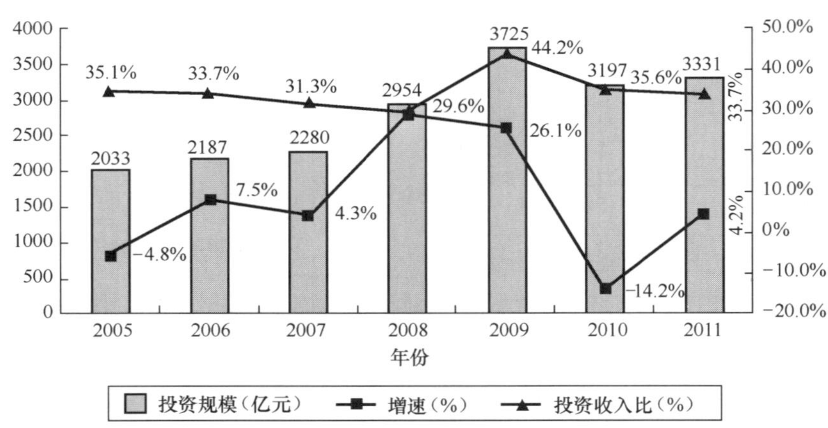

图13　电信业投资规模及增长情况（数据来源：工业和信息化部）

投资重点仍集中在移动和宽带领域。从投资布局看，2011 年电信业投资重点仍集中在移动和宽带网络建设方面。其中，移动通信投资占总投资的 40.2%，是投资最高的领域，为包括 3G 和 LTE 在内的新一代移动网络的发展和网络价值的挖掘打下了良好基础；包括固定互联网接入、骨干网、传输网在内的宽带相关投资占比 30.1%，仅次于移动通信投资，为宽带的普及和速率的提升奠定了坚实的基础。

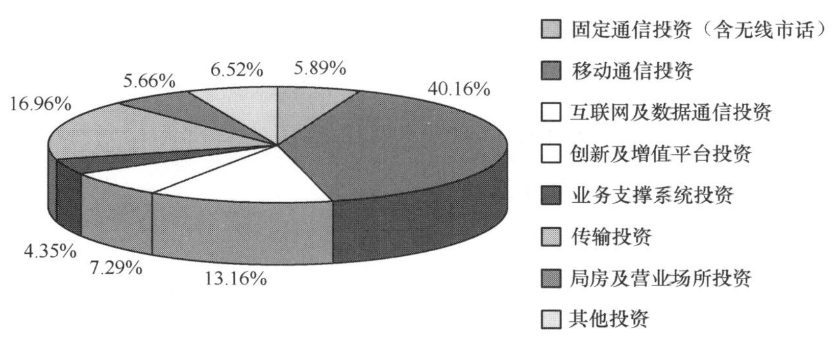

图 14　电信业固定资产投资结构（数据来源：工业和信息化部）

（七）行业对经济社会发展的支撑作用进一步增强

2011 年，通信业对经济社会发展的引领支撑作用持续增强。主要表现在：一是对经济增长的直接贡献有所提高，全行业完成增加值 5622 亿元，占同期 GDP 的 2.1%，比上年有所提升。二是 3G 发展加速对经济增长的带动作用更加显著。三年来，随着 3G 网络覆盖快速延伸，带动 3G 业务和 3G 终端消费，为经济增长添加新动力。据测算，3 年来 3G 直接和间接合计拉动 GDP 9531 亿元、拉动投资 26503 亿元、拉动消费 6934 亿元、带动就业 398 万人次。三是资费下降助力通胀压力缓减。在同期 CPI 增长 5.4% 的大背景下，全年电信综合资费同比下降 4.8%，不仅直接让利于消费者，还对舒缓持续高企的通胀压力做出积极贡献。

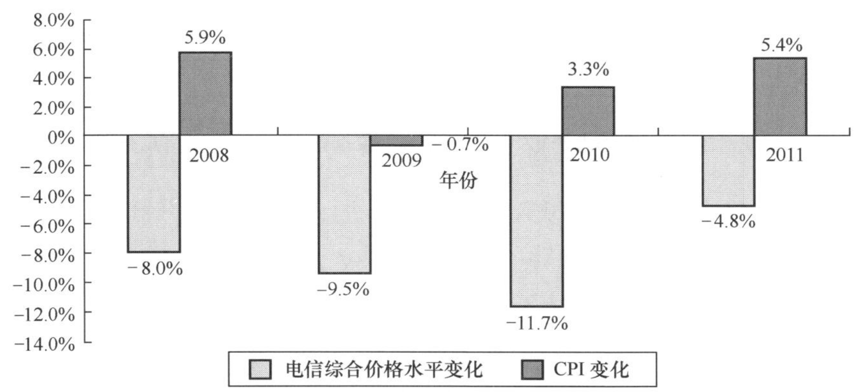

图 15　电信综合价格水平与同期 CPI（数据来源：工业和信息化部、国家统计局）

二、2011 年通信业发展热点

（一）增长的突破

1. 电信主营收入增速历经 6 年再次超越 GDP

电信业务收入超预期增长。2011 年，在宏观经济发展趋缓的大背景下，我国通信业“逆势”大发展，电信主营业务收入规模增速达到 10%。在历经四年后再次实现两位数增长，更是在历经六年相对低速增长后，再次实现对 GDP 增速的超越。

增长的直接来源：移动通信和固定宽带接入仍是电信业务收入增长最重要的两大动力。其中，以移动话音、移动数据及互联网、移动增值为主的移动通信业务对收入增长的贡献起到了主导作用，拉动力皆超过 2010 年，合计贡献了收入增长的 91.3%；固定宽带接入业务对收入增长的绝对贡献值与 2010 年基本持平，但相对拉动率有所下降。此外，固网收入下滑趋缓，对收入的增长的负向拉动减弱，也为行业收入的快速增长提供了基础性支撑。

影响因素	收入增量（亿元）		拉动增长（%）		
	2010	2011	2010 (2)	2011 (1)	11年比 10 年提高 （1）－（2）
固定话音	−305	−151	−3.61	−1.69	1.92
固定数据及互联网	162	164	1.92	1.84	−0.08
其中：宽带接入	127	135	1.50	1.52	0.02
固定增值	−6	6	−0.07	0.07	0.14
移动话音	304	387	3.59	4.34	0.75
移动数据及互联网	240	307	2.84	3.45	0.61
移动增值	135	159	1.60	1.78	0.18
其他	11	18	0.13	0.2	0.07
合计	541	891	6.4	10	3.6

图 1　2011 年电信业务收入增长结构（数据来源：工业和信息化部）

增长的成本动因：2011 年，全行业投入力度进一步加大，固定资产投资达 3331 亿元，营销成本和管理成本持续增加，特别是用户终端补贴力度加大，仅 2011 年上半年三家企业的终端补贴收入就达到同期运营收入的 7%、6.4% 和 3%。全年运营投入增速高出运营收入增速约 5 个百分点，从某种程度上说，行业收入中部分是变相通过成本换来的，收入的高增长与投入的高增长具有很强的正相关性。

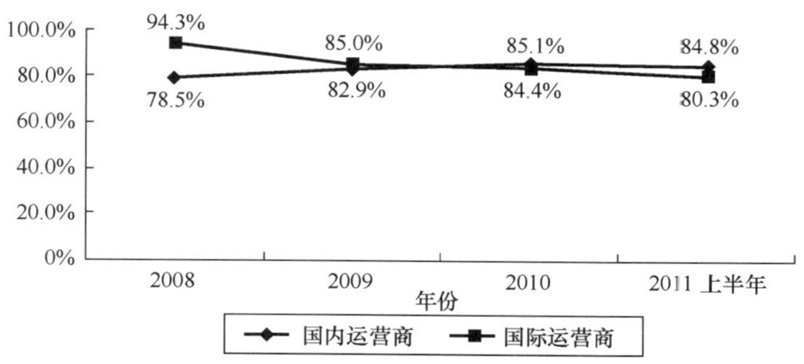

图 2　国内外企业运营支出占运营收入比率比较（数据来源：上市公司财报）

未来增长的内外环境变化：一方面，行业增长空间有望持续扩大，从外部宏观环境看，未来一段时期内，经济增长水平将有所放缓，这将对电信业的增长带来一定负面影响。但电信服务作为一项基础性服务，具有较为显著的刚性需求特性，加之城镇化、信息化的深入推进，将带动通信消费需求以更快的速度扩张，总体上电信业发展仍将处于相对稳定的的大环境下。另一方面，高投入水平虽难以长期维系但短期内仍将延续。持续的高投入已导致全行业整体盈利水平和总资产报酬率、净资产收益率均呈持续下降态势，行业净资产收益率 2010 年就已低于央企平均水平，长远看将制约后续发展。而随着投资回报的外部约束增强，投资力度和方向均将受到制约。因此，长期看依靠持续的高投入来获取高增长将难以为继，但短期内用户和投资规模扩张的发展模式仍将对高投入提出需求，相对充足的现金流也为高投入提供了可能。

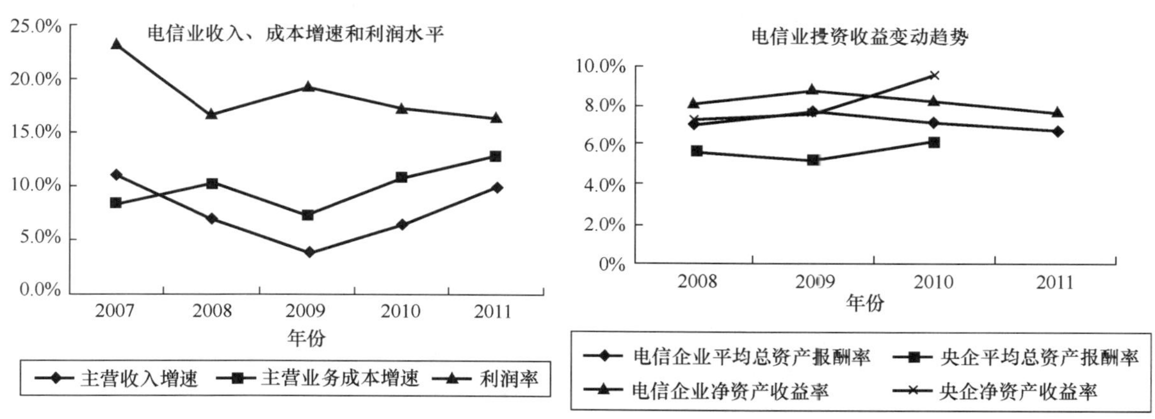

图 3　电信业盈利水平和投资回报水平（数据来源：工业和信息化部、国资委）

行业增长走向：从内外部发展环境、通信需求总量和需求结构变化以及行业自身发展演进规律看，行业总体上将处于平稳较快增长阶段，从各业务领域看：

第一，话音业务对收入增长的拉动作用将趋于减弱。一方面，移动话音业务的正向推动作用将下降。“十二五”期间尽管移动电话仍有超过 4 亿用户的增长空间，但增长空间主要集中在中西部，而这些地区经济发展水平相对滞后，在可预期的时间内实际发展空间低于潜在空间。同时，移动话音资费仍将继续趋于下降，且价格弹性进一步减弱，意味着通过移动用户规模扩张所带动的收入增长力度将趋于减缓。另一方面，固定话音的负向拉动趋缓，传统固话用户发展因业务捆绑、城镇化推进等因素将呈现稳中略升的发展态势，小灵通用户流失影响进一步趋弱，固话收入萎缩进一步趋缓。但从行

业整体看，移动话音对收入增长的影响远大于固定话音，因而整体上话音业务拉动力将趋于削弱。

第二，数据及互联网接入对收入增长的拉动效应稳中有升。固定宽带接入的普及程度仍较低，宽带用户有望继续保持快速增长态势，同时光进铜退的快速推进所带来的宽带提速，将有助于宽带接入 ARPU 的稳定，从而推动宽带接入收入规模持续扩大，对整体收入的贡献保持相对稳定。从移动数据及互联网接入看，随着无线上网业务资费的下降以及智能终端的普及，移动互联网业务应用渗透加速，将带动移动数据流量以年均 45%～55% 的速度增长，使移动数据及互联网业务对收入增长的拉动作用持续增强。

第三，移动增值业务收入增长贡献稳中略降。移动短信作为曾经的杀手级业务由于受 KIK 业务的冲击，收入规模增长乏力，对整体收入增长的贡献将持续减少，但手机视频、移动支付业务、手机阅读、手机游戏付费使用等业务发展将加速，将带动移动增值收入整体保持较快增长。总体上看，移动增值业务对行业整体收入的贡献将呈现稳中趋降的态势。

2. 互联网信息服务上市企业收入首次突破千亿

互联网信息服务高速成长。据上市公司财报显示，2011 年前三季度，我国 56 家互联网信息服务上市企业（包括在美国、中国香港及 A 股上市）合计实现收入 856.8 亿元（预计全年将首次突破 1100 亿），同比增长 35.5%，增速是同期基础电信企业的 3 倍多，平均利润率达到 21%，约为基础企业的两倍。另外，互联网信息服务增速尽管低于移动互联网接入收入增速，但高出宽带互联网接入增速 20 个百分点，显示出强劲增长势头。

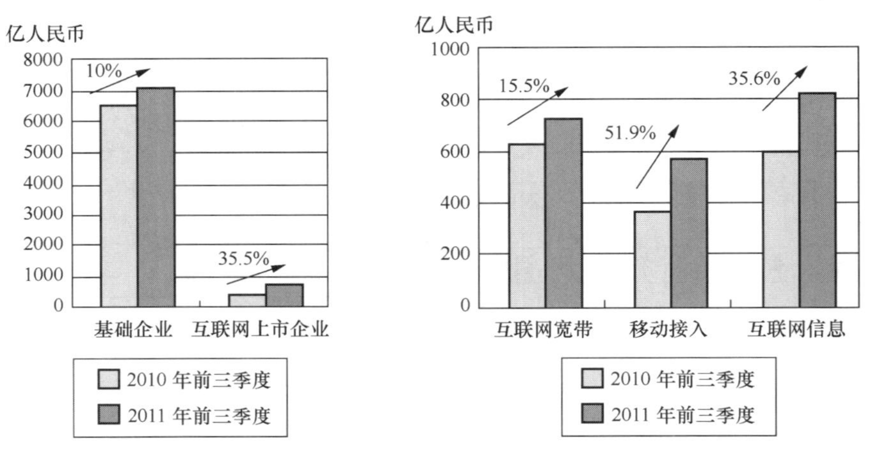

图 4　互联网信息服务收入增速比较（数据来源：上市公司）

形成具有国际影响力的大型互联网公司。我国庞大的内需市场和持续的业务创新推动互联网企业不断发展壮大，目前所有互联网上市公司市值总和达到 9404.4 亿人民币[1]，为基础行业市值的一半。其中，百度、腾讯、网易、阿里巴巴、携程、新浪等六家公司市值进入全球互联网公司市值排名前二十五位，已成为互联网行业领军企业，在全球互联网领域的影响力日益彰显。

[1] 为 56 家互联网上市企业 2012 年 2 月 13 日市值加总的数据。

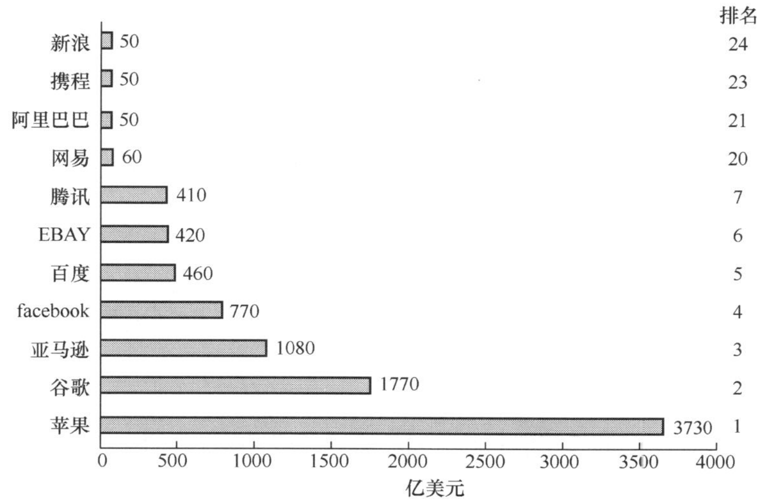

图 5　六家企业进入全球互联网企业排名前二十五位（数据来源：上市公司）

互联网企业经历资本市场波动但未来基本面仍看好。2011 年，国际资本市场震荡，对我国互联网公司带来一定负面影响，造成市值的剧烈波动和小幅下跌。统计显示，在 2011 年 1 月至 2011 年 11 月 11 日间，我国企业波动幅度达到 50%，而国际 TOP 9 企业波动嗝度仅为 28%，与国际 TOP 9 企业上涨 4% 相比，我国互联网企业总市值下跌了 4%。但我国互联网渗透率目前仍低，潜在的庞大的用户群体为未来的增长提供了基础性支撑，长远看我国互联网业向好发展的基本态势仍将延续。当前我国互联网企业相对较高的 PE 和 PEG[1]，也显示出投资者仍然看好我国互联网企业的未来发展。

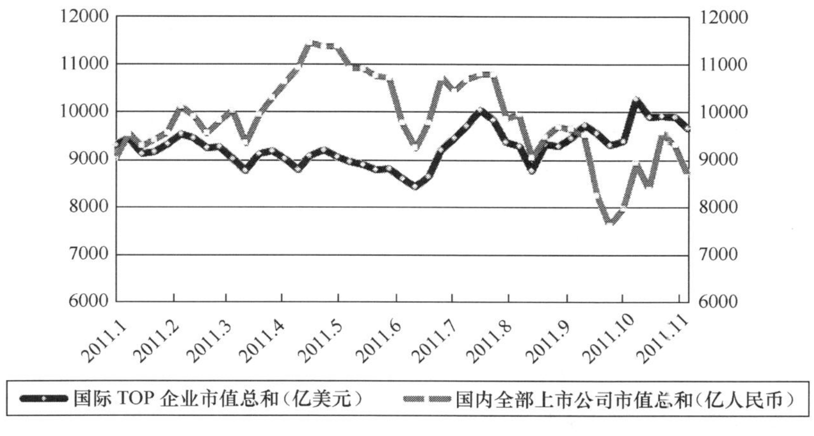

图 6　2011 年我国和国际互联网企业市值变动趋势（数据来源：上市公司）

（二）移动互联网重塑通信行业发展图景

1. 新模式、新服务和新业态

移动互联网的发展正重塑移动通信、互联网乃至整个 ICT 产业的发展模式和发展图景，也对通

1　PEG 是衡量公司市盈率相对于其利润增速的指标，其公式为 PEG=PE/EPS（每股盈利），该指标由彼得林奇创立，用来对比不同类型公司估值，PEG=1 较为合理，PEG 越大，公司越贵，反之越便宜，以百度和谷歌为例，百度的 PE 值为 45.9，而谷歌为 16.6，百度的 PEG 为 0.97 倍，而谷歌为 0.69 倍。

信行业的发展产生了深刻影响。一方面，移动互联网呈现出全新的服务模式和竞争模式，以智能终端平台为核心、以在线商店为应用载体、产业纵向深度整合的生态体系成为当前移动互联网发展的关键要素，形成了硬件、软件、应用平台到服务的垂直一体化发展模式，而操作系统又是其中之关键。目前，苹果和谷歌 Android 成为暂时领先的全球两大生态体系，从终端制造、软件开发和应用服务均引领全球发展浪潮，并集聚了上百万的全球产业力量。在这一过程中，传统电信企业主导、以移动网络为中心的封闭花园模式被颠覆和超越，通过终端 API 的开放及其与云端服务的对接，基于智能终端的应用开发和服务提供成为当前主导，电信企业靠近用户和理解用户需求的原有优势不复存在，在业务发展和创新中的管道化态势更为明显。

另一方面，应用商店成为当前移动互联网服务的主要载体，目前，全球共有 160 余家应用商店，其中第三方应用商店超过 120 家。苹果 App Store 和谷歌 Android Market 两大应用商店目前居于领先，分别拥有数十万应用和百亿次下载量，而全球最大的第三方应用商店 GetJar 的应用数量已经达到 25.7 万，下载量超过 20 亿次。我国应用商店也呈现爆发式增长态势，2011 年 1 月至 10 月间的应用下载总量较 2010 年同期增长了 870%[1]，增速位居全球第一，成为全球第二大应用市场。其中，第三方应用商店已成为国内主导应用服务市场，电信企业方面中国移动起步较早，其 Mobile Market 已有注册用户 8600 万，开发者 240 万，累计应用下载量达 6.7 亿次。

应用商店	应用数	用户数	下载量
中国电信	5 万款	3000 万注册用户	1 千万次/月
中国联通	1.6 万款	300 万注册用户	累计下载超过 6 千万次
中国移动	9 万款	8600 万注册用户	累计下载超过 6.7 亿次
安卓市场	11 万款	覆盖 900 万用户	累计下载量超过 33 亿次（含应用和内容）
安智市场	3 万款	20 万日活跃用户	
应用汇	1.5 万款	30 万日活跃用户	累计超过 1.6 亿次
机锋市场	4 万款	600 万注册用户	6 千万次/月
腾讯应用中心	2 万多款	660 万日活跃用户	
华为智汇云	3 千多款		累计下载 2500 万次
联想应用商店	1.3 万多款		

图 7　2011 年国内典型应用商店发展对比（数据来源：各企业公布数据）

应用商店爆炸式增长的同时，Web 应用也呈现高速增长。2011 年 9 月，仅 Opera min 浏览器的月 PV 量达到 790 亿，其数据量按压缩前统计达到 11.6PB，同比增长 134%[2]，而同期我国 UCWeb 浏览器每月页面 PV 量已超过 1000 亿[3]。随着 HTML 5 等 Web 新技术的不断成熟，Web 应用将与应用商店成为移动互联网两大应用体系。

1　根据 Flurry 数据。
2　《State of the Mobile Web》，Opera，September 2011。
3　《UC 移劢互联网报告》，2011 年 10 月。

2. 通信资源的稀缺

移动互联网内容和应用服务的不断丰富和智能终端的快速增长，彻底扭转了3G初期应用匮乏的状况，带动了移动网络流量的爆炸性增长，导致无线网络资源加速消耗，移动资源长期性稀缺的特点愈发凸显。AT&T引入iPhone后，移动数据流量增长50倍，美国主要市场峰值时段利用率一度高到80%～90%，使得AT&T面临巨大的网络扩容压力。而今年以来，国内各大电信运营商移动数据流量也已经进入快速增长期，如2011年上半年，中国联通的移动数据流量增速最快较上年同期增长超过489.1%[1]。固定互联网几年前带宽激增状况在移动互联网上重现，考虑到无线网络容量的限制和频谱资源的稀缺，其影响更为深远。根据思科的预测，未来5年内，全球移动数据流量接近每年翻番，每个智能手机用户的平均流量将增长16倍。移动互联网也推动3G增强型网络的快速部署和向LTE的加速升级，截止到2011年12月，HSPA和HSPA+网络数分别达到417和178个，并且有34个国家建有52个商用LTE网络（包括3个预商用网络）。而面对流量激增压力，WiFi也被广泛采用以分流移动网络数据流量。据统计，全球公共WiFi热点增长超过60%，达到130万个。2011年上半年，国内仅中国移动一家已建成超过100万个接入点，WLAN流量占无线上网业务流量近五成。

3. 我国的发展路径

过去几年移动互联网的巨大变革形成新的产业生态和领导者，但其发展方向、国际格局、产业规则尚未最终形成，我国仍然存在创新突破的市场空间和时间窗口。产业条件方面，我国拥有全球最大的10亿级的用户市场和手机产能，已形成十数家智能终端和操作系统集成创新群体，百万级的有移动应用开发者，应用商店与浏览器等应用承载平台快速增长，具备进一步突破发展的基础，关键是组织起有国际竞争力、良性互动和自主发展的产业生态体系，移动互联网服务市场的发展也必须放在整个产业生态体系下考虑，需抓好三大要素：

一是以智能终端为核心的平台体系，也即掌握用户端，关键是在自主终端操作系统基础上，打造包括整机、软件、硬件、芯片、应用在内的完整产业链，并形成可自我正向循环和产业生态体系。

二是应用服务，也即掌握云端，这是发展之本。首先要围绕自主操作系统打造程序应用商店，凝聚当前小而散的应用商店，加快政策扶持和引导，打造具有国际竞争力的应用商店；其次要把握好HTML5和Web应用的新机遇，培育壮大新的业务形态和应用市场；同时，继续探索互联网技术与移动通信各种能力的结合，不断开发新应用、创造新市场。

三是移动网络，也即掌握智能管道。移动互联网带来的爆炸式流量增长使移动网络成为新的瓶颈，而由于无线资源的稀缺性和技术限制，无法完全通过网络升级解决。因此要充分利用固定宽带和WiFi资源，实现移动固定两个网络的综合智能利用。

---

[1] 根据电信企业2011年上半年财报。

（三）智能化转型：持续十年但仍在努力的探索

1. 转型十年尚未成功而新挑战接踵而至

自国际上提出电信业转型迄今已近 10 年，我国也有近 8 年的历史。在此期间，电信业从互联网泡沫破灭的危机中恢复，并成功经受了国际金融危机的冲击，显示了良好的基本面。然而，电信业原有发展模式在互联网的剧烈冲击下已不能根本适应，而新的发展模式仍在不断探索中，行业转型的任务仍十分艰巨。而近年移动互联网的发展，又对电信业中成长最快、收益最好的移动通信带来一系列新的挑战。

流量爆发式增长下供需关系扭转。随着移动互联网新的发展模式兴起和智能终端的快速普及，移动数据流量在全球范围内呈现出爆炸式的发展，国际移动数据流量保持了每年 100% 增长，估计未来 5 年仍将保持这一态势。我国移动终端数据流量月均超过 43P，同比增长 36%，智能手机数据流量增长超过 100%。移动网络流量的爆炸性增长直接扭转了移动通信领域的供需矛盾，从 3G 发展初期业务需求不足而网络资源网络闲置转变为业务流量黑洞无限制扩张、网络资源全面短缺，从目前看未来 10 年的无线技术进步也难以根本满足业务需求，通信业进入资源匮乏时代。电信企业作为承载流量的管道提供者，为满足流量增长需要，必须保持高强度的投资来推动网络升级和扩容，然而，互联网主导的业务需求增长已大大削弱了传统电信业中流量、投资和收益间的正向关系。数据显示，国际上网络流量每年递增约 50%，单位带宽的流量成本由于技术进步每年可降低 15%，而单位带宽的业务收益则每年下降 22%，收入下降幅度明显超过成本下降幅度。通信领域投资与收入正相关性持续的大幅降低，将极大削弱电信企业的利润源泉，可持续发展将面临严峻的挑战。

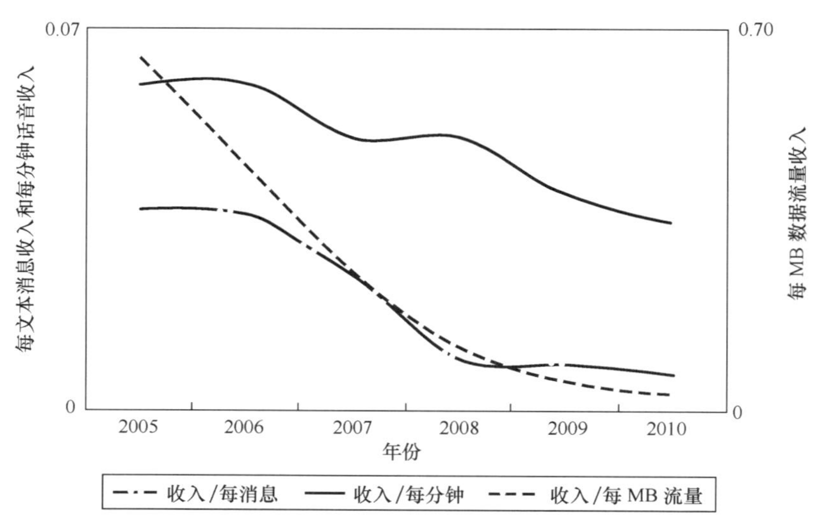

图 8　美国电信企业业务收益走向图（资料来源：Chetan Sharma Consulting）

新的生态体系中电信企业管道化和业务创新边缘化态势加剧。过去 4 年来，移动互联网带来的一个最大变化就是实现云和端的直接对接，通过开放终端接口，极大地改变了业务创新模式和商业运作模式，使“云 +（传输）管道 + 端”的三大关键环节中终端和云的作用急剧扩大，业务创新主体由电信企业转向广大互联网应用开发者，业务创新主导权由电信企业迁移至掌握终端平台和操作系统的新的产业领导者，传统电信企业在业务创新的变革中进一步被边缘化。另一方面，电信企业传统的优势业务也在新的模式下受到来自新应用、新业态和新主体的冲击，如KIK类社交化即时通信的兴起正日益冲击传统短信业务，层出不穷的各类客户端软件通过应用商店下载对移动语音通信带来的越来越大的影响。随着千元智能终端的加快普及，此轮变革中，传统电信业在业务创新中被边缘化的状况将进一步加剧。

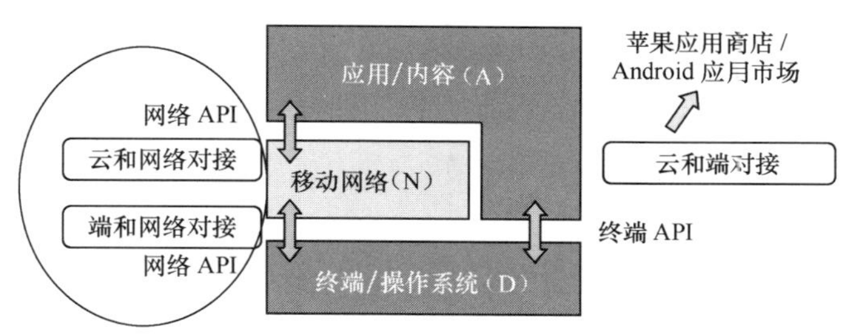

图9　移动互联网下的业务创新变化

2. 新的转型方向：以智能化为核心的变革

为应对新挑战，电信业开始以智能化为核心的转型努力，寻找新的智能化发展道路，谋求基于资源优势建立独特的业务创新优势和用户掌控优势，重建流量增长和行业效益增长的关联性，实现行业的可持续发展。其中，又包括两大变革方向。

第一，发展智能化管道，形成智能感知的综合管道优势，关键在于寻求资源与业务需求的智能优化配置，以实现投资效益的最大化。其中又从提升资源效率、提升流量效能、扩展范围经济三个方面推进。一是充分利用固定移动和无线资源，实现网络分层覆盖。特别是加快实施WLAN的战略性布局，推动3G与WLAN的统一规划、同步建设，降低无线资本投入。如美国的iPhone有47.5%流量由WLAN疏通，韩国KT则有67%数据流量由其分流。二是加快打造差异化管道，加快部署DPI和用户行为分析系统、PCC策略管控系统以及CDN系统等，构建具备智能感知、智能管控、智能分发能力的管道。三是以云计算为重点，构建计算、存储、处理和传输一体的综合管道，包括构建云计算数据中心，提供IaaS和PaaS服务等，如美国Verizon通过并购成为北美领先的云计算服务企业。

第二，开展智能化运营，发挥网络和平台优势，建立开放的业务创新生态体系，关键在于塑造面向互联网的业务创新机制，以重构互联网条件下的业务创新地位，获取管道外的新价值。主要有三个方面：一是学习借鉴互联网的业务创新模式，最大可能组织产业链，集聚全社会业务创新资源，组织、调动和管理业务创新而不是自己开发业务，实现大规模低成本的应用开发与运营，形成自身的应用商店和业务门户。二是寻求利用电信企业的比较优势构筑开放业务创新平台，当前关键点在于跨越终端差异，构建新的平台控制点。一方面可以在终端平台上架构新的中间件，屏蔽终端差异，构建统一业务开发平台，如全球运营商通过WAC所做的努力。另一方面可将网络能力、用户信息、计费管理等能力封装和开放网络，形成以网络API为基础的业务创新平台，目前国内外运营商均已开展。三是探索商业模式创新，规模发展手机广告等后向运营的新模式。

三、2012 年通信业发展展望

（一）通信业发展站在新的历史起点上

2012 年，通信业正处于一个新的历史起点上，行业发展的内外部环境正发生重大变化：

第一，行业发展面临宏观经济环境的不确定性和技术变革创新的重大机遇。当前，国际经济、政治格局仍处于深刻变化调整中，世界经济复苏的不稳定性不确定性上升，我国经济发展中不平衡、不协调、不可持续的矛盾和问题仍很突出，经济增长下行的压力加大，电信业发展所面临的外部环境的不确定性增加。同时，我国“十二五”期间转变经济发展方式、信息化与工业化深度融合、城镇化水平提高和消费结构升级以及推进社会民生与创新社会管理等在赋予通信业新使命和新要求的同时，也带来了新的增长空间。此外，信息通信技术的变革创新，在推动通信业自身向宽带化、移动化、智能化和泛在化加速演进的同时，更与产品制造、软件开发、数字内容、信息技术服务等深入交融，不断产生新服务和新业态，促使电信业的内涵和边界急剧扩展，蕴含新的巨大市场空间。

第二，行业长期发展呈现健壮性的同时，短期增长模式却正遭到不断破坏。OECD 国家和我国过去 30 年的发展均证明，电信业能够适应经济发展波动和技术变革冲击的影响。如金融危机以来，进入全球 500 强的电信企业，相比于整体 500 强企业，其利润水平未出现大幅下滑，且平均高出 4 个百分点。从长远看，通信消费越来越成为生产生活的刚性需求，加之日益成熟的营销手段，电信企业更有能力应对全球挑战。但短期看，由于新的产业生态正在重塑中，旧有的运营模式被打破，新的竞争优势尚未确立，电信业转型任务仍十分艰巨。

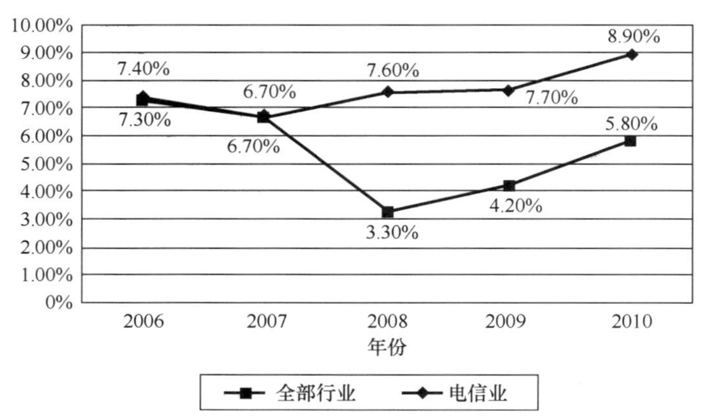

图 1　电信业与其他行业利润率比较（数据来源：根据《财富》全球 500 强数据计算）

第三，行业在国家发展战略地位日益提升的同时，现实运营压力却不断加大。金融危机以来，各国纷纷将通信业作为促进经济发展转型、提升国家长期竞争力的战略先导领域，目前已有近 100 个国家制定了国家宽带战略或计划，加快构建其下一代国家信息基础设施。与此同时，以美国发布网络空间国际战略为标志，国际社会对网络空间规则体系主导权争夺达到全新高度，通信业作为构建网络空间自主能力的关键领域，也成为全球化竞争的新焦点。但在战略地位不断提升的同时，由于传统业务模式的退化和破坏，电信业的短期运营压力日益增加，投资盈利水平和可持续发展能力面临艰巨挑战。

第四，互联网推动了通信业产业形态和发展模式的深刻变革。通信业正从传统的封闭产业链、单一价值链、有限应用服务和分离产业形态加速向开放产业链、整合价值链、海量应用服务和融合产业形态发展，以传统通信网络为中心的封闭模式面临以互联网和终端为中心开放模式的巨大挑战。目前业务开发通过开放 API 吸引全球开发者实现大规模产业集聚，开发周期从过去的一年或数年缩短为以月甚至天来计量，开发者从运营有限的电信企业和通信设备厂家向百千万级的开发者扩展。通信业发展和竞争已演化成为以业务与服务为核心，涉及设备、系统、标准、技术、内容、应用等整个产业生态体系综合实力的竞争，成功组织产业生态体系并掌控关键环节，成为把握发展主动权的必然要求。

（二）2012 年电信业发展展望

1. 国际电信业展望

全球电信市场将继续保持稳定的增长态势。在移动数据、宽带和各种新业务的拉动下，预计 2012 年，在不考虑汇率变动因素的情况下，全球电信业务收入规模将有望达到 1.76 万亿美元，同比增长 2.4%，略高于 2011 年的水平。

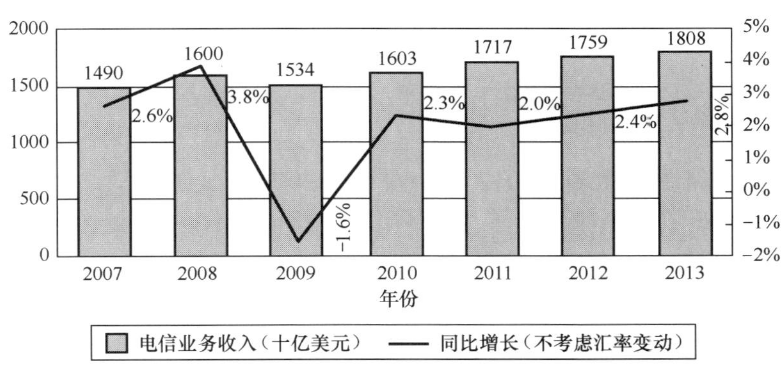

图 2　全球电信运营业市场收入及增长率预测（数据来源：Gartner）

电信设备投资持续回升。在宽带和 LTE 网络加速部署的拉动作用下，全球通信设备投资规模将持续回暖。预计 2012 年通信设备投资额将达到 890 亿美元，同比增长 4.6%，2013 年将在此基础上实现进一步的增长。

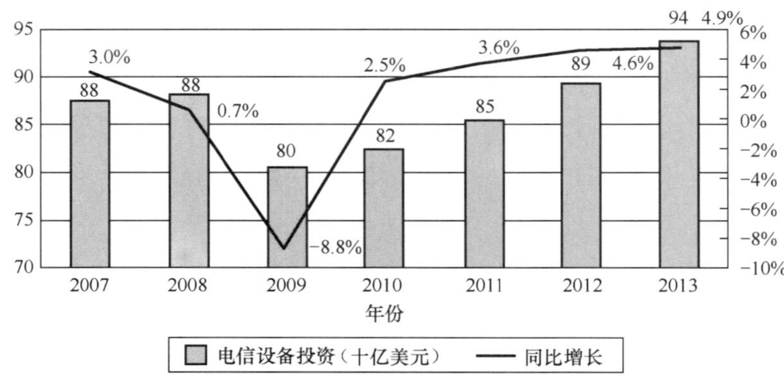

图 3　全球通信设备投资及增长率预测（数据来源：Gartner）

宽带将继续保持较高的增长态势。2012 年，各国将继续落实宽带战略计划，持续推进宽带普及和超高速宽带部署。预计新增固定宽带用户将创新高，达到 6600 万，用户规模接近 6.6 亿，新增移动宽带用户 3.65 亿，用户总数达到 15.5 亿，占移动用户比例接近 24%，移动宽带用户将进入全面普及阶段。

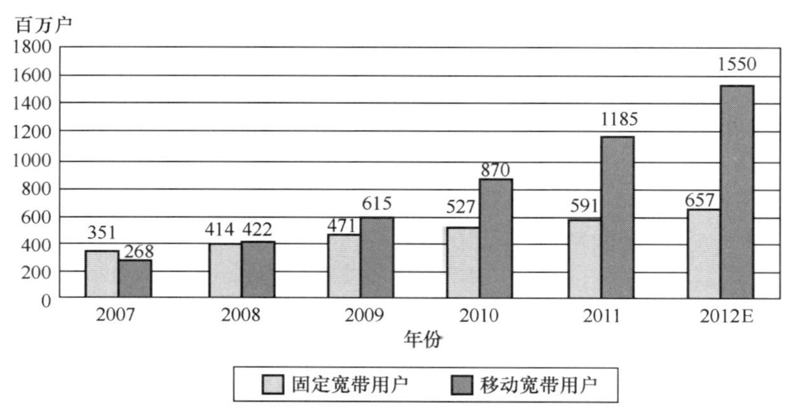

图 4　全球固定及移动宽带用户预测（数据来源：ITU）

网络空间的战略竞争将更趋激烈。2012 年，预计在 2011 年美国《网络空间国际战略》和《网络空间行动战略》、英法俄罗斯等国跟进的基础上，网络空间国际规则体系主导权的战略竞争将更加激烈，通信业作为网络空间基石的重要性更趋突出。

2. 我国电信业展望

电信业保持较快增长态势。2012 年我国基础电信市场仍将保持良性发展态势，预计基础电信企业主营业务收入将突破 1 万亿元，增长 6.6%～8.7%。增值业务收入维持 20% 以上的增速，其中增值企业收入规模达到 2300 亿元左右，增长 26%；基础企业增值业务收入 2600 亿元左右，增长 10%。

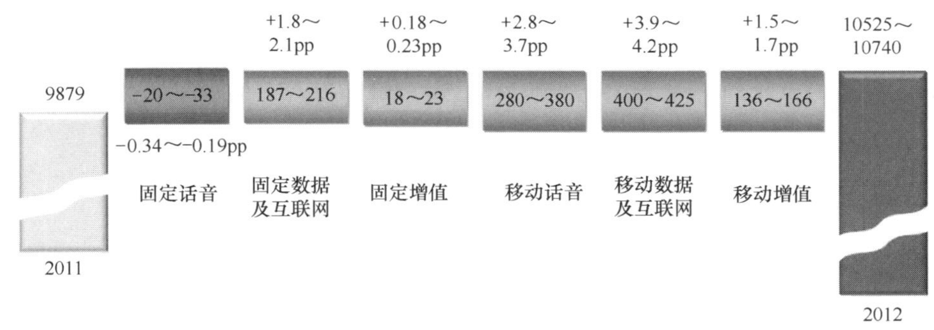

图 5　2012 年电信业务收入预测分解图（亿元）（数据来源：工业和信息化部电信研究院）

移动和宽带用户持续高速发展。预计 2012 年新增移动用户超 1 亿户，总体用户规模接近 11 亿户，移动用户普及率将超过 80%；新增宽带用户 3000 万户左右，总体用户规模 1.88 亿户，宽带用户人口普及率达到 14%。同时，预计固定电话用户全年减少 500 万户左右，萎缩速度进一步放缓，普及率仍保持在 20% 以上。

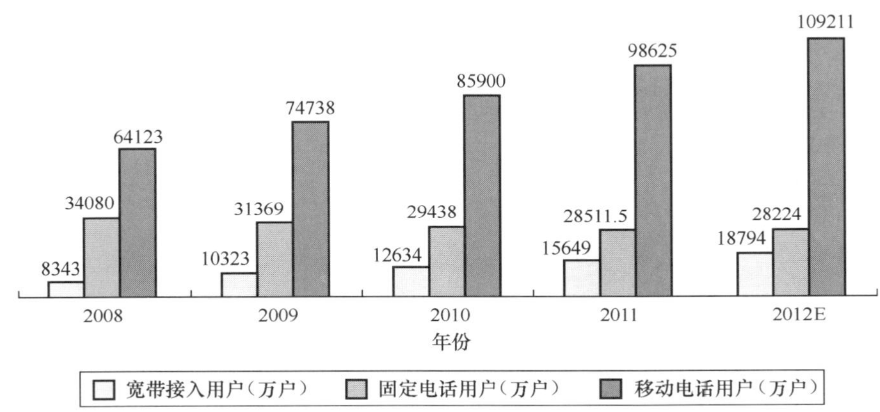

图 6　2012 年通信用户发展预测（数据来源：工业和信息化部电信研究院）

通信业固定资产投资小幅回落。预计 2012 年，基础电信业固定资产投资约为 2900 亿元，规模小幅回落，投资收入比下降到 30%以下，投资效率进一步回升。

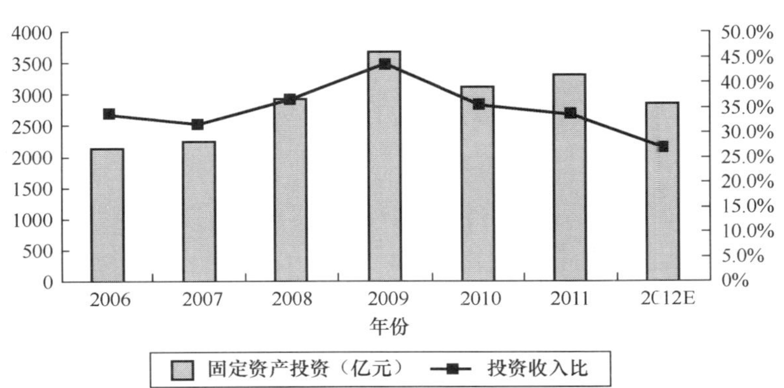

图 7　2012 年固定资产预测（数据来源：工业和信息化部电信研究院）

法律法规篇

导　读

2011 年，ICT 产业融合和信息化应用的进程在加速，移动互联网、云计算、物联网等新技术、新经营模式对传统法律制度提出挑战。信息通信业的法律制度建设在持续发展：多国探索修改电信法，网络与信息安全立法广受关注，个人信息保护立法随着云计算等业务的发展再次成为讨论的焦点，而 ICT 行业竞争问题突显，知识产权保护热点不断，法律制度处于持续完善过程中。

就国内外法律热点而言，网络环境下的个人信息保护问题持续成为争论焦点，各国修法应对网络环境下的个人信息保护问题；互联网企业不正当竞争行为频发，呼吁立法规范；手机实名制立法谨慎前行，但出台尚需时日，微博实名政策实施效果或能提供借鉴；智能手机专利纠纷波及面进一步扩大，对移动互联网产业产生重大影响。

继续推进电信立法，争取在个人信息保护、信息安全立法上有所突破，竞争规则不断完善，知识产权保护力度不断加强，这些都将成为 2012 年乃至未来几年信息通信业法制建设重点之所在。

本篇作者：
续俊旗　李海英　王融　丁道勤　石月　杨扬　李梅　马志刚　王慧　蔡雄山　刘耀华

一、2011 年信息通信法律法规发展回顾

ICT 产业融合和信息化应用的进程在加速，移动互联网、云计算、物联网等新技术、新经营模式对传统法律制度提出挑战。

（一）综述 1：多国探索修订电信法，欧盟电信指令转化缓慢

1. 多国探索修订电信法

2011 年，中国的电信立法并没有实质性的进展，也没有新的立法计划，但是，世界主要国家美、英、日三国在电信立法上都有新的动向，它们的共同之处主要存在于以下方面：第一，均探讨增加电信监管机构对于互联网进行监管的权力；第二，均重视发展宽带基础设施；第三，均修订管理规则，以适应频谱技术发展。

除此之外，各国电信法律制度的新动向还具有自己本身的特点。

第一，美国。2011 年，美国电信行业的立法者们拟对 1996 年的《电信法》进行改版修正。虽然这是一项工作量巨大的工作，并且面对的是一部从问世以来就颇具争议的法律，但立法者们都认为，1996 版的《电信法》已经无法满足现今互联网发展的需要。从目前的修法争论来看，本轮《电信法》修正（甚至是重写）将着重于以下内容：核心是将宽带传输划归普通运营商服务的范围；对 FCC 监管互联网方面的权力进行明确，FCC 的职责，尤其是 FCC 究竟是否有权力监管互联网，实施美国的国家宽带计划；电信补贴可能直接补贴给用户。另外还会涉及到其他方面，如网络中立事项，宽带传输的管辖和监管方式（可能会对这种原本在美国基本上不受管制的信息服务进行重新分类）等等。

第二，英国。2011 年 5 月 16 日，英国政府文化、媒体及体育大臣 Jeremy Hunt 宣布正式开始对 2003 年《通信法》进行重审，为此，他写了一封公开信——“数字时代的通信审视”，向整个行业（包括互联网服务公司、电信、媒体公司，甚至消费者群体）寻求反馈。公开信表明，政府打算在今年年底发布绿皮书，详细陈述新的通信法案所涵盖的所有范围，还将在 2013 年 4 月前出台白皮书和法案草案。此次对《通信法》进行修改主要从三个主题出发来寻求解决问题：发展、变革和放松管制；为发展提供基础的通信设施；为媒体内容产业的繁荣创造良好环境。

第三，日本。日本国会 2011 年上半年并未有关于电信与互联网的新立法，只是对原有相关立法进行了修改。日本国会于 6 月 1 日颁布了三部相关立法的修改法，即《电信事业法及与日本电信株式会社等相关法部分修改法》、《无线电法部分修改法》和《充实电信基础设施临时措施法部分修改法》。这三部修改法具由日本总务省提出，主要是为了加强对第一种电信运营商不正当竞争行为的监管，修改无线电使用费和建立加快频率调整的措施及促进光纤的应用。其中，《电信事业法》及《与日本电信株式会社等相关法部分修改法》，加强了对第一类电信运营商不正当竞争行为的监管；《无线电法部

分修改法》，提高了某些频率的使用费标准，并减少了每台无线电台站的无线电使用费；《充实电信基础设施临时措施法部分修改法》，建立加快频率调整的措施及促进光纤的应用。

2. 欧盟指令转化为国内法进程缓慢

欧盟电信管制框架主要包括 2002 年颁布的五个电信指令，其中包括：《框架指令》、《接入指令》、《授权指令》、《普遍服务指令》、《电子隐私指令》。随后 2009 年欧盟又通过了《更好规制指令》和《公民权利指令》以修改上述五个指令。

《更好规制指令》和《公民权利指令》在欧盟范围内给予了消费者更好的权益保护，涉及固定电话、移动电话及互联网接入。例如，指令规定了电信运营商 24 小时内为消费者携号转网的义务、网络服务提供商流量管理透明化等。同时，该指令还加强了在线个人数据保护，包括网络服务提供商数据侵权强制通知义务、用户终端存储个人信息的同意原则等。

《更好规制指令》和《公民权利指令》本应于 2011 年 5 月 25 日前转化为欧盟成员国国内立法，但欧盟成员国对两个电信指令的转化进展不一致。截至 2011 年 11 月 24 日，丹麦、爱沙尼亚、芬兰、爱尔兰、马耳他、英国、瑞典、拉脱维亚、立陶宛、卢森堡和斯洛伐克已完成转化；另外 16 个成员国尚未按时完全转化欧盟电信指令为国内法，其中包括法国、德国、意大利、西班牙等，该类成员国可能面临罚款。

（二）综述 2：网络与信息安全立法广受关注

1. 国际概况

2011 年以来，国际上网络和信息安全的法律活动大体上由“数据安全管理”、“网络身份管理”和“网络空间国际公约活动”三个主线所构成。在这三条主线中，美国扮演着主角，而且以美国为主导，西方发达国家以及近东的韩国、日本等后起发达国家纷纷跟进，形成或正在形成网络和信息安全国际法律行动的超级联盟实体。

在数据安全管理方面，2011 年 3 月，美国商务部互联网政策任务组起草并提出《互联网经济下的商业数据隐私动态政策框架》，加强对云计算和位置定位服务中商业数据的行政保护力度。2011 年 10 月 9 日，美国总统奥巴马签署一份新修订的保密条令，旨在加强美国政府数据的保密管理。

在网络身份管理方面，2011 年 3 月 31 日，经济合作与发展组织（OECD）发布了《经合组织成员国数字身份管理国家战略与策略》，详细介绍了欧洲多国以及美国、日本、韩国等 18 个国家的数字身份管理战略以及实际部署情况。2011 年 4 月 15 日，美国政府发布《网络空间可信身份国家战略》，旨在建立“可信任的身份生态系统”，强调提升在线交易环境中个人、机构、网络、业务、设备等身份信息的信任等级，防止隐私信息的盗用与滥用。

在网络空间国际公约活动方面，2011 年 5 月，美国政府发布《网络空间国际战略》，系统阐述了

美国未来在国际互联网领域将要发挥作用和影响并进行直接干预的重要领域和核心措施，暗示美国将继续主导全球互联网的立法权、司法权和执法权。2011 年 9 月，英国提出举办网络问题国际会议，讨论制定“网络空间行为规范”，并提出了七项国家行为原则。2011 年 11 月，俄罗斯推出《国际信息安全公约》的概念文件，提出了一些基本理念，包括防止将信息和通信技术用于违反国际稳定与安全的目的、注意联合国等国际组织的作用、强调与互联网有关的国家政策系各国主权、促进填补“数字鸿沟”等，力推成为广泛认可的、适用于网络空间的新型国际条约。

2. 国内概况

在我国，数据安全保护、重要信息系统安全保护、网络执法和网络犯罪惩治构成了 2011 年网络和信息安全法律活动的三条主线。

数据安全保护方面，我国首次将数据安全保护纳入政府行政保护的视野，2011 年 2 月 10 日，工业和信息化部发布《信息安全技术——个人信息保护指南》，面向全社会公开征求意见，对个人信息的处理原则、信息主体的权利、个人信息保护要求等做了详细的规定。

重要信息系统安全保护方面，2011 年 9 月 29 日，工业和信息化部发布《关于加强工业控制系统信息安全管理的通知》，提出要充分认识加强工业控制系统信息安全管理的重要性和紧迫性，明确重点领域工业控制系统信息安全管理要求，首次将工业控制系统的信息安全纳入政府信息安全监理工作的范畴。2011 年 12 月 28 日，中国证监会公布了《证券期货业信息系统安全等级保护基本要求（试行）》和《证券期货业信息系统安全等级保护测评要求（试行）》，旨在加强证券期货业信息系统的安全管理。

网络执法和网络犯罪惩治方面，2011 年 8 月 1 日，最高人民法院、最高人民检察院联合发布《关于办理危害计算机信息系统安全刑事案件应用法律若干问题的解释》，对“专门用于侵入、非法控制计算机信息系统的程序、工具、计算机病毒等破坏性程序”等概念首次进行了司法界定，加大僵尸网络、数据窃取、系统攻击等信息安全事件的刑事打击力度。2011 年 1 月 17 日至 21 日，联合国预防犯罪和刑事司法委员会所设打击网络犯罪问题政府间专家组首次会议在维也纳召开。中国代表团积极参与会议各议题的磋商并做一般性发言及议题下发言，系统阐明了我国处理网络犯罪事务的对外政策。

（三）综述 3：网络环境下的个人信息保护立法成为国际上的讨论焦点

互联网个人隐私保护问题日益突出，网络环境下如何运用现有的个人信息保护制度成为各国关注的问题；云计算、智能终端、物联网等新技术、新业务对个人信息保护法的基本制度提出了挑战，美国、欧盟等国家和地区纷纷讨论修订立法以应对个人信息保护问题。

1. 全球立法动向

（1）欧盟

2010 年 11 月 4 日，欧盟委员会发布《欧盟个人数据保护综合方法》通函（"A comprehensive

approach on personal data protection in the European Union"（COM（2010）609）。这份通函宣告了欧盟对个人数据保护指令的改革框架，描绘了未来欧盟个人信息保护法律框架的愿景。

2011年，欧盟发布新指令（Directive 2009/136/EC），该指令修订了原欧盟电信管制框架中的《普遍服务指令》（Directive 2002/22/EC）、《电信行业个人数据处理和隐私保护指令》（2002/58/EC）等欧盟指令、条例的相关内容，旨在为欧盟公民提供更好的隐私保护法律规则。

2011年1月12日，欧盟发布了《RFID隐私评估框架》，明确在业务应用前，RFID应用运营商对隐私和数据保护影响评估。

（2）美国

美国讨论修订《电子通讯隐私法》，主要集中解决两个问题：一是将云端数据保护纳入到电子通讯的范围之内，保护强度应当趋于一致；二是明确政府机构获取云端个人数据的程序。2010年12月，FTC发布隐私框架建议，对网络环境下企业应当承担的隐私保护责任提出了建议。

2. 网络个人信息安全事件引起各国管理机构重点关注

2011年，全球发生了多起网络个人数据安全事件，引起了各国相关管理机构的调查和重视：

- 2011年5月，苹果公司收集用户位置信息在美国、法国等国家遭到政府管理部门的调查；
- 2011年4月，facebook遭到德国数据机构调查；
- 2011年5月，索尼公司连续三次被黑客攻击，个人数据泄露；
- 2011年7月，韩国SK通讯旗下的网站被黑客攻击。

2011年12月，我国CSDN，开心网、京东商城、人人网等多个知名网站被爆连续发生个人数据泄露事件，影响范围大。

（四）综述4：ICT行业竞争问题突出，规则逐步完善

首先，国内外ICT行业反垄断纠纷凸显，国内配套规则不断完善。2011年，国外多家知名公司遭遇了反垄断调查，例如2011年1月，比利时针对苹果公司要求出版商通过iTunes商店从事杂志和报纸的订阅服务，对其展开反垄断调查；4月，韩国监管机构对谷歌在当地移动搜索市场是否构成垄断展开调查；9月，美国监管机构对谷歌是否滥用其在搜索服务市场的支配地位进行调查；11月，美国拟对AT & T提起公诉来阻止其收购T-Mobile USA；12月19日，AT & T宣布因收购遭到监管机构的反对，将放弃收购T-Mobile USA等。国内ICT行业反垄断纠纷也日趋凸显，例如淘宝、腾讯、百度等互联网企业均陷入反垄断纠纷；发改委反垄断局对中国联通和中国电信展开反垄断调查等。根据商务部反垄断局的调查数据显示，2011年已审结的案件中，ICT行业经营者集中反垄断申报案件

的数量达 13 件，仅次于传统制造业案件的申报数量，ICT 行业已经成为经营者集中反垄断申报的主要领域。这正反映了我国《反垄断法》适用的不断深入。针对日益增加的纠纷，国内的配套规则正逐步完善。2011 年 2 月，国家工商总局发布的《工商行政管理机关禁止垄断协议行为的规定》、《工商行政管理机关禁止滥用市场支配地位行为的规定》、发改委发布的《反价格垄断规定》和《反价格垄断行政执法程序规定》均正式实施，旨在规范垄断竞争行为。

其次，国内互联网竞争纠纷频发，部门规章适时出台。2011 年，国内互联网竞争纠纷频发，多家互联网企业陷入不正当竞争纠纷中，包括 UC 优视 vs. 腾讯、赶集网 vs. 百姓网、360 vs. 瑞星、金山 vs. 360(互诉)，360 vs. 腾讯以及大众点评网 vs. 爱帮网等。而国内也适时地开展修法、推出了相应的部门规章以及颁布了相关的自律公约。具体来看，一是修法开始启动，《反不正当竞争法》17 年来首次修改，修法重点集中在对互联网环境下出现的新型不正当竞争行为进行规制；二是部门规章逐步完善，工业和信息化部出台《规范互联网信息服务市场秩序的若干规定》，规制软件恶意不兼容或卸载、商誉诋毁等不正当竞争行为；三是企业自律公约发布，旨在促进互联网产业健康发展，包括反对经营者实施不正当竞争行为的《互联网终端软件服务行业自律公约》于 2011 年 7 月 18 日正式生效。

（五）综述 5：信息通信领域知识产权热点不断

1. 专利争夺白热化，美国修法正及时

从信息通信领域产业发展来看，运营市场方面，LTE 专利争夺战硝烟弥漫，部分厂家已经签署 LTE 专利许可协议；数据业务和移动互联网业务成为未来发展的重点，智能终端专利纠纷引发产业界的关注。行业主体方面，运营商努力增强其在知识产权上的话语权；设备商核心专利数量占优仍主导专利话语权；专利运营公司的盈利模式对经济发展提出了挑战；欧美巨头对后起之秀的专利战已经打响。

从法律制度的完善来看，美国专利法经历了近 60 年来的最大修订。新修订的专利法在美国目前存在大量的专利申请积压和低质量的专利，专利诉讼费用过高、耗时过长的背景下出台，主要内容包括：将先发明制改为发明人先申请制；扩大了现有技术的范围，实行绝对新颖性；对专利有效性提出质疑的机制方面也发生了变化。其修订将对信息通信产业产生重要影响，有利于大型技术企业、软件和信息产业的发展，在美申请专利的各国企业需要引起重视，在对专利诉讼的控制方面将更加严格，对故意侵权的认定条件也提高了，有利于打击“专利流氓”的攻击，一定程度上有利于降低我国企业进入美国市场的专利风险。

2. 多国积极修法，加强网络版权保护

美国：2011 年 3 月，发布了《美国政府关于知识产权执法立法建议的白皮书》；2011 年 5 月，参议院司法委员会通过《防止互联网威胁经济创造力以及知识产权侵权法案》；2011 年 10 月，众议院推出《禁止网络盗版法案》(SOPA 法案)，代表了美国在应对网络盗版及侵权问题上的“高压”政策，

由于对互联网站提出更高的要求，招致了美 83 位著名互联网投资商和工程师联名致信国会批判该项法案，引发了美国国内极大争议，被指有压制自由言论以及导致互联网行业全盘退步的嫌疑。2012 年 1 月美国会宣布，将暂时搁置 SOPA 法案的投票。

加拿大：2011 年 9 月发布 C-11 议案，对现有著作权法进行全面修订，试图使现有的著作权法与网络环境和技术发展相一致；更加着重关注网络环境下的著作权侵权认定、合理使用、技术保护措施等问题。

我国：2011 年的“百度文库事件”影响深远，触发了行业监管者的神经，引发了产业链相关者的思考，加速了第三次著作权法的修订步伐。引人注目的著作权法第三次修订工作于 2011 年 7 月正式启动，重点集中在网络环境下著作权法律制度的调整和完善。2011 年 12 月，最高院发布了《关于充分发挥知识产权审判职能作用，推动社会主义文化大发展大繁荣和促进经济自主协调发展若干问题的意见》，其中重点明确了网络著作权侵权判定规则。

综上所述，根据各国调整著作权法的轨迹看出，各国的立法试图在版权领域的技术管制立法与产业利益中构建一种平衡。起初立法考虑要保证新生事物免受旧有事物的打压，但是伴随着互联网产业的蓬勃发展，法院和立法机构更加多地考虑了对新技术适用施加法律限制，因此针对技术管制的立法及司法实践不胜枚举。对于我国第三次著作权法修法而言，任重道远，既要体现中国特色，又要适应新环境要求，既要依法保护权利，又要促进信息传播。

3. ICANN 开放新通用顶级域名（New gTLD）的扩展计划，影响深远

2011 年 6 月 20 日，在新加坡召开的第四十一届 ICANN 会议上通过了新通用顶级域名（New gTLD）扩展计划。新域名可以根据不同的主体进行分类，并不再将域名限定为英文、拉丁字符，这是 20 世纪 80 年代以来互联网业界最大的变革——域名的关键要素将从圆点符的左边转移到右边。

对于该项计划，各方看法不一。支持者认为，有利于我国增强对互联网的管理控制；保护中外品牌企业机会均等；带来了更加开放的个性化域名以及更多的创新机会。异议者认为，网站的攻击、仿冒、混淆等欺诈行为可能增加；更加担心对于知识产权的保护；新计划将为企业和消费者带来其他成本。

按照该计划的时间要求，2012 年 1 月 12 日到 4 月 12 日期间将接受新顶级域名的申请。无论结果如何，这将意味着新一轮的域名申请竞赛来临，但新域名广泛使用仍需时日。需要注意的是，新计划并未改变美国政府单边控制互联网根域名服务器的本质，我国政府对通用顶级域名裁决的管辖权应引起高度重视，而企业则应提前做好注册准备。

二、2011 年信息通信法律法规热点剖析

（一）热点 1：网络新技术新业务呼唤个人信息保护新规则

网络环境下个人信息的收集、传播更加便利快捷，现有的个人信息保护制度在适用中存在许多问题，个人信息保护引起各国立法和执法机构的重视。

网络环境下，收集处理个人信息的行为主要有以下几种表现形式：

（1）网络广告、网站通过 cookies 收集个人上网使用信息。

（2）智能手机系统和第三方应用提供商通过软件收集用户位置信息。

（3）黑客攻击导致网站存储的个人数据大量泄露。

（4）社交网站未经用户同意将用户信息商业性使用。

2011 年，各国个人数据保护机构纷纷严格执法，对网络个人数据收集、处理行为进行严格监管。

● 2011 年 8 月，西班牙要求谷歌停止将该国 90 个公民的个人资料编入互联网索引。

● 2011 年 5 月苹果公司收集用户位置信息的行为，受到美国、欧盟执法机构的调查。

● 2011 年 4 月，Facebook 遭到德国数据保护机构调查，采取措施防止用户联系人邮件地址信息泄露。

● 2011 年 12 月，我国多家网站个人数据遭到黑客攻击泄露，公安部，工业和信息化部等部门开展调查。

1. 网络环境个人信息保护的特点和挑战

网络的技术性，无国界等特征使网络环境下的个人信息保护有了新的特点，提出了新的挑战。

主要特点：

（1）侵害行为更加隐蔽，侵害行为认定难度大。

（2）个人信息范围扩大，网上搜索记录、IP 地址、位置信息等数据也可能成为个人信息立法的保护范围。

（3）侵权行为的责任主体多元，云计算等新技术新业务带来数据控制者、数据处理者之间的责任划分问题。

（4）云计算等新技术、新业务使个人信息的跨境流动更加便利。

网络环境下的个人信息保护主要面临以下挑战：

（1）如何在网络环境下应用个人信息保护法确立相关主体的权利义务，加强信息控制者的告知义务、安全保密义务等。

（2）如何界定网络环境下个人信息的范围，以明确立法保护的对象。

（3）如何划分数据控制者、数据处理者之间的责任，法律如何适用，如何确定司法管辖权。

（4）传统的跨境流动合同规制方式难以适用。

2. 各国立法应对

为了应对网络环境的下个人信息保护面临的上述挑战，各国纷纷修订立法。综观各国个人信息保护立法的修订，主要体现在以下几个方面：

（1）扩大个人信息的范围。2011年，欧盟讨论修改1995年个人数据保护指令，澄清相关核心概念，包括个人数据，增加敏感数据的内容；中国台湾2010年新制定的个人资料保护法扩大了个人信息的范围。另外，从欧盟、美国对苹果公司案件的处理情况看，许多通过网络应用产生的能够识别个人信息的数据均被纳入个人信息的范畴予以保护。

（2）增加信息主体权利、增强信息控制者的义务。2011年，欧盟提出“遗忘权”的概念，根据该权利，网民可以向网站发出删除其涉及个人隐私保护的内容。欧盟在其个人数据保护法修订的讨论中提出要求企业任命数据检查专员，数据控制者执行数据保护影响评估，开发隐私认证计划；美国FTC在其隐私框架建议中也提出了类似建议。另外，欧盟、美国、中国台湾在立法中增加了信息控制人“安全侵害通知”的义务。

（3）要求企业进行个人数据影响风险评估，明确新技术、新业务的法律适用。2011年，美国讨论修订《电子通讯隐私法》，把云计算的数据也应纳入电子通信范畴，明确政府获取云端数据的程序。欧盟发布RFID隐私保护建议，与相关利益方签订RFID隐私数据保护协议，要求RFID相关企业评估数据收集、处理中的个人数据风险。欧盟发布云计算相关报告，讨论云计算法律适用、合同规制等问题。

3. 我国个人信息保护的有关思考

目前，我国个人信息保护存在的主要法律问题表现在以下两个方面：

一是现行立法难以保护个人信息自决权和隐私权。

（1）我国个人信息保护法律散见于《中华人民共和国刑法》、《中华人民共和国护照法》等法律法规中，只有原则性规定，具体制度和罚则空白，特别是对企业关于个人信息存储安全保密责任方面缺乏完善的规定。

（2）我国立法对于隐私权的保护也多为间接方式。

（3）部分规章虽有相关制度规定，但限于其效力层级，规范的范围、处罚措施都不足。

二是个人信息保护司法难，执法不严。

我国法律法规没有明确个人信息的范围，缺乏对“非法”行为认定的法律标准，导致司法实践中对个人信息违法犯罪行为难以认定。虽然部分行政法规和规章有个人信息保护的相关规定，但监督检查力度不够。

我国个人信息保护制度设计建议：

（1）立法对个人信息的概念采取“识别说”的标准，并将通过网络应用而产生的个人信息纳入立法保护范围。

（2）立法明确个人的知情权、更正权、删除权、访问权、反对权等权利；明确信息控制者有通知、安全保密、确保数据质量、违法侵害通知等义务，以及各方行使权利和履行义务的方式、期限等。

（3）立法建立个人信息保护的监督管理机制，明确相关机构的职责。

（4）立法制定个人数据跨境流动的定义和基本原则。

（二）热点 2：互联网企业不正当竞争频发、呼吁立法规范

1. 我国互联网不正当竞争的主要表现形式及典型案例

互联网不正当竞争行为不仅包括互联网背景下《反不正当竞争法》规定的传统的 11 种不正当竞争行为；还包括和网络发展的不断深入化、精细化、智能化以及网络新技术的不断出现紧密相联系的，互联网环境下衍生的新型的不正当竞争行为。

传统经济中不正当竞争行为的 11 种表现形式是不正当竞争行为的基本表现形式，这 11 种表现形式在互联网市场中也都存在，但较为常见的表现形式主要包括：虚假宣传、诋毁商誉、商业混同等。如大众点评与爱帮网互诉案中，法院认为爱帮网和大众点评网分别使用最高级语句来为自己宣传，但都不能为自己的宣传提供足够的证据，因此均构成虚假宣传；再如第一个诉讼到最高法院的反不正当竞争案件真假开心网案，法院认为千橡公司使用开心人公司的“开心网”名称，误导了相关公众，构成商业混同。

互联网环境下衍生的新型不正当竞争行为的表现形式主要包括：深度链接、网页抄袭、域名恶意抢注、关键词不当设置、软件恶意不兼容或卸载等。如中国首例涉外域名争议案 IKEA 域名

纠纷案，法院认为被告将原告的“IKEA”驰名商标作为域名使用，对消费者造成了误导，构成不正当竞争；再如在金山网盾与奇虎360不正当竞争纠纷案，法院认为360安全卫士在自身安装升级运行过程中采用弹出提示框的方式，诱导用户在提示框中进行同意卸载金山网盾的操作，也构成不正当竞争。

2. 我国互联网市场不正当竞争行为的特点及原因分析

➢ 特点

行为趋于隐蔽，形式更加多样。网络的虚拟性、开放性以及网络环境无纸化和即时性的特点都导致侵权行为相对于传统不正当竞争行为来说更趋隐蔽，取证也更为困难。互联网不正当竞争行为的表现形式不仅包括传统的11种不正当竞争行为在互联网平台上的延伸，还包括随着互联网络信息技术的发展而出现的一些新型表现形式，表现形式更为多样。

规制界限更加模糊，互诉现象明显。技术本身的中立性及各种利益的诉求使对互联网不正当竞争规制的界限并非像传统不正当竞争行为那么清晰；相反，规制的边界反而受一国经济、文化、立法技术、各利益团体的影响力等各种因素的影响更大。行为判定的不明确性以及企业以赢得公众舆论为目的而进行的互诉现象也较为明显。

互联网用户的参与度和影响力增强。互联网不仅淡化了时空的限制，还因网络传播的即时性使巨大的网络用户群间的想法和意见能及时得到沟通与回应，互联网已逐渐成为网络用户对某一热点事件发表看法或表达自己利益诉求的一个重要平台；而对于以吸引流量为竞争法宝的互联网企业来说，网络用户对企业的评判至关重要，因此互联网用户在互联网不正当竞争中的参与度和影响力都有所增强。

呈现逐渐向移动互联网延伸的趋势。手机浏览器作为移动互联网入口，具有左右流量的能力，同时也有可能成为内容和应用服务平台，互联网不正当竞争正逐渐延伸到移动互联网领域。

➢ 原因

互联网的“网络效应”、“消费者黏性”、“寡头垄断”等特点，加剧了竞争的激烈程度。

我国互联网企业创新能力不足，以及多元化业务发展趋势，使产品和服务同质化现象严重。

互联网市场为VC、PE投资最为活跃的领域，我国互联网企业的盈利模式和良性竞争机制仍未建立起来。

立法规则滞后，惩罚力度较轻，执法存在空白，对不正当行为的实施者威慑力有限。

3. 规制互联网不正当竞争行为的主要法律

表 1　　规制互联网不正当竞争行为的法律体系

颁布时间	名　　称
	法　　律
1993 年	《反不正当竞争法》
2000 年	《关于维护互联网安全的决定》
	行政法规
1994 年	《计算机信息系统安全保护条例》
1997 年	《计算机信息网络、国际互联网安全保护管理办法》
2000 年	《电信条例》
2000 年	《互联网信息服务管理办法》
	部门规章
2000 年	《互联网电子公告服务管理规定》
2011 年	《规范互联网信息服务市场秩序若干规定》
	司法解释
2000 年	《关于审理涉及计算机网络著作权纠纷案件适用法律若干问题的解释》
2001 年	《关于审理涉及计算机网络域名民事纠纷案件适用法律若干问题的解释》
2006 年	《最高人民法院关于审理不正当竞争民事案件应用法律若干问题的解释》

《规范互联网信息服务市场秩序若干规定》的主要内容

一是明确了禁止实施的侵犯其他互联网信息服务提供者权益的行为。包括恶意干扰用户终端接受其他互联网信息服务提供者的服务，或者产品的下载、安装、运行和升级；捏造、散布虚假事实损害其他互联网信息服务提供者的合法权益等。

二是规范了互联网“评测”活动。要求评测活动应当客观公正；在公开评测结果的同时应当全面完整地提供与评测活动相关的信息；评测方与被评测方的服务相同或者功能类似的，在评测结果中不得含有其主观评价；评测方不得利用评测结果，欺骗、误导、强迫用户对被评测方的服务或者产品作出处置等。

三是明确了禁止实施的侵犯用户合法权益的行为。规定了互联网信息服务提供者不得实施的八种行为，包括：无正当理由拒绝、拖延向用户提供服务或者产品；限定用户使用其指定的服务或者产品等。

四是规范了在用户终端上安装、运行或者捆绑软件的行为。要求在用户终端上进行软件下载、安装、运行、升级、卸载等操作的，应事先征得用户同意并提供明确完整的软件功能等信息，禁止欺骗、误导或者强迫用户安装、运行软件等。

五是规范了广告窗口弹出行为。要求互联网信息服务提供者以显著的方式向用户提供关闭或者退出窗口的功能标识。

六是强化了对用户个人信息的保护。要求互联网信息服务提供者应当妥善保管用户个人信息，不得擅自提供给他人；保管的用户个人信息泄露或者可能泄露的，应当立即采取补救措施；造成或者可能造成严重后果的，应当立即报告电信管理机构并配合调查处理等。

4. 国外规制互联网环境下衍生的新型不正当竞争行为综述

关键词不当设置。美国适用的法律为《兰哈姆法》；判定要点主要为：①是否构成商业性使用；②是否造成混淆的可能性。欧盟适用的法律为《欧盟商标指令》、《欧盟商标条例》、《电子商务指令》等；判定要点主要为：①是否构成商业性使用；②是否造成了混淆或影响了商标的其他功能。

深度链接。美国适用的法律为《千禧年数字著作权法案》；判定因素主要为行为的目的、网页的性质、对被链网页潜在市场的影响等。德国适用的法律为《著作权法》、《反不正当竞争法》、欧盟的《关于数据库保护的指令》等；判定要点为是否会对一般理性消费者造成混淆。

网页抄袭。在美国，若构成著作权侵权，适用法律为《千禧年数字著作权法案》；若不构成著作权侵权，可依据《反不正当竞争法重述》"对无形商业成就的侵占"进行规制。欧盟适用的法律为《欧盟议会和理事会关于协调信息社会中版权和相关权某些方面的指令》和《协调数据库法律保护指令草案》等。

域名恶意抢注。美国适用《兰哈姆法》、《反商标淡化法》及《反域名抢注消费者保护法》等，具体从商标的知名度、商标的近似性、是否有混淆公众的意图、实际混淆的证据等方面来考量。国际仲裁中心主要适用《统一域名争议解决政策》和的《统一域名争议解决办法》。

5. 应对我国互联网不正当竞争频发的立法建议

首先，《反不正当竞争法》应对比《反垄断法》，剔除关于垄断行为的相关规定，划清二者的界限，以确定一个明晰的分立式立法模式。

其次，应界定清晰相关主体的作用。在《反不正当竞争法》执法中，如何处理工商行政管理部门与相关行业部门的关系，合理确定各自的职能定位，维护执法的统一性是突出问题。法律应明确监管主体，并适当加强行业监管部门的作用，如可规定由工业和信息化部细化行业服务规范，出台相关规定，并引导企业规范竞争。

再次，应扩充现有列举式条款。可以采用列举法与概括法相结合的立法技术，对网络环境中新型的如域名抢注、深度链接、恶意不兼容等多种不正当竞争行为的特征予以说明或补充列举，以便统一认定。只要符合不正当竞争行为违法特征，即使法律未明确列举规定，也可认定为不正当竞争行为而予以制裁。

另外，应加大惩罚机制。由于现有的罚款金额过低，不足以起到威慑作用，因此适度运用“惩罚性赔偿”制度将会有力地抑制网络环境中不正当竞争行为的发生。

最后，可增加禁令条款。由于互联网市场主体对权利救济及时性的需求更高，但现行法律难以满足，因此可增加禁令条款，明确适用的基础应为对合法权利的救济；适用的情形为侵权事实较为清楚、后果较为清晰、损害后果不易弥补等情形；并设置担保制度和补偿机制以来保证禁令条款效果的实施。

此外，还要加强执法工作，理顺部门间的职责分工；司法上要加强法官解决互联网竞争诉讼的专业技术能力。

（三）热点 3：手机实名制立法论证力求严谨

1. 立法背景

2010 年初以来，为落实中央领导有关批示，工业和信息化部着手研究推动电话用户实名登记工作。由于固定电话业务已基本实现实名登记，电话实名登记工作的重点落在了手机用户实名登记。

实名制是涉及到几亿手机用户切身利益的管理政策，必须坚持依法推进的原则。实名制各项推进工作中，法律制度建设工作尤为重要。近期来看，手机实名制的推行还面临以下重点法律问题：一是缺乏充分且直接的法律依据，我国《电信条例》第五十九条规定：任何组织或者个人不得“以虚假、冒用的身份证件办理入网手续并使用移动电话。”但是，该规定没有禁止匿名使用移动电话，也没有要求办理移动电话入网手续时须登记个人身份信息，因此不能直接作为用户实名登记的法律依据。二是在当前缺乏专门的个人信息保护立法的情况下，实名登记立法中难以对用户身份信息的收集、处理、利用、管理和保护等作出全面具体的规定，而实名制的推行又势必加大用户信息管理的难度。三是用户身份信息核对制度。对用户提交的个人信息是实行实质审查还是形式审查，关系到企业在实名登记过程中所承担的法律责任，也关系到实名制推进工作能否落到实效。上述问题在现阶段都成为手机实名制立法所要面临的制度性难题。

2. 立法重点

围绕实名制推行工作，手机实名制立法将主要构建以下五个方面的主要制度：

（1）要求实名登记的业务范围。确定实行实名登记的电信服务范围时，一方面要考虑规定的稳定性和可操作性，另一方面也要为今后的管理保留适当的空间。从实行电信实名制立法的国家看，各国和地区实行实名登记的电信服务类型各不相同。南非要求所有的电信服务都实行实名登记；挪威要求对电话服务实行实名登记；日本、墨西哥、坦桑尼亚和我国台湾地区要求移动电话服务实行实名制；西班牙、瑞士、澳大利亚、希腊、新加坡、马来西亚只对预付费移动电话实行实名制。建议我国根据实际管理需要在实名制立法中明确需要实名登记的业务范围。目前来说至少要将移动电话业务纳入实名登记范畴。

（2）登记核验制度。登记核验制度至少需要解决以下问题：①电信企业对用户个人信息的核验是形式审查还是实质审查。因为其不仅关系到企业开展实名制的投入成本、配套条件（例如是否需要跟公安系统等进行联网），也关系到实名制工作的最终成效。②登记和核验的环节。部分国家为贯彻实名登记，会要求电信服务提供者在 SIM 卡激活之前履行登记并核实用户身份信息的义务，这有利于提高实名制的实施效果。而我国是否也采取此种方式还需根据实际情况来决定。3. 登记的方式，是采取完全的电子登记，还是允许多种登记方式并存，也需要根据各地运营商的实际情况进行规定。

（3）对代理商的规范。代理商在发展预付费移动电话用户等方面具有重要的作用。对代理商的管理是电信用户实名登记和信息保护的薄弱环节，因此直接关系到实名制的有效性。鉴于代理商数量庞大、分布广泛，电信监管机构缺乏对其直接管理的监管资源和能力，建议借鉴大部分国家的做法，在电信用户实名制立法中不直接对代理商进行规范，而是对电信服务提供者提出相关要求，通过电信服务提供者对代理商进行监督、规范。

（4）用户信息保护。在当前缺乏专门的个人信息保护立法的情况下，电信用户实名登记立法中难以对用户身份信息的收集、处理、利用、管理和保护等作出全面具体的规定。但是，也应当针对电信用户实名制中面临的突出问题，建立用户信息保护的基本制度，主要包括：①电信服务提供者应当建立用户信息保护制度，采取必要的措施预防用户信息泄露；②电信服务提供者应当与代理商约定用户登记信息的保护义务和责任，不得委托那些不能满足信息保护要求的代理商代办相关电信服务手续；③出现泄露用户信息的严重事件，电信服务提供者应当立即采取补救措施，并报告电信主管部门；④结合我国民事和刑事法律有关个人信息保护的规定，建议对电信服务提供者及其代理商泄露、不当利用用户登记信息，造成用户损失的，要求依法承担民事责任；构成犯罪的，依法追究刑事责任。

（5）实名制的推进进度。各国电信实名制立法中，通常都区分新增用户和存量用户，在推进实名登记的时间安排方面进行区别对待。对于新增用户，一般要求自电信实名法律制度生效之日起进行实名登记。对于存量用户，各国一般都设立了从半年到两年不等的补登记期限。建议我国实名制立法也将结合其他国家推进实名制的经验，建议我国电信用户实名制的推进进度也根据新增电话用户和存量用户进行区分，为鼓励用户进行补登记，也可以采取鼓励运营商进行登记的做法。

3. 微博客实名制推行带来的启示

2011 年 12 月 16 日，北京市率先要求实行微博客实名制。北京市人民政府新闻办公室、北京市公安局、北京市通信管理局、北京市互联网信息办公室制定了《北京市微博客发展管理若干规定》（以下简称《规定》），要求微博用户后台注册必须实名。此后，广州、深圳、天津、上海几大城市也相继跟进，陆续启动微博实名注册制。

然而，微薄实名制一经公布即召来诸多质疑。某律师提出：①规定涉嫌擅自增加行政许可。规定中要求“开展微博客服务，应当在申请电信业务经营许可或者履行非经营性互联网信息服务备案手续前，依法向市互联网信息内容主管部门提出申请，并经审核同意。”，而《规定》只是一个地方政府下

属几个部门联合制订的规定，立法级别较低，依立法权限规定，不得加设行政许可，更不可超越上级法律法规，也不能新设行政处罚事项。②《规定》第二条要求“本市行政区域内的网站开展微博客服务及其微博客用户，应当遵守本规定。”采用的是网站和用户并存的管辖方式，因此，除非微博客采取限制注册用户仅限于北京人的方式以外，微博客运营商应当要求全球各国各地区的注册用户都实名注册并有义务对之进行审查，这几乎是一项不可能完成的任务。

实际上。微博客实名与手机实名制面临许多类似问题：包括法律依据、用户信息保护、存量用户和新增用户，用户身份核验等，如果对于这些问题缺乏前瞻性研究和统筹，微博客实名政策的长期效果难以保证。微博客实名制带来的相关质疑与推行中遇到的问题，也可以为手机实名制所借鉴。

4. 立法未来走向：受制于立法形式和程序性要求，实名制立法不会在短期内很快出台

2011 年 5 月 30 日，工业和信息化部在其发布的《关于加强法治政府建设的实施意见》中表示，将争取尽早出台手机实名制等相关法律法规。

而从手机实名制的立法路径来看，由于我国《中华人民共和国居民身份证法》第十四条规定：“有下列情形之一的，公民应当出示居民身份证证明身份：……（五）法律、行政法规规定需要用居民身份证证明身份的其他情形。”据此，要求用户在办理电信服务手续时出示居民身份证证明身份，则应当要有法律、行政法规的依据。这意味着我国手机实名制立法宜于采取行政法规层级以上的立法形式。

如果手机实名制立法采取行政法规形式，根据《行政法规制定程序条例》的规定，按照一般立法常规程序，工业和信息化部应向国务院报送行政法规立项申请，争取将手机实名制立法纳入国务院于每年年初编制本年度的立法工作计划；加快对实名制立法重点制度的深入研究，按照立法工作计划及时向国务院提交实名制立法送审稿，配合国务院法制机构对送审稿的审查工作。因此，从一系列程序性要求来看，实名制立法应该不会在短期内很快出台。

（四）热点 4：智能手机专利纠纷凸现，对移动互联网产业影响重大

1. 智能手机专利纠纷 2010 年集中爆发，2011 年愈演愈烈

2010 年 3 月，苹果起诉 HTC 专利侵权，HTC 提起反诉。HTC 收购 S3 反击失败，2011 年 12 月，ITC 裁定 HTC 侵犯了 iPhone 的 647 号专利。

2010 年 4 月，微软与 HTC 达成授权协议，HTC 每售出一部 Android 手机需向微软缴纳 5 美元专利费。

2010 年 10 月，微软起诉摩托罗拉专利侵权，摩托反诉，2011 年 12 月，ITC 裁定摩托罗拉侵犯微软专利。

2010 年 10 月，摩托罗拉起诉苹果侵权，苹果反诉，2011 年 12 月，德国地方法院裁定，苹果侵

犯摩托罗拉移动的专利。

自 2011 年 4 月，苹果起诉三星侵权，三星反诉。双方互诉遍及 10 个国家，总数超过 30 起，2011 年 12 月，美国和澳大利亚法院相继取消了苹果对三星的禁售令。

2011 年 9 月 28 日，微软与三星达成广泛的交叉授权协议，三星每售出一台 Android 手机需向微软缴纳 15 美元专利费。

2. 专利阵营三足鼎立，诉讼范围和强度持续扩大

专利阵营呈现三足鼎立的格局。苹果 iOS、谷歌 Android 和微软 Window Mobile 操作系统专利逐步形成三大专利池。

智能终端专利风险凸显，专利诉讼波及到产业链各方。2010 年，至少有 10 家智能手机制造商、3 家通信芯片商、3 家运营商、2 家软件企业、15 家 IT 厂商卷入智能终端专利混战中，混战复杂程度前所未有。**诉讼地域覆盖也更加广泛，**2011 年，涉及诉讼的芯片生产商增至 14 家，终端制造商增加至 24 家，运营企业增至 7 家；诉讼地域也扩展至美、欧、日、韩等地。

3. Android 开源软件固有的知识产权风险，容易遭致专利诉讼

（1）Android 开源软件的知识产权风险

开源软件本身存在一些固有的法律风险，主要表现为利用开源软件开放进行的开发可能侵犯第三方的版权或专利权，此外还有许可证失效性风险等。国外因开源软件涉诉纠纷主要集中于侵权代码流入开源软件的可能性，从而侵犯他人软件专利和版权。

甲骨文指控谷歌 Android 开发中“故意、直接并反复侵犯 Java 的七项专利和版权”，谷歌予以否认；Oracle 诉 Google Android 侵权案焦点在于 Dalvik 虚拟机器是否侵犯 Java 专利权和著作权。

（2）微软和苹果阵营对 Android 阵营的专利围剿

微软拥有多项手机通用技术专利，专利布局非常细致，Android 系统也难以绕开。微软称每一个 Android 设备硬件制造商都存在侵犯微软专利的行为，已与多家厂商签订授权协议；

苹果专利布局非常深入，尤其是在多任务处理和触控涉及相关的通用技术专利方面，Android 系统难以绕开。苹果频繁发动对三星、摩托罗拉和 HTC 等主要 Android 设备厂商的专利侵权诉讼，核心动机依然是削弱 Android 产业链，巩固其在智能手机和平板电脑领域的统治地位。苹果在与 HTC、三星的专利诉讼中居于上风。

三、信息通信法律制度未来发展展望

（一）展望1：推进电信立法不断完善

2012年，继续推动电信立法，破解影响“电信法”出台的制度难题；力争《电信设施保护条例》尽快出台，推进电信基础设施立法。

未来几年，推进“电信法”出台仍是电信立法的重中之重；同时，要不断完善电信法律制度建设，对现有部门规章中不适应发展要求的进行修订。

（二）展望2：国内信息安全立法有望取得实质突破

未来，我国应当加强重点安全领域的立法布局，积极开展政府信息系统安全保护、国家关键资产保护、网络身份认证体系、移动智能终端安全管理等方面的立法研究，争取在有关领域早日取得重大突破。

政府信息系统安全管理方面，信息安全风险时时威胁着政府部门的信息系统和信息资源，保证政府信息安全已经成为信息化建设取得成功的必要条件。美国早在2002年11月20日就制定了《2002年联邦信息安全管理法（FISMA）》。未来我国应当率先制定有关政府信息安全管理方面的法律法规，将我国各级政府信息系统和信息资源的安全管理纳入法制化的轨道。

国家关键资产安全保护方面，美国早在《2002年关键基础设施信息法》、《2002年联邦信息安全管理法（FISMA）》，《2003年保护网络空间的国家战略》中就将关键信息系统纳入关键资产进行重点保护。目前，国外已从个人数据保护为主走向个人数据、商业数据保护并重。2011年3月，美国商务部互联网政策任务组起草并提出《互联网经济下的商业数据隐私动态政策框架》，确认美国将重修《电子通信隐私法（ECPA）》，加强对云计算和位置定位服务中商业数据的行政保护力度。在我国，随着云计算、移动互联网条件下数据跨境流动趋势的发展，应当考虑制定《关键资产保护法》，明确界定我国关键资产的范围，将个人数据、商业数据、政府数据一并纳入法定保护的范围，并采取法律、行政、技术等多种手段，保护国家关键资产的安全。

网络身份认证体系建设方面，相对于实名制而言，身份认证的意义更为深远，是建立全社会可信身份管理体系的必由之路。2010年6月25日，美国白宫发布《网络空间身份信任国家战略（NSTIC）》，号召建立“可信任的身份生态系统（Identity Ecosystem）”。在我国，2004年施行的《中华人民共和国电子签名法》为我国身份认证提供了制度建设的重要契机，但是由于我国电信管理、互联网管理相关法律法规缺乏实名制、身份认证制的配套规定，致使数字身份认证仅限于《中华人民共和国电子签名法》规定的电子签名申请人，无法适用于电信用户和互联网用户。因此，未来，我国应当加紧修订《中

华人民共和国电信条例》、《互联网信息服务管理办法》，建立第三方网络身份认证服务体系，授权第三方网络身份认证机构对事关信息安全、社会稳定和国家安全的部分互联网典型业务应用实行网络身份在线认证活动。

移动智能终端安全管理方面，现时，移动互联网发展迅猛，围绕着移动智能终端的发展，新型交互式媒体广泛应用，客户端安全使用、国民信息数据、跨境网络通信加密等遇到不同程度的问题和挑战。未来，为了加强对移动智能终端的管理，维护国家安全和社会公共利益，保护用户合法权益，我国有可能在移动互联网立法方面采取积极政策，积极推进有关移动智能终端安全管理的相关立法。

总体上，根据党中央、国务院有关文件精神，完善我国信息安全法律体系、建设我国信息安全法律制度是建立我国信息安全监督管理长效机制的重要途径。未来，需要系统地考虑网络与信息安全法律体系建设，力争在信息安全监督管理体制、网络和信息系统的分类分级管理制度、互联网信息的分类管理制度、信息安全管理责任和保护责任制度、信息安全事件的分类分级管理制度、信息安全产业的行业管理制度、通信信息的拦截监控制度和应急保障制度等方面尽早取得实质突破，构建完善我国信息安全法律制度。

（三）展望3：个人信息保护立法亟需出台

网络环境下个人信息保护的问题突出，不利于公民个人权利保护也不利于产业发展，因此亟需出台和完善个人信息保护法律制度。鉴于我国的国情和法律传统，提出以下建议：

近期目标：建议由国家互联网信息办公室、工业和信息化部等部门牵头制定电信、互联网企业收集、处理、保存个人信息的基本规则，明确跨境数据流动的基本原则。

远期目标：制定个人信息保护基本法。个人对自身信息的自决权作为基本人权需要国家公权力的干预，基于我国法律传统和社会经济发展现状，我国的个人信息保护立法应当采取“行政法保护为主，民法保护为辅”的模式。个人信息保护涉及金融、银行、电信、公安、教育等众多行业，应当首先制定法律位阶较低的法律，在实际成熟时由国家立法机关制定更高层级的个人信息保护法。

（四）展望4：竞争法修法将加快，执法力度也将加大

2012年，《中华人民共和国反垄断法》的配套立法将逐步完善。商务部的《经营者集中附加限制性条件的规定》、《未依法申报经营者集中调查处理暂行办法》、《未达申报标准涉嫌垄断经营者集中查处办法》，最高法的《关于审理垄断民事纠纷案件适用法律若干问题的规定》等部门规章和司法解释有望正式出台。

未来几年，《中华人民共和国反不正当竞争法》修法有望完成，互联网不正当竞争行为的规制、执法权的分配等问题将在法律中得到明确的规定；行业主管部门工业和信息化部及相关部委（商务部、

发展改革委等）联合制定行业指南及实施细则，明确权责；互联网不正当竞争和垄断的执法力度将进一步增强。

（五）展望5：信息通信业知识产权持续引人关注

2012年，围绕移动智能终端的专利纠纷仍将引各方关注，三星与苹果、甲骨文与谷歌的诉讼将对移动互联网产业的发展产生重大影响；第三次《中华人民共和国著作权法》修订工作全面展开，2012年1月，由修法工作领导小组办公室分别委托起草的三部修法专家建议稿已经完成，修法工作将继续稳步推进。

未来几年，适应网络技术发展的新的《中华人民共和国著作权法》将出台并实施，相关配套法规也将逐步修改完善；移动互联网产业蓬勃发展，其中的专利、版权问题引人关注；4G时代通信行业专利布局将加快，未来专利纠纷不容忽视。

产业与政策篇

导　读

2011年，全球经济波动也影响了ICT产业的增长步伐，6.1%的同比增幅较上年有所降低，但产业内在的创新动力依然、市场活力未减，智能终端、LTE设备和光通信设备、IT服务等领域成为增长亮点。各主要国家继续高度关注ICT产业，纷纷颁布法律、制订标准、或加大资金投入，全面落实ICT战略和行动计划。中国ICT产业规模保持了两位数的增长，但受劳动力、原材料等要素成本和利息等资金成本快速上升以及全球市场紧缩的影响，行业绩效问题愈发突出。一些明星企业依然光环耀眼，引领中国ICT产业的全球崛起；数以万计的中小企业则在压力与困境中努力前行，它们更需要关注与帮扶。立足产业变革的历史机遇、放眼全球竞争，国内产业政策在激励自主创新的同时更强调国际化发展。2011年里，我国ICT产业中值得关注的一是各地大力发展ICT产业的热情高涨，需要保护和引导，更需要在承接产业转移和发展新一代信息技术产业等发展路径间取得较好平衡。二是全球总体上已进入智能终端时代，原有产业格局面临深度调整，我国终端业产业组织形态显著不均衡，差异化发展路线可能是较好的选择。此外，ICT新技术和新产业的成长迅猛，其深远影响也值得关注。展望2012年，全球ICT产业依然会受到诸多不确定经济因素的不利影响，国内产业升级和消费升级将支撑中国ICT产业较快增长，产业政策将关注创新成果向现实经济效益的切实转化，以发展中小企业、激发经济活力为目标的经济政策值得期待。

本篇作者：

辛勇飞　胡珊　史德年　曹蓟光　郝也　司先秀　刘锦华　罗雨泽　王伟华　彭征波　王远桂　万铭　高巍　胡红梅　刘铁志　刘默　朱金周　王婉丽

一、2011 年 ICT 产业与政策综述

（一）全球 ICT 产业与政策综述

1. 全球 ICT 产业[1]略好于宏观经济总体

全球 ICT 产业波动趋势与 GDP 同步，波动幅度略大于 GDP。近两年 ICT 产业增速高于 GDP，但仍没有恢复到 2009 年之前的水平。2011 年全球 ICT 产业规模 28497 亿美元，同比增长 6.1%，增速与 2007 的 7.7%、2008 年的 10.7% 仍有较大差距。全球 ICT 产业与宏观经济变化趋势相似，但波动幅度更大，先导性产业的特征明显。

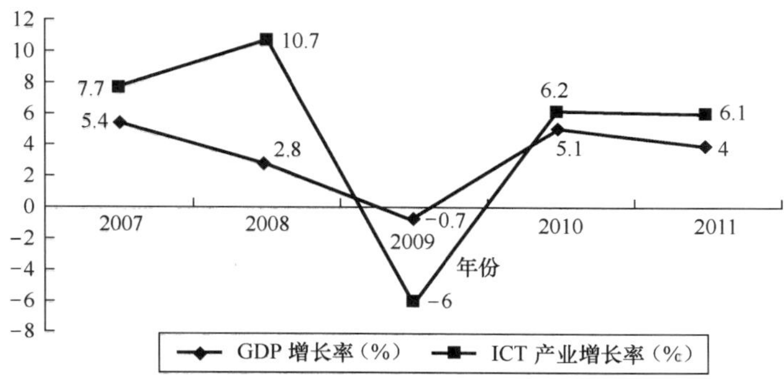

图 1　2007—2011 年全球 ICT 产业与 GDP 增长率（数据来源：The Yearbook of World Electronics Data，IMF、GARTNER）

全球 ICT 产业继续趋向"软化"。从结构上看，ICT 制造业的增速低于软件及 IT 服务业，占比也持续下降，ICT 产业呈现"软化"态势。2008 年，软件业市场规模同比增长率高达 24.7%，2010 和 2011 年，仍保持 9.9% 和 9.8% 的较高增长率。IT 服务业增长率从 2010 年的 3.9% 上升到 2011 年的 6.7%，而 ICT 制造业增长率从 2010 年的 6.8% 下降到 2011 年的 5.2%。

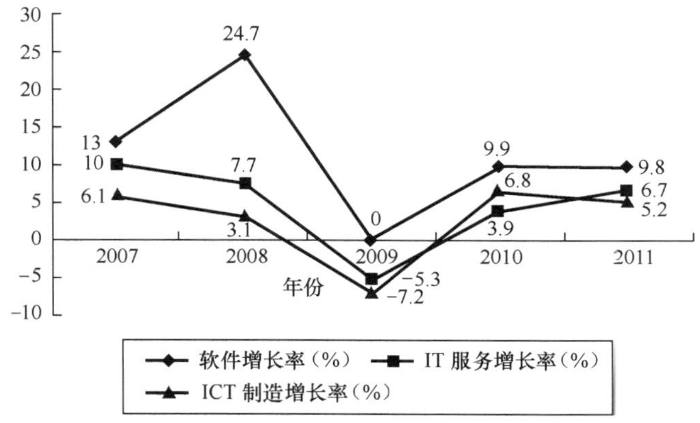

图 2　软件、IT 服务、ICT 制造业增长率比较（数据来源：The Yearbook of World Electronics Data，GARTNER）

1　ICT 产业包括 ICT 制造业（电子数据处理设备、电子元器件、消费电子产品、通信产品、办公设备、控制与仪器设备、医疗与工业设备等）、软件和 IT 服务业。

2. LTE、光通信成为网络设备新亮点

全球通信设备市场实现“V”型反转。2011 年，全球电信设备市场规模达到 829 亿美元，较 2010 年增长 3.9%，增速提高 4.7 个百分点，历经两年时间扭转了衰退局面。

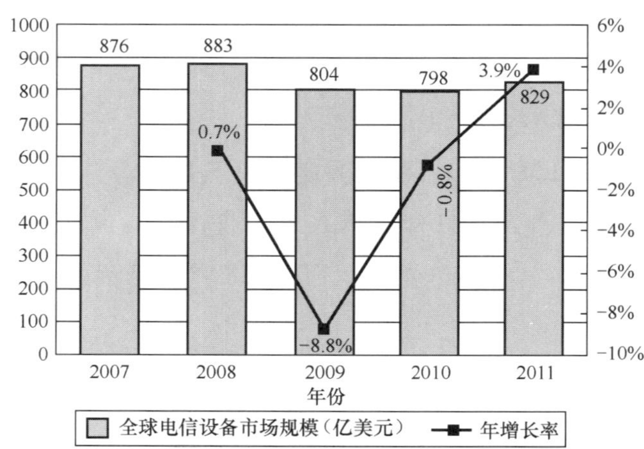

图 3　全球运营商网络设备市场规模（数据来源：根据 Gartner 的数据整理）

LTE 和光纤接入的快速增长，是推动市场转好的主要力量。2011 年 LTE 市场规模约 38 亿美元，新增 23 亿美元，年增长率达到 153.3%；光接入市场规模 20.7 亿美元，新增 4.3 亿美元，年增长率为 26.2%。两者贡献了通信设备新增市场的大部分。

表 1　LTE、光通信市场规模

亿美元	2010 年	2011 年	年增加	年增速
LTE	15	38	23	153.3%
光接入	16.4	20.7	4.3	26.2%
光传输	137.8	141.2	3.3	24%
小计	169.2	199.9	30.6	18.1%
移动基础设施（不含 LTE）	389.2	377.3	−12.0	−3.1%

（数据来源：根据iSuppli，Gartner的数据整理）

3. 各国政府对 ICT 产业的支持由战略层进入行动层

2010 年，主要国家和地区围绕新一轮信息革命，聚焦物联网、云计算、移动互联网等新兴技术，出台了一批 ICT 产业发展战略。2011 年，主要国家和地区以云计算、物联网等为重点，从法律、标准、技术、公共采购等出发，更进一步出台了一系列落实 ICT 产业发展战略的政策，积极培育新兴产业。具体而言：

一是通过立法加强引导规范，修改完善隐私和数据保护法规，为新兴技术产业的发展解决法律瓶颈。如美国新发布了《Cloud2》云计算文件，对跨境数据流动提出了建议。

二是建立统一的技术标准，推动统一市场的形成。如，欧盟通过 FP7 资助云计算和物联网标准研究，确保不同云（私有云，混合云）应用系统和不同物联网应用系统之间的兼容性。

三是强化技术政策，投入公共资金，支持新兴技术研究及应用推广。如美国政府分别投资34亿美元和500亿美元用于智能电网和智能医疗技术的研究和推广；欧盟2011年支出9亿欧元用于支持智能建筑、智能家居等研究。

四是借助政府公共采购，积极购买新兴技术服务，加快市场培育。如，美国2012年联邦IT预算800亿美元，英国政府计划投资6000万英镑建立公众云服务网络。

（二）中国ICT产业与政策综述

1. 中国ICT产业高速增长中遇到绩效压力

我国ICT制造业增加值增速高于工业总体，利润增速却差距明显。 2011年，规模以上企业增加值15.9%，高于工业总体2个百分点。利润增速为8.65%，远低于25.4%的工业总体增长水平；销售利润率仅为4.4%，全行业亏损面达16.6%，亏损深度达9.6%。利润下降的主要原因是成本上升（同比增长18.5%），包括人力成本、原材料成本，还有资金成本（利息支出同比增加35.7%）。

我国ICT产业结构趋向软化。 2011年，软件及信息技术服务收入超过1.84万亿元，同比增长32.4%，超过同期电子信息制造业增速15个百分点。软件及信息技术服务比重接近20%，同比提高2.5个百分点。在软件和信息服务业中，信息服务类收入从2007年的40%上升为2011年的47.7%。其中信息技术咨询服务及数据处理和运营服务增长最为迅速，同比增长43.4%，占软件业收入比重由2008年的不到20%上升到2011年的26.5%。ICT产业软件化趋势明显。

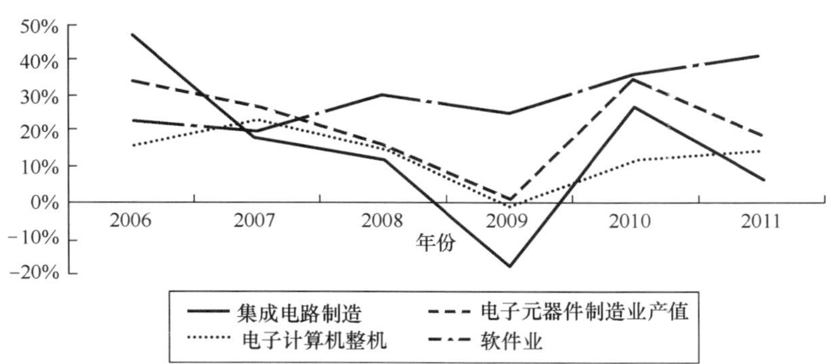

图4　我国ICT产业主要子产业收入增长率（数据来源：中经网、工业和信息化部）

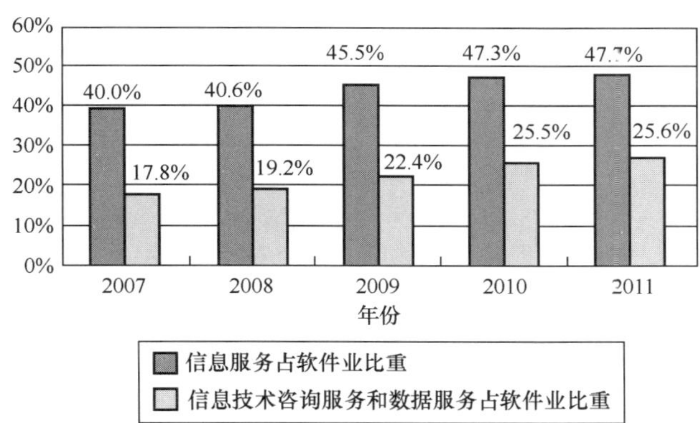

图5　信息技术服务占软件及信息服务业收入比重（数据来源：中经网、工业和信息化部）

2. 中国通信设备制造业继续显现高成长性

国内系统设备业增长快速。在宽带建设及 3G 市场的快速发展的带动下，系统设备出货量总体上升趋势明显，2011 年系统设备出货量达 2128.2 万个，同比增长 76.7%，近 5 年系统设备平均增速达 45.5%，其中无线电设备平均增速 32.6%，网间互联设备平均增速达 46.6%。无线电设备的增长主要来自 3G 基站设备，尤其是 WCDMA 基站设备。网间互联设备的增长则以接入网设备为主，尤其是以太网无源光纤接入设备（E-PON），2011 年出货量达 959.6 万部，是 2007 年初的 115 倍，近五年平均增速达 227.45%。

国内 3G 手机加速替代 2G，平板电脑成为年度亮点。在运营商及国内外主流手机厂商的推动下，3G 手机开始走上普及之路，3G 手机终端数量达到 1600 余款，2011 年的 3G 手机出货量占国内手机总出货量近 30% 的份额。2011 年移动平板电脑市场出现爆发式增长，苹果目前中处于绝对主导地位，出货量份额占 63.7%。此外，已有大量企业涌入该市场，华为、中兴、三星、联想等主流通信设备企业均推出相关产品，到 2011 年末，移动平板电脑共有 24 款产品，出货量达 141.2 万部。

3. 国内企业发展态势差异显著

国内龙头企业上升态势依然强劲。全球领先通信设备企业的发展战略呈现出专业化和多元化两种趋势。目前，两类企业中均有赢家，战略比拼未分伯仲。爱立信以专业化的产品定位和稳健的技术策略，保持着领导者地位和稳定的市场份额。华为和中兴则向终端和企业服务的多元化方向拓展，且均培育成为企业的重要增长点，推动华为跃升为全球第二大设备厂商，中兴则继续稳居第五位。

表 2　　通信系统设备企业全球市场份额排名

排名	2007 年	2008 年	2009 年	2010 年	2011 年
1	ERICSSON	ERICSSON	ERICSSON	ERICSSON	ERICSSON
2	Alcatel·Lucent	Nokia Siemens Networks	Alcatel·Lucent	Nokia Siemens Networks	HUAWEI*
3	Nokia Siemens Networks	Alcatel·Lucent	HUAWEI	HUAWEI	Alcatel·Lucent
4	HUAWEI	HUAWEI	Nokia Siemens Networks	Alcatel·Lucent	Nokia Siemens Networks
5	NORTEL NETWORKS	NORTEL NETWORKS	MOTOROLA	ZTE中兴	ZTE中兴*

*注：华为、中兴的收入含终端业务。若剔除终端业务，华为、阿朗的收入基本持平

（数据来源：根据Gartner的数据及公司财报整理）

中小企业面临生存压力。与产业龙头企业相比，中小企业则遇到较多的困难。压力主要来自三个

方面。一是经济环境变化的影响。包括出口增速放缓，国内市场竞争加剧，原材料和人工成本上升、人民币汇率升值等。二是市场弱势地位的影响。主要是谈判、议价能力弱，在产业链中处于弱势地位，容易受到上下游大企业的利润挤压。三是自身技术、品牌等实力不足。一些中小企业缺乏技术积累，跟不上技术变化，产品滞后、低端，差异化小，竞争激烈，也极大地影响着企业的盈利和发展能力。以通信设备制造业为例，2011 年，我国通信通信设备业约 1500 家企业的亏损面超过 1/4；华为、中兴、烽火 3 家（数量仅占 2‰）通信设备制造商的利润占比超过整个通信制造业的 1/3，行业内利润不均衡情况显著，其他通信企业竞争力不足。

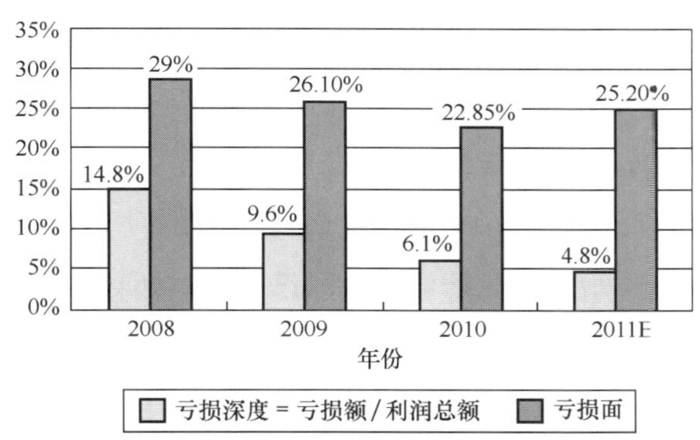

图 6　2006—2011 年通信设备企业的亏损面和亏损深度（数据来源：工业和信息化部、相关企业年报及新闻公告）

4. 中国 ICT 产业政策着力点指向创新、融合和国际化

信息技术和产业的发展一直受到国家的高度重视，2011 年 ICT 产业政策在以下三个方面有所倾斜。**一是关注产业的国际化发展，**有代表性的是商务部联合 10 个部委发布了《关于促进战略性新兴产业国际化发展的指导意见》，启动国际化发展的系统部署。**二是通过积极的多元化融资政策引导资金进入。**包括源自中央财政的专项资金和民营资本，如设立物联网发展专项资金全面支持物联网研发与产业化发展；印发“鼓励和引导民营企业发展战略性新兴产业的实施意见通知”，引导民营资本参与和促进包括 ICT 产业在内的战略新兴产业发展；尤其是发布《新兴产业创投计划参股创业投资基金管理暂行办法》，为财政资金参与创业投资设定了规范。**三是持续着力产业的创新扶持，**继续在购买设备、创业投资、成果转化、创新能力建设关键环节等给予政策支持。

二、2011 年 ICT 产业与政策热点分析

（一）地方抉择：承接梯度转移和培育新兴产业

1. 地方发展新一代信息技术产业和承接产业转移热情高涨

2010 年 10 月，国务院颁布了《国务院关于加快培育和发展战略新兴产业的决定》（国发〔2010〕32 号），将战略新兴产业定位为引导未来经济社会发展的重要力量，指出其在全面建设小康社会、推进产业结构升级和构建国际竞争新优势方面都具有非常重要的作用。而新一代信息技术作为现阶段重点培育的七大产业之一，成为各地竞相投入的焦点。2011 年，一大批物联网和云计算中心、基地开始兴建，举办一些大规模的会展，截至 2011 年底，全国已有 28 个省市将物联网作为新兴产业发展重点之一，一些一、二线城市也在开始建设或筹建物联网产业园。可以说物联网云计算已经成为 2011 年不可回避的热点。

表 1　　2011 年地方政府在新一代息技术领域的相关行动

省或直辖市	事　　件
北京	“祥云工程”
上海	物联网中心 2011 年 9 月底正式投入使用
上海	“云海计划”
天津	国家数字出版基地云计算中心各种设备完成最后调试，将于 8 月 29 日正式上线服务
重庆	重庆国家电子信息物联网产业示范基地授牌仪式举行
重庆	重庆云计算产业基地江津开建
广东	物联网应用产业基地正式落户佛山乐从
山东	济宁全力打造省物联网基地
四川	成都双流物联网产业总部基地奠基
四川	成都计划到 2015 年建成产业规模达到 3000 亿元的“全球最大云服务和终端产品制造基地”
辽宁	2011 中国（沈阳）国际手机博览会在沈阳市辽宁工业展览馆开幕
湖南	“基于物联网技术的城市交通智能化”重大示范工程（提案）

然而同时，我们也关注到，在 2010 年国务院也颁布了另一个比较重要的文件，即《国务院关于中西部地区承接产业转移的指导意见》（国发〔2010〕28 号），同样在 2011 年掀起了兴建示范区的热潮。2011 年国家发展和改革委员会已经批准了皖江城市带、广西桂东等五个承接产业示范区[1]，其他地区

[1] 具体为：皖江城市带承接产业转移示范区规划》、《 广西桂东承接产业转移示范区的实施方案》、《重庆沿江承接产业转移示范区》、《宁夏承接生态纺织产业转移示范园实施方案》和《湖南省湘南承接转移示范区》。

也在积极申报。

2. 选择动机：路径不同，原因相似

地方积极发展下一代信息产业和进行产业转移或承接，虽然属于不同层面的问题，但选择的原因都是相似的：（1）国家均重视；（2）对当地经济贡献大；（3）存在机遇（东部传统产业有待转移）。具体而言：

大力发展 ICT 新兴产业的原因主要有以下几点：（1）对国家竞争力提升和提高经济发展质量很重要，国家高度重视；（2）ICT 新兴产业属高端产业，可持续性强；（3）ICT 基础属性较强，若发展起来对其他产业具有较好的带动作用。

积极承接产业转移的原因主要有：（1）有利于提升综合竞争力，有利于可持续发展和区域协调发展，是一项重要国策；（2）东部产业亟待转移，存在承接机会；（3）产业发展比较成熟，形成了清晰产业链和稳定的生产模式，有固定销售渠道，对当地经济增长贡献大，就业促进作用强。

可见，两者都有国家政策支持，对当地经济社会发展有着比较重要的意义，并且，地方均具备了一定条件，积极发展是一个比较良好的态势。然而，我们应注意到两个问题：一是地方的承受力。毕竟地方资源是有限的，同时大力发展战略新兴产业和承接产业转移是否能够实现科学发展；二是全国的协调性问题。全国大范围地出现同样的选择，会不会产生新的重复建设或者过度竞争？

3. 转移效果：数据统计结果尚不明显

目前来看，产业转移尚未见明显成效。从截面数据看，2010 年，我国电子设备制造业[1]仍主要集聚在广东（31%）、江苏（24%）、上海（10%）、山东（7.6%）、北京（4.2%）、福建（3.9%）等地。[2]

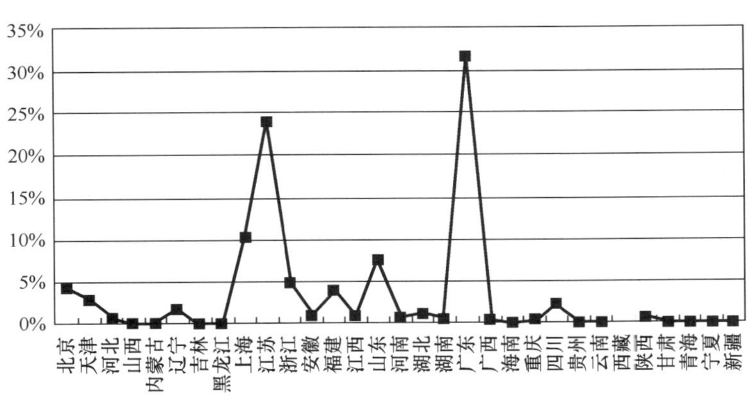

图 1　我国电子信息产业收入区域份额分布（数据来源：工业和信息化部）

从动态数据看，手机产业和网络互联设备产业也未出现转移的明显迹象。据工业和信息化部电信研究院统计数据，东部的企业数量和增长均远高于中西部。网间互联设备企业数量布局更为稳定，近

[1] 我们之所以选择电子设备制造业作为分析的重点，是因为该产业既与战略新兴产业发展有关，又与产业转移有关。

[2] 括号中为该省市电子信息制造收入在全国中所占的份额。

三年几无变化。

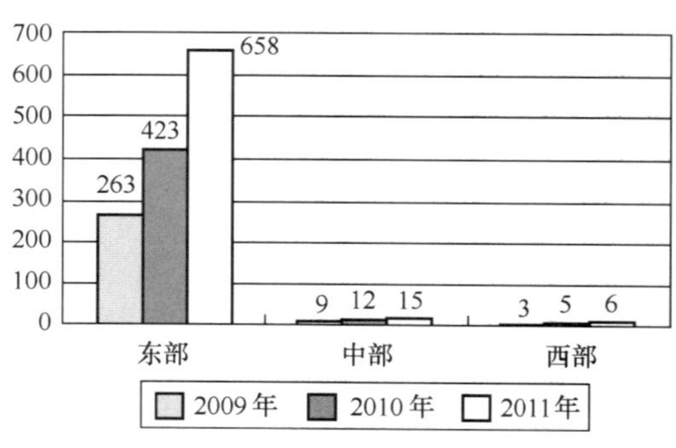

图 2　东、中、西部手机企业数量分布情况
（数据来源：CATR）

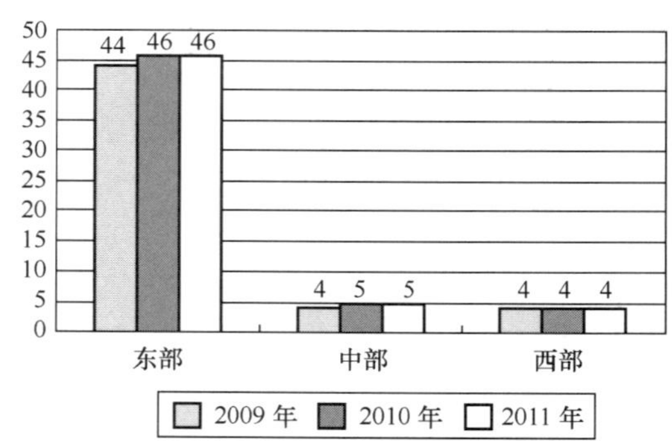

图 3　东、中、西部网间互联设备企业数量分布情况
（数据来源：CATR）

不过从报道资料看，皖江、湖北、重庆、郑州等地已经吸引大量省外投资。为何统计数据未有呈现？我们认为可能主要有以下三点原因导致的：（1）时滞因素。2010 年国务院明确转移政策，2011 年刚刚批准兴建，效果显现尚需要时间；（2）激励因素。承接产业转移和发展战略新兴产业需要满足一定条件，如果不满足，企业无法获取实际效益，仅靠政府推动将不可持续；（3）竞争因素。部分条件相似的地区出现恶性竞争，一方面导致转移不够集中，另一方面也可能导致企业行为扭曲。

4. 规范战略新兴产业发展和产业转移的建议

虽然数据显示产业转移效果并未显现，战略新兴产业发展问题也未凸现，但为了防患于未然，我们从中央政府、地方政府以及跨区域协调的角度有如下建议：

（1）中央应加强引导，不宜直接干预

战略新兴产业发展空间比较大，技术尚未稳定，产业路径尚未清晰，产业成功具有偶然性。在早期阶段，政府决策很难做到完全理性。战略新兴产业在多个地方同时取得成功是可能的，比如作为信息技术强国的美国，除加利福尼亚州的硅谷外，德克萨斯、华盛顿、马萨诸塞州、乔治亚州、北卡罗来纳州、维基尼亚州、密歇根州信息产业都很发达。所以政府可以加强引导，但不宜直接干预。

（2）地方政府应因地制宜，不宜盲目跟风

地方政府应将自身条件和市场规律结合起来，重视转移和发展的可持续性，尤其是 ICT 产业若全面发展，对环境要求比较苛刻，地方可选择部分领域或环节切入。

（3）区域之间加强交流与合作，不宜单独做区域产业发展规划

无论是战略新兴产业发展还是产业转移，都涉及到协调和分工问题，否则将很可能导致重复投入，恶性竞争。因此，地方在做发展规划之前，应先行协调，实现合理分工。比较好的实践例子是上海实施的对口地区支援、广东“9+2”泛珠合作以及上海探讨的省际合作开发区。

（二）智能手机：新时代下的新机遇

1. 智能手机时代到来，我国超前进入提速阶段

继西欧智能手机出货量占比过半后，北美 2011 年也突破 50%。发展中国家接近 20%。智能手机时代正在来临。

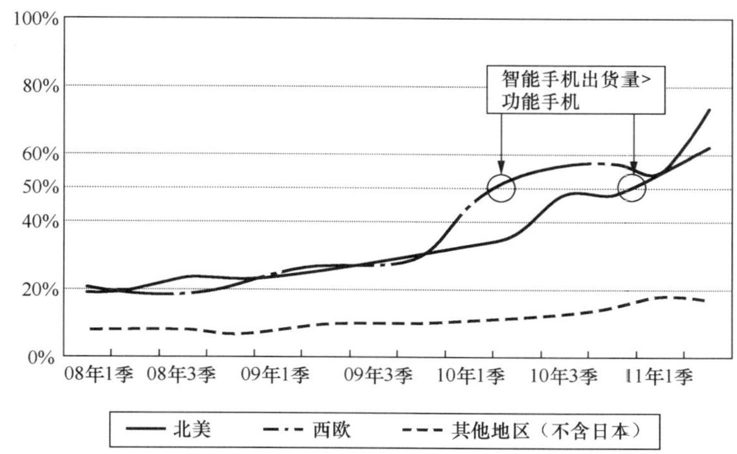

图 4　全球智能手机出货量占比（数据来源：根据 Morgan Stanley、informa 的数据整理）

我国智能手机 11 年进入快速增长的拐点期，在占比不足 15% 的水平上超前进入提速阶段，一年提升至 36%，超过全球平均水平近 10 个百分点。

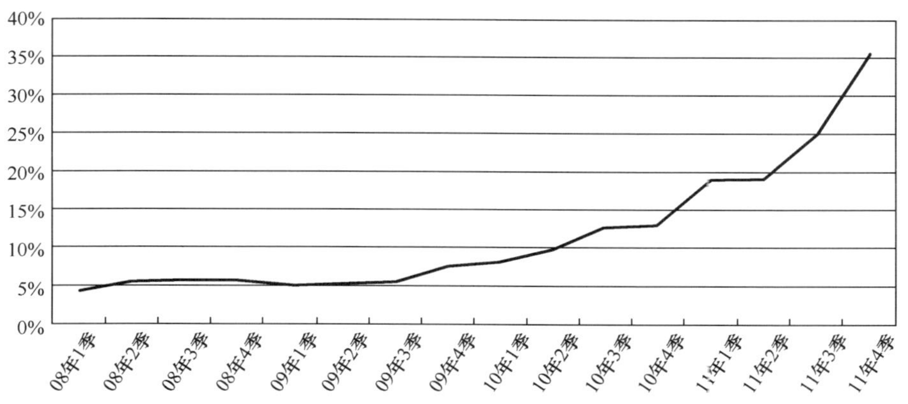

图 5　国内智能手机出货量占比（数据来源：根据 CATR 的数据整理）

智能手机的快速普及主要得益于平均售价的快速降低，原因来自手机厂商对生产成本的有效控制，如使用成熟、廉价的解决方案，开展要素优化的全球化生产组织等。随着手机行业摩尔定律的日益显现，手机领域和 PC 领域的规律将会趋同，手机厂商依靠卖硬件的利润率会持续下跌。预计全球各类手机平均销售价格会持续下降，到 2015 年高端智能手机的平均售价约 227.82 美元，2011—2015 年均降价 9.1%；基础型手机仅 21.58 美元，年均降价 3.2%。

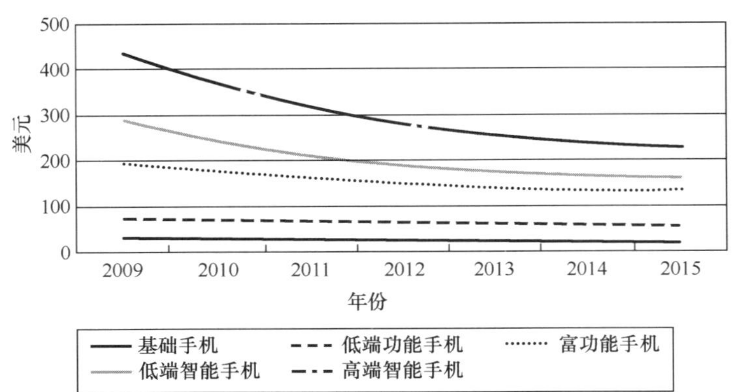

图 6　全球各类手机平均销售价格走势（数据来源：根据 Informa 的数据整理）

2. 市场因进入者增多趋向均衡，关键环节主导者掌控增强

智能手机市场的启动吸引了大批新企业进入，整机制造格局因而趋向更加均衡。2011 年第三季度前 5 家智能手机企业的市场份额合计为 69.5%，比 2009 年三季度的最高点（86.9%）减少了 17.4 个百分点。

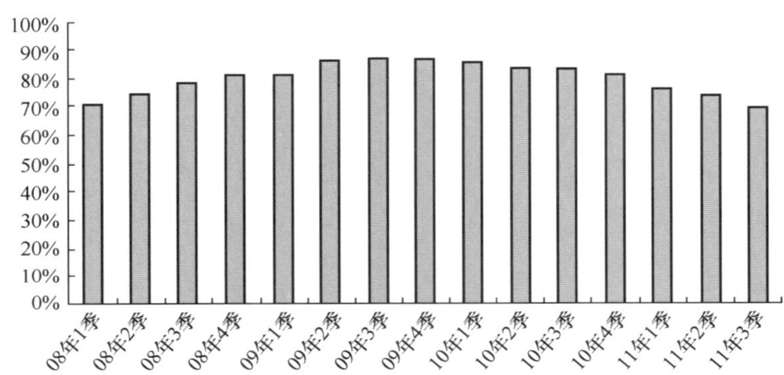

图 7　智能手机整机市场集中度（Top 5 市场份额之和）（数据来源：根据 IDC 的数据整理）

不过，在产业的核心关节与关键领域，主导者的市场地位反而在持续提升。iPhone 和 Android 出现一度引发 OS 市场集中度持续下降；2011 年以后，Android 和 iOS 份额迅速提升，形成新的市场集中。

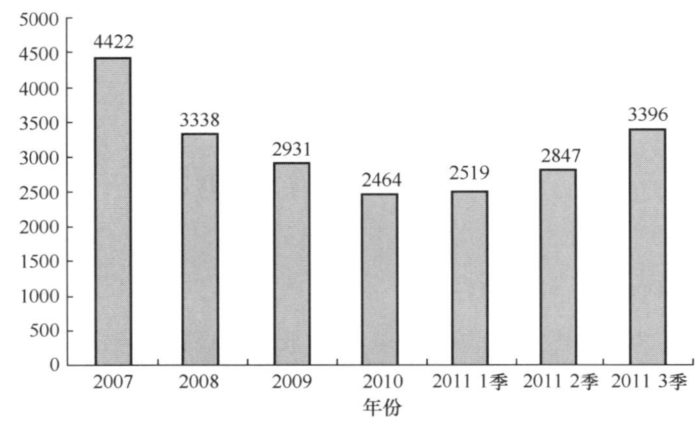

图 8　手机操作系统市场 HHI 指数（数据来源：根据 Gartner 的数据整理）

3. 产业格局剧烈变动，浮现发展新契机

智能手机市场的快速兴起引发全球产业格局的变动。诺基亚、RIM 的市场份额严重萎缩；三星借助 Android 系统的快速发展成为最大赢家，在 2011 年 3 季度超过苹果，暂时成为全球第一大智能手机供应商。

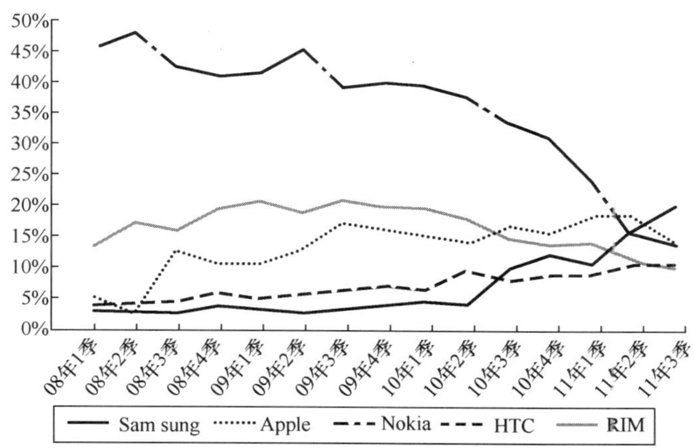

图 9　全球主要智能手机整机企业的市场份额（数据来源：根据 IDC 的数据整理）

国内市场上，诺基亚、摩托罗拉等老牌企业市场份额同样迅速下滑，不过诺基亚仍居市场首位；苹果、HTC 等成长迅速；中兴、华为等一批国产品牌获认可。

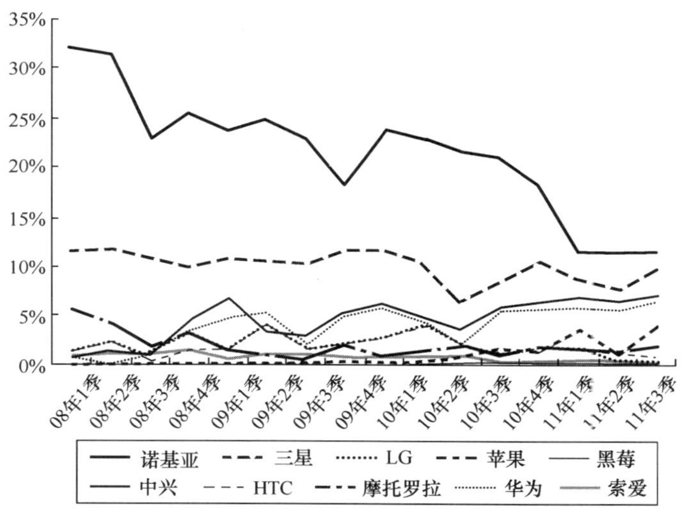

图 10　国内主要智能手机整机企业的市场份额（数据来源：根据 CATR 的数据整理）

4. 依托核心技术的产业链整合能力成为竞争力的核心

智能终端产业的发展出现硬件 PC 化和软件互联网化的趋势。在硬件上，PC 芯片和设备厂商全面向移动终端领域渗透。由于 PC 产业竞争更为激烈，他们的进入会加剧移动终端产业链的竞争强度，传统移动终端厂商可能进一步衰退；同时也将 PC 产业基本模式带入移动终端产业，促使后者的生产和合作方式调整，逐步采取软硬件的松耦合方式。在软件上，移动应用的开发和提供将均依托于互联

网平台实现，互联网应用成为产业价值提升的核心，应用开发者逐步掌握核心价值，预计互联网的去中心化特征会在移动终端产业重现。

在硬件 PC 化和软件互联网化的形势下，将只有极少数厂商可以保持纵向整合状态，自主提供芯片、终端、操作系统和应用平台；横向分割将更为普遍，大部分企业将只在产业链某个环节上占有优势，竞争优势取决于依托核心技术的产业链整合能力。与此同时，终端朝着融合化的方向发展。未来终端需要具备大屏、强数据处理能力、良好外延性、多样化操作模式、便携性等特点，以有效满足市场对终端的需求。因此，平板电脑和手机一体化或许会成为未来终端融合发展方向。

5. 中国手机企业面临的新机遇和现实困难

我国有着庞大规模的市场，2011 年手机产量突破 10 亿部，占全球超过 70%；国内入网数量达到 4 亿部。手机产业的性质（周期较短的耐用品）又决定了其有着很强的生命力，每一次技术革新均会成就几家中国企业。目前国内手机产品走向 3G 化、智能化，国内手机市场上的智能手机达 1000 余款，出货量达 2795.4 万部，特别是开源的 Android 系统手机出货量快速增长，2011 年出货量占智能手机的 62.8%。智能手机给国内厂商带来了发展的机遇，中兴、华为等国内规模较大的厂商靠着精准的市场定位和价格优势占据了较大的市场份额。

3G 技术及智能化趋势给国内手机带来机遇的同时，也给国内厂商提出了更高要求，目前国内手机厂商增长迅速，手机行业拥有近 800 家企业，其中新进入企业 90% 以上为中小企业，预计明年仍会有 100 余家企业进入手机行业，新企业在技术和资金方面均不占优势。除华为、中兴外，销量份额和单款销量都非常小，更多的企业处于行业的低端，在产品技术创新、品牌打造及市场营销等方面均与国外大品牌如苹果、三星等存在不小的差距。

6. 集群化发展、差异化发展是可行之路

总体上，应鼓励建立产业联盟和并购重组，改善产业集群，完善协调分工；鼓励差异化发展。在具体的路径选择是，先进的骨干企业应寻求突破、抢占高端，发力智能终端操作系统和核心芯片，形成自主演进的操作系统，提升智能终端芯片设计能力，加快自主芯片设备规模应用。而众多的中小企业则应发挥特色、以灵活取胜，加强设计特色化和生产专业化，中低端市场个性化需求，积极与大企业建立稳固合作关系，充分利用成熟技术和解决方案降低成本，提高性价比，做好延伸创新。

（三）云计算：引发 ICT 产业新变革

1. 全球云计算发展如火如荼，但总体尚处产业初期阶段

自 Google 首次提出云计算概念以来，在全球各大 IT 巨头、传统 ICT 制造商、基础电信运营商及各国政府的共同推动下，云计算在全球发展如火如荼：各国政府高度重视云计算，在云计算发展过程中起着重要推动、示范作用。目前，包括美国、欧盟、日、韩等在内的国家已将推进云计算纳入国

家整体发展战略。各大企业也在全力推动云计算发展，针对云计算的企业调整战略频频发布。各企业针对云计算做出的战略调整使得原有的产业区隔日渐模糊、企业间兼并收购活动频繁、新兴公司呈现强劲增长势头。虽然云计算在2011年全球发展持续升温，产业规模增长迅速，IDC预测的云计算全球市场规模的复合增长率为26%，然而，从其产业规模来看，IT市场总量为3.67万亿美元，云计算服务规模900亿美元，仅占IT市场总量的1/40，以及企业频繁调整的战略情况来看，云计算产业目前依然处于初创期到成长期过渡的产业发展初级阶段。

2. 云计算重塑ICT产业体系

云计算在经过巨头引领、政府推动的市场预热期后，开始逐步进入规模化发展阶段。全球云计算产业链也逐渐形成了制造业（软硬件提供商、系统集成商）、服务提供业（IaaS、PaaS、SaaS服务提供商和基础设施服务提供商）、支持服务业（评估认证机构、咨询设计机构）的云计算产业体系架构，价值链上下游各部分也显现出各自的代表企业，面对云计算所蕴含的无限商机，各大云计算企业竞相推出各自的产品和服务，并开始在云计算市场群雄逐鹿。

云计算面向服务的模式使得原有的产业格局被打破：云计算使计算存储向云迁移，云计算服务商成为连接用户与应用的中间环节，形成能左右产业格局的主导力量，从而改变了桌面互联网时代形成的WINTEL格局，即操作系统和芯片制造商主导产业发展进程的模式，形成互联网巨头引领、传统制造和运营巨头转型、新的竞合关系加速形成的局面；同时，云计算时代，需要通过政府认可的第三方评估机构来对云计算的系统安全、信息保护水平、服务质量等进行专业评估，来保障云计算的健康发展。

3. 云计算颠覆制造业二元垄断格局，促制造业剧烈转型

传统制造业以WINTEL为代表的操作系统和处理器为中心、厂商为主导、终端为战场，形成稳定的软硬件升级换代循环系统，引导制造业的发展。软件开发商升级软件，消耗掉硬件升级带来的性能提升；用户为了得到新版本软件带来的功能和用户体验机器配置需求不断提升，使服务器和终端厂商向芯片和外设商购买新的芯片、外设以升级硬件能力，升级产品源源不断推向市场。

在云计算模式下，实体产品更加依赖于网络服务来提升产品的附加值。制造业的发展摆脱了“操作系统—处理器”的控制，制造业转向由服务商对设备的定制化需求和企业进行信息系统改造的需求为主导。一些中小制造商成为了云服务商定制化设备的“代工厂”，进一步压缩到产业链低端；一些有实力的制造商通过转型为“私有云”制造商或系统集成商，延续其传统商业模式。我国ICT制造业具备一定的技术基础和较好的系统集成能力，广泛合作将加速其在私有云市场实现突破。云计算同时也给传统软件开发商带来了一系列的变革：生产组织经营模式由面向单机的软件工程转向面向网络服务的需求工程，大众普遍参与形成群体智慧，开源、开放的软件合作开发社区层出不穷；软件产品结构比例也发生了巨大的改变，软件依附于网络与应用，单机系统软件和应用软件比重减小，基于云操作系统的基础软件、平台、中间件及网络应用软件比重增加，由于信息服务社会化，基于内容的信

息服务软件比重也显著增加。业务模式和技术积累将成为决定我国互联网企业在突破窗口期表现的关键。

4. 软硬件产品在云计算时代推陈出新

云计算时代，硬件产品种类和份额的改变悄然影响硬件产业格局。云计算虚拟化技术和分布式架构弱化了服务器品牌效应，提升了定制服务器份额。以 IBM 为代表的一线巨头战略防御，提出演进式“云”方案；华为、中兴等新兴厂商战略进攻，以新增云设备市场为目标；二线厂商则加速向 IT 服务转型。DELL 等传统厂商定制服务器产量比重逐渐增加；国产服务器厂商借云计算，坚持高端服务器和全面定制化两条路线，尤其在低端服务器领域对国际巨头形成巨大挤出效应，为国产服务器规模发展提供了窗口机遇和实战环境。同时，云计算的海量计算需求和有限成本推动服务器 CPU 向更多核、更低功耗发展。云计算催生存储市场新力量，也对网络设备提出了新的技术要求，但未对产业格局带来大的影响。云数据中心技术发展使虚拟机接入成为未来 2～3 年产业化的重点。

云计算时代以服务为中心的模式，增强了对软件产业的依赖。云时代的“大数据”处理和“低成本”追求，催生了基础软件新模式。云计算的分布式体系架构源于 Google 的技术体系，并通过 Hadoop 等开源系统得以广泛使用，基础软件更加面向大数据网络应用环境。非结构化数据增长迅猛，分布式、非关系型的大文件存储系统挤占传统关系型数据库份额。“低成本”需求使虚拟主机软件和虚拟机管理系统迅速发展。应用软件开发商将核心软件产品迁移至云平台，提供成熟的云软件服务。内容信息服务的进入门槛较低，加之用户对信息内容的精细化需求不断上升，基于内容的信息服务业在产业收入结构中所占比重逐渐增大。随着公共云服务规模扩大，大量托管应用的互通和集成需求出现，云平台中间件需求巨大，或成为潜力巨大的新兴领域。

5. 积极发展、合理布局、推动产业联合、培育龙头企业

面对云计算发展所面临的难得历史机遇，政府应积极挖掘市场需求，本着“积极发展、合理布局”的原则，推动产业联合、培育龙头企业，带动产业健康发展。

鼓励产业链环节间的联合。鼓励由龙头企业牵头，集合国内优势资源，形成从基础设施、产品制造、云计算服务，到软件应用的产业联盟；同时鼓励产、学、研、用相结合的技术、应用开发联合体，推动技术与应用水平的提高。在互联网公司、软件公司中培育云计算软件龙头企业。通过国家专项、示范工程等方式，支持重点互联网企业、软件公司进行云计算相关软件产品的开发与推广。在 ICT 制造企业中培育云计算硬件龙头企业。通过国家专项、示范工程等方式，支持重点 IT 制造企业、电信设备制造企业实现产品转型，形成企业级云计算解决方案提供能力，并重点加强低能耗芯片、高性能服务器、下一代网络设备等核心产品的研发和产业化。建立云计算支持产业。重点支持面向云计算的规划设计、方案设计的咨询服务，面向云计算系统建设的集成实施服务，以及面向云计算运行维护与测试评估等信息技术服务业的配套发展。

三、ICT 产业与政策未来趋势

（一）受宏观经济影响，全球 ICT 产业增速将略有放缓

由于全球金融动荡，宏观经济继续调整，全球 ICT 产业增速将略微减缓。2011 年以来，希腊、爱尔兰、葡萄牙、意大利和西班牙等欧洲国家主权债务危机持续暴露和深化，债务和金融危机从金融市场与实体经济两方面对信息通信产业产生影响，银行、资本市场和财政金融政策等宏观经济政策继续调整，世界经济增长乏力，下行风险增大，发达经济体、新兴和发展中经济体的增长速度都出现不同程度的减缓。国际货币基金组织 2012 年 1 月预测，2012 年世界产出同比增长 3.25%，与 2011 年 9 月的预测相比，下调了 0.75% 个百分点，延续着 2011 年以来的经济增长速度下滑势头。信息通信产业与宏观经济的变动密切关联，但考虑到近年来，信息通信产业继续软化的倾向，软件与信息服务业表现出较好的增长势头和抗风险能力，云计算、移动互联网和智能终端等新兴产业和业态保持高速发展，我们预测，全球信息通信产业增速将略微减缓，2011 年全球 ICT 产业规模 28497 亿美元，同比增长 6.1%，2012 年预计产业规模超过 3 万亿美元，同比增长 6%。

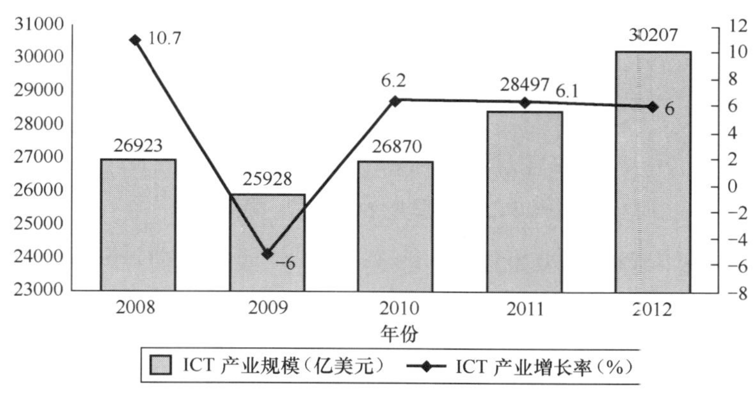

图 1　2012 年全球 ICT 产业规模及增长率预测

（二）宽带和智能手机继续引领全球通信设备业加快增长

在宽带网络建设的推动下，2012 年全球电信设备市场预计可增长 3%，达到 854 亿美元。面对数据流量的快速增长，全球各大运营商积极推进宽带网络建设，网络设备需求扩大。2012 年约 30% 运营商会部署 LTE，有 70% 投资 100G 系统，移动基础设施、宽带接入、光传输、路由器与交换机、软交换等细分市场都将有所增长。而且，由于移动和固定宽带建设进入高峰期，主要设备企业的产品性收入将进一步增长，近三年内服务性收入占比难以有根本突破。

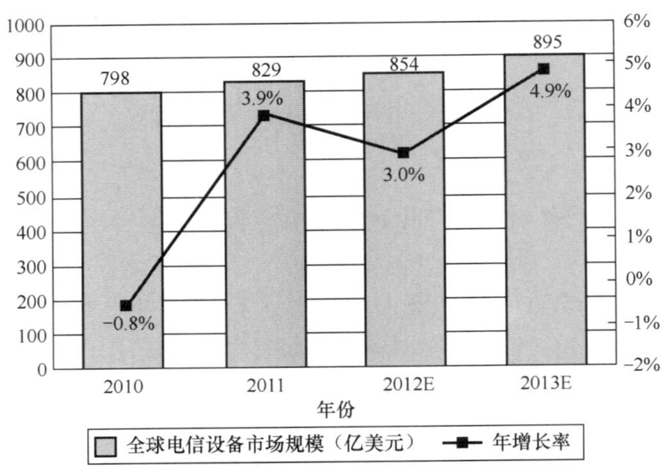

图 2　全球电信设备市场规模预测（数据来源：根据 Gartner 的数据整理）

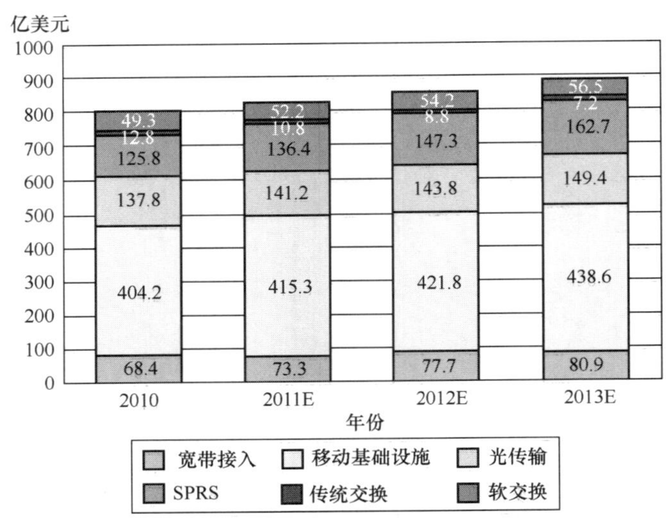

图 3　全球电信设备市场规模预测（分设备）（数据来源：根据 Gartner 的数据整理）

全球智能手机的销量正快速增长，预计 2012 年可达 4.4 亿部，年增长 28.1%，在全球手机市场中的份额达到 31.8%。到 2013 年，智能手机有望超过低端功能手机，成为销量最大的手机类别。

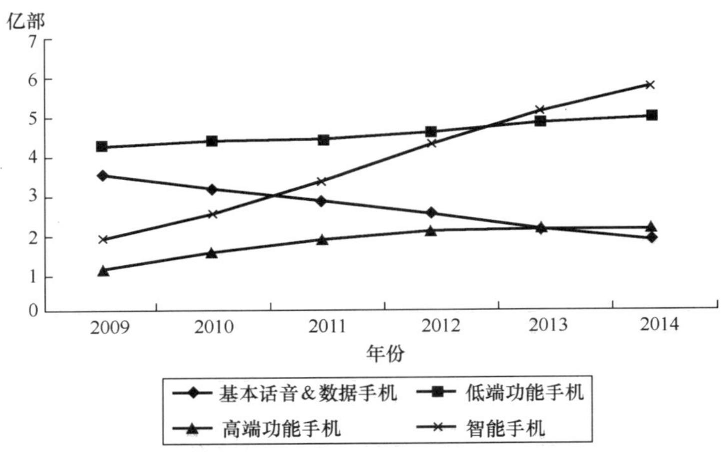

图 4　全球各类手机销量走势（数据来源：根据 informa 的数据整理）

此外，目前智能手机收入已占到全球手机市场的60%左右，且未来几年占比会进一步提高，对整个手机市场的影响进一步增强。

（三）新热点引领中国ICT产业的持续发展

首先，运营商的网络建设投资仍将保持较快增长。2012年，我国三大运营商将逐步推进固网宽带和WiFi建设，整体通信网络设备与优化投资将达3800亿元。其次，LTE、云计算等发展带来广阔市场前景。未来几年我国将适时启动LTE建设，相关设备及终端可望成为引领产业发展的重要增长点。同时，云计算应用前景广阔，我国面临新的发展机会，如目前我国在云计算定制服务器、存储设备等方面均具备了相当的实力，已进入国内和国际市场，未来发展前景可期。再次，受需求和政策驱动，运营商纷纷加大在光通信方面的投资和部署，光通信相关产业需求旺盛。中国光通信设备产业近年来一直保持30%～40%的较高增长速度，已成为中国发展最快的产业之一。预计到2012年，中国光通信市场规模将超过400亿元人民币。

（四）中国ICT产业政策将更为关注薄弱环节

产业政策将关注战略性新兴产业创新和成果转化。一直以来，成果的转化是个难题，经济高速发展的需求要求我国支撑创新和成果转化的能力必须加强，同时当前创新和成果转化对社会经济发展的制约性也日益凸显。鼓励创新和成果转化的相关政策将成为进一步强化战略性新兴产业发展的驱动力，也是促进ICT产业结构转型升级的主要关注点。针对企业，重点是营造环境，创造以企业为主题的创新环境，增强企业动力，鼓励企业创新；针对基础研究和共性技术的研发，政府直接进一步加大创新扶持力度，组建更多的产业共性技术的公共服务平台；针对成果转化，国家需要成立更多的技术交易市场，扶持政策和环境优化政策将成为新的重点。

中小企业的生存与发展已得到国家的高度重视，更多激发中小企业创新活力的政策值得期待。2011年出台的《中小企业划型标准规定》为中小企业的划分以及扶持方向奠定了政策基础。根据当前中小企业发展中面临着一系列的问题，我们期待有进一步的政策跟进。主要的政策着力点可从加大对小型微型企业的信贷支持、细化对小型微型企业金融服务的差异化监管政策、拓宽小微企业融资渠道和规范服务，降低融资成本等方面。目前ICT产业市场活跃，中小企业居多，中小企业相关政策将为其成长、发展提供更多扶持，显著增强ICT产业的创新活力和发展实力。

通信监管篇

导　读

2011 年全球通信业保持稳步增长态势，通信市场继续呈现产业跨界融合竞争态势，各国监管机构围绕促进新兴业务发展、推动业务融合创新及全面提升消费者权益等工作重点，在频谱分配、普遍服务、漫游资费、宽带服务质量、智能终端安全、个人信息保护等领域纷纷出台相关政策。

在国内，3G 和移动互联网、宽带设施和应用服务、无线城市和行业信息化等新兴业务领域加速推动市场竞争行为和手段的变化；三网融合进程逐步深化，试点区域扩大到 54 个城市，自上而下的政策引导与自下而上的业务融合加速改变社会公众在信息、媒体和娱乐等服务的消费习惯；以智能手机、应用商店为核心的移动互联网业务广泛普及和应用，正在持续推动商业模式变迁和利益格局重组。市场主体多元化、业务应用融合化、商业模式平台化、安全形势复杂化对传统的针对业务类型或业务环节的专业监管模式形成重大挑战，国内通信监管机构积极应对新形势变化，围绕优化竞争格局、维护安全产业环境、保障消费者权益等中心目标，着力推动监管政策完善和监管机制转变。

2011 年，通信监管热点与基础市场竞争、互联网应用设施、移动应用商店和智能终端密切相关，这些领域发生了一系列事件，引发社会各界的广泛关注，推动政策层面的研究评估，导致制度规则与政策措施的调整变化。基础电信市场竞争方面，运营商角逐的主战场日益转向校园市场和政企客户市场，宽带建设和接入服务市场随着业务快速发展，利益矛盾逐渐突出；在互联网领域，应用和内容资源越来越重要，作为应用基础设施的 IDC 受到云计算等技术变革的驱动，其发展潜力和市场竞争模式均引起各方关注，行业管理需要探索全业务环节的监管平台与机制；在移动互联网领域，应用商店和智能终端的重要性日益凸显，前者直接改变服务模式和产业生态，后者直接影响消费者的使用体验，由于参与主体众多、服务环节易变、消费行为个性化等因素，服务透明度、质量及安全成为监管机构的工作重心。

展望 2012 年，最明显的变化可能发生在宽带领域。随着政府主导、企业推动的“宽带中国”战略正式落地实施，“宽带上网提速工程”将揭开我国宽带产业发展和市场竞争的新局面，准入方式、互联结算、三网融合等政策因素将加速新市场主体进入、改变竞争力量对比以及增强用户体验。围绕“构建诚信消费环境，保障消费者权益”的目标，信息通信领域的服务消费行为将在法律法规制度建设的基础上引入实名机制。此外，移动互联网领域的管理机制和政策将迈出积极步伐，监管机构将出台有关智能终端和应用服务的管理规定，为产业的持续健康发展奠定基础。

本篇作者：

陈金桥　马源　徐玉　李冬　胡善冰　何伟　郑放　肖云　杨思维　刘光浩　刘耀华　郝健　马慧　华颖

一、2011 年国内外通信监管综述

（一）全球通信监管综述

1. 全球推动政策制定和频谱分配，力促宽带普及和发展

2011 年，联合国宽带数字发展委员会提出了全新的全球宽带政策目标，力争到 2015 年，所有国家都应该有一个国家宽带计划或战略，或者把宽带纳入其普遍接入和服务（UAS）的定义中；并通过足够的监管和市场力量，使发展中国家的百姓能够负担得起入门级的宽带服务（宽带服务支出不超过月平均收入的 5%）。在此背景下，为推动宽带发展，特别是无线宽带发展，全球主要国家加快了无线频谱的转移和分配，以满足移动数据业务对网络容量的需求。

2011 年 1 月 6 日，英国 OFCOM 发表声明，允许移动运营商将 2G 频谱用于发展 3G 业务，并表示规定立即生效。2011 年 10 月，欧盟委员会、欧洲议会和欧盟理事会达成了关于频谱政策的初步协议草案。根据协议，欧盟的成员国需要在 2013 年 1 月 1 日前尽快让出（或者拍卖）800MHz 频谱（“数字红利”频谱）。另外 1200MHz 将于 2013 年之后、2015 年之前用于移动数据业务。

“数字红利”频谱拍卖进程方面，美国已经在 2008 年拍卖了 700MHz 频率，总额 195.92 亿美元，欧盟计划在 2010—2012 年完成拍卖 790～862MHz 之间的频段。全球多个国家拍卖频谱的情况见表 1。

表 1　全球多个国家拍卖频谱

国　家	拍卖时间	频　段
西班牙	2011 年 10 月	800MHz；900MHz；2600MHz
意大利	2011 年 9 月	800MHz；1800MHz；2600MHz
法国	2011 年 9 月	2600MHz
瑞典	2011 年 3 月	800MHz
希腊	2011 年 11 月	900MHz；1800MHz
比利时	2011 年 11 月	2600MHz
荷兰	2011 年 4 月	2600MHz
阿根廷	2011 年 9 月	800MHz；1800MHz；2600MHz
澳大利亚	2011 年 11 月	700MHz；1800MHz；2300MHz
阿尔巴尼亚	2011 年 9 月	900MHz；1800MHz；2000MHz

2. 欧盟结构性改革推动漫游服务，移动数据纳入上限管制

欧委会在 2011 年 7 月提出了漫游长期监管政策建议，计划首次引入结构性措施来促进竞争。如

果该建议获得欧洲议会和欧洲理事会的批准，欧盟手机用户将可从 2014 年 7 月 1 日起，分开选择国际漫游和国内移动服务提供商，即可在使用同一个号码的基础上，单另签署移动国际漫游合约，同其国内移动服务合约分开。这项建议也将赋予移动运营商（含 MVNO）以受监管的批发价格使用其他成员国运营商网络的权力，从而鼓励更多运营商加入漫游市场竞争。

在结构性措施充分发挥作用和竞争导致零售价格下降之前，欧盟计划逐步降低语音和短信服务的零售价格上限，并把移动数据业务纳入零售价格上限管制。按照该建议，到 2014 年 7 月 1 日，欧盟漫游消费者每分钟主叫资费不超过 24 欧分，被叫资费最高每分钟 10 欧分，发送短信每条最高 10 欧分，数据下载和浏览网页每 MB 最高 50 欧分。此外，数据漫游“天价账单”防护措施继续保留，即每用户每月移动漫游默认支出上限仍为 50 欧元；对语音、短信和数据漫游的批发上限管制延长到 2022 年，但若竞争得到充分发展，可提前取消；运营商还要继续在消费者漫游到其他成员国时向他们提供漫游资费信息。现有和拟采取的零售价格上限、批发价格上限见表 2 和表 3。

表 2　　现有和拟采取的零售价格上限（不含增值税）

	现阶段	2012 年 7 月 1 日	2013 年 7 月 1 日	2014 年 7 月 1 日
数据（每 MB）	无	90 欧分	70 欧分	50 欧分
主叫（每分钟）	35 欧分	32 欧分	28 欧分	24 欧分
被叫（每分钟）	11 欧分	11 欧分	10 欧分	10 欧分
短信（每条）	11 欧分	10 欧分	10 欧分	10 欧分

（数据来源：欧盟委员会）

表 3　　现有和拟采取的批发价格上限

	现阶段	2012 年 7 月 1 日	2013 年 7 月 1 日	2014 年 7 月 1 日
数据（每 MB）	50 欧分	30 欧分	20 欧分	10 欧分
语音（每分钟）	18 欧分	14 欧分	10 欧分	6 欧分
短信（每条）	4 欧分	3 欧分	3 欧分	2 欧分

（数据来源：欧盟委员会）

3. 智能终端安全形势严峻，监管机构探索防范机制

智能终端带来的安全问题愈发严重。2011 年，苹果 iOS 操作系统的安全性受到大量质疑；Android 遭遇“木马”病毒及“吸费门”事件；黑莓发生大规模断网事件。在此背景下，监管机构开始探索建立防范机制。

欧盟网络与信息安全局（简称 ENISA）是一家超越欧盟成员国和欧盟委员会之外的独立机构，专门从事信息安全方面的研究工作，帮助欧盟及各成员国防范、处理和应对信息安全领域的各类相关问题。针对以上提到的应用程序商店的安全问题，ENISA 于 2011 年 8 月发布了名为《应用程序商店安全——应对恶意软件的五条防线》报告，详细阐述了解决恶意软件和不安全应用程序方面的主要办

法，供政府和应用程序商店经营企业参考。

ENISA 在应对策略方面提出通过建立 5 道防线来帮助终端用户阻止恶意软件的攻击，分别是应用程序审查、软件信誉机制、远程卸载、设备安全和围墙花园，如图 1 所示。

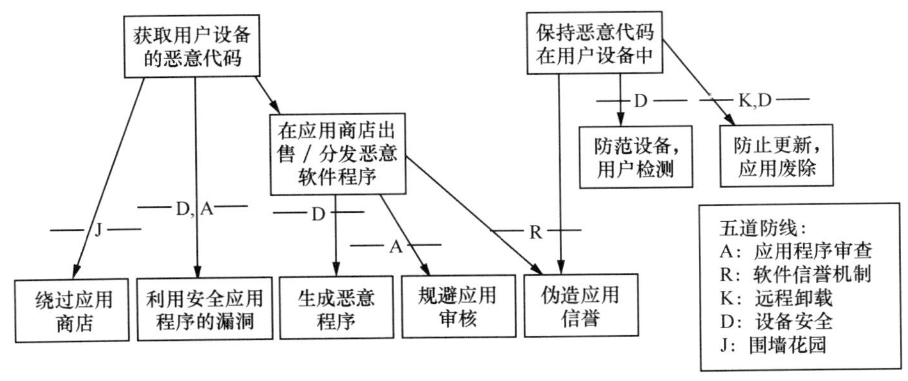

图 1　5 道防线（数据来源：ENISA）

4. 各国多方提升用户权益：宽带测速、号码携带、信息保护

宽带速率是宽带网络性能的核心指标。近几年来，国外电信监管机构从用户申诉着手，高度重视实际下载宽带速率与企业广告速率之间的差值，并发布相关测速报告，确保消费者的知情权，引导运营商不断改善服务。

综合各方面信息来看，基于软件的测速方法并没有一致的标准，包括 FCC 在内均认为，需要采取多种方法测速和比对，以确保可靠性。国外普遍非常详细地公布出测速方法和原始数据，供各方研讨。测速结果作为监管机构的监管依据，普遍要求运营企业加强自律，同时给出实际下载速率和广告速率，以及速率变动范围，保障消费者的知情权。

互联网流量监测机构 Ookla 公布的各国网速如图 2 所示。

国家	速度排名	速度 (Mbit/s)	实际速度相对承诺速度（100%）
立陶宛	①	31.89	99.6%
瑞典	④	26.23	85.0
冰岛	⑩	21.95	70.9
新加坡	⑭	18.76	81.8
美国	㉝	12.29	93.6
英国	㊳	11.48	72.6
西班牙	㊵	11.04	82.5
澳大利亚	㊾	8.96	62.4
以色列	(56)	7.15	99.6
希腊	(66)	6.05	44.4

图 2　互联网流量监测机构 Ookla 公布的各国网速（数据来源：Ookla）

号码携带继续在全球范围内向深度和广度拓展，目的是保护用户的选择权。2011 年巴林实施固定和移动号码携带。号码携带的实施趋于严格，英国、法国加速号码携带处理进程，由 10 天缩减为 3 天。

SNS 等移动互联网应用快速发展带来个人信息的保护问题，监管机构积极应对。将 SNS 带来的个人信息安全问题纳入到个人数据保护整个法律框架中进行约束。采用这一做法的主要是已经制定个人数据保护相关法律的国家和地区，如德国、韩国。发布新的监管规定或与 SNS 提供商签订特别协议。突出 SNS 提供商用户隐私、个人信息保护方面的责任和义务，如欧盟的社交网站监管指南、美国 FTO 与 Facebook 的特别协议。

（二）国内通信监管综述

1. 基础电信市场格局有所优化，监管政策效果显现

2008—2011 年，工业和信息化部出台了一系列监管政策，为市场公平竞争和持续发展创造了良好的环境。工业和信息化部发布了《关于加强中小企业信用担保体系建设工作的意见》（即 225 号文）、《关于进一步落实规范电信市场秩序有关文件精神的通知》（即 686 号文）等相关文件。同时，不断加强共建共享工作，调整网间结算办法，积极研究号码可携试点配套政策。

电信市场格局持续优化，细分市场仍然高度集中。2011 年前三季度，中国移动、中国电信和中国联通的整体业务收入市场份额分别为 56.4%、24.3% 和 19.3%，较 2010 年前三季度的 56.7%、24.6% 和 18.7% 有所优化。2011 年 9 月与 2010 年年底相比，在移动业务市场上，中国移动的业务收入市场份额下降 3%；在宽带业务市场上，中国电信的业务收入市场份额下降 1.3%。

2. 围绕市场变化态势，多项监管政策进入评估期

随着电信市场竞争的日趋激烈，电信市场出现了许多新的问题，监管政策也应当适时调整和评估以应对新的挑战。

（1）进一步规范电信市场竞争秩序

2009 年下发的《关于进一步落实规范电信市场秩序有关文件精神的通知》（即 686 号文）正在加快评估。目前，宽带市场结构高度集中，调整宽带市场准入政策、引入新竞争者，有助于加快宽带市场结构优化。

（2）加快推进号码携带配套措施

天津、海南两地号码携带试验取得一定效果，下一步推进措施有待出台。试点地区检验了技术平台的可靠性，在用户转网方面取得了实际经验，各地运营商也采取相应措施稳固客户。

（3）适时调整网间结算政策

现行的网间结算政策需要根据业务发展和市场格局适时做出调整。目前，电信市场固网快速萎缩，电信、联通到移动的网间结算净收入迅速滑落。随着3G的快速发展，电信、联通到移动的结算支出激增。中国移动正不断受益于现有的网间结算政策，进一步巩固了移动的主导地位，不利于调整竞争格局失衡。

3. 监管为民与时俱进，普遍服务内涵扩大惠及民生

牢固树立“服务质量监管服务社会、服务民生”的根本目标，不断完善相关法律法规，充分利用各种技术手段，结合国家发展战略，切实推动普遍服务升级优化。

● 基础通信服务稳中有升：根据工业和信息化部电信研究院规划所电信用户满意度季度测评数据，我国电信用户的满意度稳中有升，持续处于较高水平。同时，监管机构通过不断完善监管方法，建立用户调查—网络监测—问题跟踪机制。

● 新业务服务进一步规范：贯彻落实《第三代移动通信业务服务规范（试行）》，督促各基础企业加强3G服务管理；对于近期刚发布的《关于加强电信服务用户消费提醒工作的通知》等文件，督促基础企业落实；加快研究制定《宽带服务规范》等规范性文件；加强增值业务拨测、新型服务窗口质量检测等各项工作，并逐步进行互联网用户投（申）诉分析、管理。

● 普遍服务升级优化：以国家《国民经济和社会发展“十二五”规划》为指导，行政村通宽带率和自然村通电话率持续提升；逐步建立“下乡—培训—服务”的联动机制，多部门联合推动“信息下乡”、“家电下乡”。“村通工程”电话及宽带覆盖率见表4。

表4　“村通工程”电话及宽带覆盖率

	2010年	2011年
自然村通电话	94%	94.6%
行政村通宽带	80%	84%

（数据来源：工业和信息化部）

4. 互联网市场多元竞争，合作监管成为常态机制

互联网市场上，电信运营商、互联网龙头企业、中小型互联网企业、终端制造企业均立足自身核心价值环节展开纵向和横向一体化竞争，如图3所示。其中，互联网龙头企业横向一体化引发的问题较为突出。

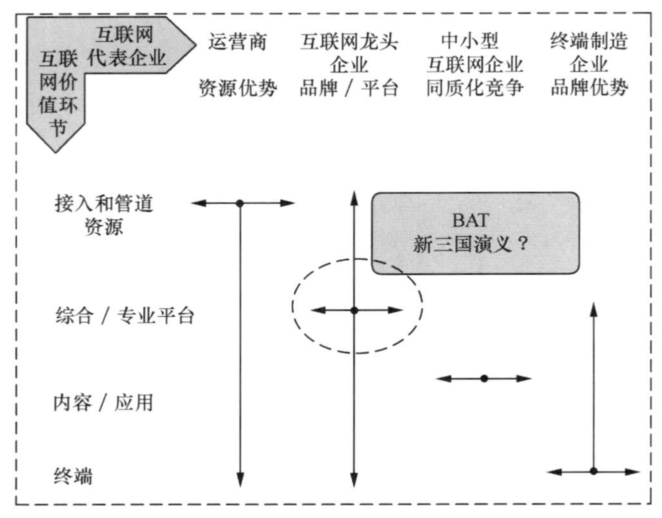

图 3　互联网市场多元竞争

针对互联网龙头企业竞争引发的突出问题，多个监管部门通过媒体曝光、介入调停、出台政策、立案审查等方式联合进行监管，合作监管初见成效。互联网问题联合监管案例见表 5。

表 5　互联网问题联合监管案例

	热点事件举例	时间	监管部门	措施及效果
同质平台竞争	京东、当当价格战	2011.11	—	—
异质平台竞争	UQ 大战	2011.11	工业和信息化部、人民法院	工业和信息化部出台《互联网信息服务管理规定（征求意见稿）》 北京市第二中级人民法院已受理此案
企业与产业链其他环节竞争	央视曝光百度竞价排名黑幕	2011.8	广电总局、工业和信息化部	CCTV 曝光；工业和信息化部计划出台互联网搜索相关法规。媒体曝光和法规双管齐下，提升监管效果
	淘宝商城涨价遭卖家围攻	2011.10	商务部、工业和信息化部、发改委	商务部、工业和信息化部、发改委共同协商讨论；商务部介入调停 淘宝提价延至 2012 年 10 月执行；三部委将针对电子商务反垄断出台相关法规

5. 三网融合试点范围扩大，业务准入仍是近期工作重点

三网融合试点进展明显慢于社会预期，产业体系标准、监管政策存在缺失。行业利益是症结，需从体制、机制上着手解决。

（1）国家启动三网融合试点工作

2010 年 6 月 30 日，中央公布三网融合第一批 12 个试点名单，三网融合试点工作正式启动。但试点推进中普遍存在顶层设计不足的问题，在业务层面，双向进入试点的业务类型内涵模糊；在网络层面，网络统筹规划、共建共享需要进一步协调；在标准层面，需要尽快建立行业标准体系；在监管

层面，分业监管仍需要双方协调落实。

（2）广电和电信双方推进三网融合，但侧重点不同

广电侧重发布行政规范，进行内部网络整合、IPTV 和手机电视播控平台的管理与建设，但市场化层面的进展较为缓慢。电信侧重三网融合的市场推进，很少发布相关行政规范。试点公布后，IPTV 用户迅速增长，数字电视用户增幅开始大幅下降。据统计，IPTV 新增用户已超过 1000 万户。

（3）国家启动第二批试点

2011 年 7 月，对第一阶段试点经验进行了总结。各试点地区网络改造加速，建设业务平台，开发新兴业务，创新合作模式。但双向进入业务牌照迟迟未发，集成播控平台的合作模式及监管问题仍存在争议。

2011 年 12 月，国务院公布了第二批三网融合试点城市，包括天津、重庆两个直辖市，22 个省会城市与 18 个其他城市入选。新增的 42 个试点城市普遍具备较好的网络基础和技术基础、较好的市场基础和强大的组织能力。

二、2011 年国内通信监管热点分析

（一）基础市场竞争影响行业发展，监管政策难以持续奏效

1. 校园市场和政企市场成为竞争热点

（1）主要表现

校园市场历来是各大电信运营商发展新用户的必争之地。近年来，围绕校园电信市场份额的竞争日渐升温。各大运营商为能拔得头筹，不惜使出浑身解数发展用户以达到拓展市场的目的。但是，伴随着竞争的升温，电信运营商在校园市场中的非理性竞争行为也频频发生。而这些行为在限制用户的自由选择权、扰乱校园市场正常秩序的同时，也损害了电信行业形象，并影响了整个行业发展和创新的脚步，降低了行业价值。总的来说，发生在校园市场中的电信运营商的非理性竞争行为主要包括以下两大方面。

一是运营商与校方违规签订排他协议，限制用户选择权。为垄断校园市场，有运营商与校方签订协议禁止其他运营商在校园内促销、经营同类产品，涉及产品排他、促销排他、渠道排他等违规或非市场手段；还采取了高价回收学生他网手机，并免费更换手机和 SIM 卡的手段对竞争对手进行清洗；此外，有运营商还采取了滥用暴力、违规宣传等手段，以驱赶或诋毁对手。

二是运营商投入大量资金开展促销、超比例优惠。有运营商在校园市场内使用违规开展实物促销、制定超比例优惠、推广未报批资费等手段；对省内多家院校提供各种赞助，并与校方建立利益共同体、采取网内外差别定价的办法；另外，还有运营商还采取多种手段并行进行全程“封校”的办法，严重扰乱了市场秩序。

近年来，政企客户业务已成为三大运营商开展下一步竞争的热点市场。为实现更高的市场份额，三家运营商已分别与山东、湖南、浙江等省政府签订战略合作协议，并斥资上百亿发展网络基础设施和投资信息化建设。各家运营商在争夺市场过程中的竞争行为也逐渐引起了各界的关注。

一是中国电信和中国联通利用固网光纤资源、强制捆绑，以提升政企用户的市场竞争力。由于中国电信和中国联通拥有丰富的固网光纤资源，这两家全业务牌照经营商在政企用户市场中一直处于明显的优势地位。此外，中国电信近年来不断加强对政企用户市场的争夺攻势，已在安徽、贵州、福建、山东、辽宁等 10 余个省开展了名为“数字企业”的信息化建设。通过该项信息化建设应用，中国电信的政企客户数量增加迅猛，2007 年中国电信的大客户共计 20 万、中小企业有 700 多万，目前客户数已达到 2600 多万。

二是中国移动存在超范围经营有线宽带的行为，加大投资力争在政企市场中占据更多份额。虽然

中国移动在个人业务上占据明显优势，并拥有移动通信业务市场中70%以上的市场份额，但一直未能在宽带市场中占据领先地位。中国移动认为造成这一现象的主要原因一方面是缺乏固网宽带资源，另一方面是体制因素所致。为尽快扭转这一局面，中国移动已加大投资力争在政企市场中占据更多份额，但可能存在超范围经营的问题。2011年8月，中国移动集团客户较7月净增4万家，集团成员较7月净增233.1万户，总数达到2.2亿户。同时，集团客户收入同比同步增长，8月集团客户整体收入较2010年同期增长21.4%。

（2）内外部多重原因促成竞争热点，标本兼治方为解决之道

造成校园市场和政企市场热点竞争的主要原因有两方面，一是来自国资委和电信运营企业集团公司、省公司的层层考核压力，导致基层公司急功近利，在经营过程中采取不正当竞争手段恶性竞争，以占领更多的市场份额，实现更高的业绩；二是监管力量不足，可供选择的行政处罚措施的种类范围和力度有限，缺乏专门的通信市场检查执法的队伍或地市一线监管队伍。此外，电信运营企业缺乏行业自律意识，相互间缺乏信任感和对行业的认同感，以及良好的沟通协调机制。

针对以上竞争热点现象和问题，工业和信息化部于2011年6月出台了《关于规范基础电信运营企业校园电信业务市场经营行为的意见》，但囿于电信监管法规的层级，及有限的行政处罚措施种类范围和力度，在一定程度上造成电信运营企业的违法成本很低，不足以遏制这种恶性竞争行为的存在。对此，建议进一步开放电信市场，鼓励和促进更多民营资本参与电信市场竞争，采取切实有效的举措，着力解决电信市场竞争格局失衡的局面；加强电信监管机构和队伍建设，提升电信监管能力，并做到加强监管、严格执法，促进行业健康发展；加强行业监管与国资管理的政策协同。

2. 宽带建设遭遇进入壁垒，存量资源面临共享障碍

（1）主要表现

开发商、物业或驻地网运营商制造接入瓶颈，主要体现在以下三个方面。

新建小区中宽带建设标准实施难。依照《关于进一步规范住宅小区及商住楼通信管线及通信设施建设的通知》（信部联规[2007]24号）规定，在国家及行业有关住宅小区和商住楼内通信设施工程建设技术标准发布之前，各地可根据本地实际情况制定地方标准。目前，我国各省也根据本地实际情况先后出台了《住宅小区通信配套设施建设标准》地方标准，但在实际新建小区建设中，由于执行不到位，导致一些房产建筑物的宽带接入配套设施建设不到位，建设质量标准低下，比如弱电箱空间过小、线路质量不合格、未预留光纤配套设施接入空间，电信企业难以部署宽带接入设施，也给用户质量保障带来问题，从而影响宽带业务的发展。同时，在房产开发商自建部分驻地网网络设施时，开发商为节省成本，往往倾向建设最低配置的线路设施，不愿意建设成本较高的光纤接入配套设施，一定程度上也延误了新建小区光纤网络的建设。另外，由于FTTH ODN网络部署涉及用户小区及楼内施工，开发商、物业公司或驻地网运营商利用运营商之间的竞争关系，收取高额入场费，加重运营商的网络建

设负担。

已建小区光纤改造屡遭人为阻挠。近几年来，我国光纤宽带网络已逐步开始部署，网络覆盖和接入速率不断提高。但是，目前在已建小区的“光进铜退”改造中，一些小区的物业公司利用基础电信运营商之间的竞争，索取高额“入场费”，甚至直接阻挠运营商光纤网络改造，致使光纤入户难。而物业收取进场费，阻挠小区光纤改造建设，只是表面的问题，背后深层次的原因在于光纤宽带网络建设往往由运营商主导去推动，使得很多人都将这个视为单纯的企业行为，一些小区物业认为这件事与他们无关，采取不合作态度。

运营商之间存在排他性接入情况。一些房地产开发商和物业管理公司与某个电信运营商达成排他性协议，独家垄断小区的固定电话或者宽带业务，让小区业主别无选择。尤其是新建小区，固定电话、宽带、有线电视等的接入都出现了“最后一公里”的鸿沟。在“小区垄断”的背后，是开发商巨大的灰色收益。目前一些地区的房地产业正逐渐形成一个不成文的行规：收取通信管道建设入场费。随着开发商逐步做大，“小区入场费”也逐年增高，而有的开发商还与独家垄断的电信运营商进行通信费的分成。此外，电信运营商限制用户选择其他运营商服务的排他性协议或者其他非正当手段侵犯了用户的自由选择权。

（2）小区宽带建设标准和政策缺乏，条块协同有望突破困境

新建小区中出现这种无序竞争的根源在于开发商和物业单位并没有按照新建小区宽带建设标准进行自建驻地网网络设施的工作，而是将这项任务转嫁给了运营商。运营商无论是在新建小区还是老小区中，都置身于激烈的市场竞争和业绩考核的巨大压力中，他们都试图通过各种方式，采取种种手段以达到独占市场的目的。

为解决这一难题，2011年部分地方政府已出台配套政策，如厦门市出台《厦门市光纤宽带网络建设规范》，规定开发商宽带设施的建设责任，多家电信运营企业共同使用、共同维护；上海市成立第三方专业机构统一运营网络入户前的“最后一公里”；江苏省发布《关于落实〈住宅小区通信配套设施建设标准〉的通知》。

总体来看，我国的宽带网络发展虽然已经得到高度重视，《国民经济和社会发展“十二五”规划纲要》中明确提出，“加快建设宽带、融合、安全、泛在的下一代国家信息基础设施”，部分省市也制定出台了本地区的宽带发展计划。从我国宽带网络自身的发展来看，也已经达到一定水平，取得了一定的成就。但是，与主要国家政府积极制定宽带战略和扶持政策相比，我国尚未形成专门的国家级宽带发展战略，各级政府、各个行业的认识也并非完全统一，政策制定和落实还不到位。一是各级政府对宽带基础设施的认识尚未完全统一，对宽带基础设施的生产要素作用认识不足，许多部门将宽带视为高度市场化行业中的普通服务品，认为无需政府干预支持。二是在认识不统一的情况下，我国既未形成国家网络空间总体战略，也未形成国家层面对宽带发展的顶层设计，对于宽带如何与国家政治、经济、外交、军事、社会发展等形成有机衔接缺乏整体战略思路。三是缺乏国家层面的政策支持，与

国外发达国家政府直接干预相比，我国宽带基础设施完全依靠市场机制推进，缺乏超常规的投入和扶持手段。宽带已成为与交通、电力、燃气等同等重要的关键基础设施，具有公共物品属性，如果没有国家战略层面加以推动，虽仍可保持较好发展，但在国际竞争中将进一步落后。

3. 宽带接入业务竞争引发高度关注，改善环境需要政策协同

在宽带接入方面，按照提供服务主体的不同，大致可分为骨干网运营商和接入服务提供商。在骨干网方面，目前我国有 8 家经国务院批准建立的互联网骨干网单位，其中 4 家经营性互联单位分别为中国电信、中国联通、中国移动和中国铁通。教育网、科技网、经贸网和长城网为非经营性骨干单位。在接入服务方面，中国电信、中国联通、中国移动和中国铁通下属各省、地市、县公司相互竞争，不但向位于全国各地的超过 700 家 ISP、IDC 等中间接入服务商提供接入服务，而且还竞相为政企单位、网吧，以及超过 1.5 亿的普通家庭用户提供互联网接入服务。从接入关系上看，ISP/IDC 为了向下游最终用户提供上网服务，必须购买上游基础电信企业提供的互联网专线接入服务（在骨干网或城域网上接入）。

在互联网专线接入资费方面，为鼓励市场竞争，原信息产业部早在 2003 年宽带业务发展之初就已实行市场定价。经过近 10 年的发展，互联网专线业务的用户群不断扩大、服务能力不断提升、总体资费水平不断下降。专线用户由发展初期以政府、企事业单位为主，已扩大到众多互联网企业（ISP、IDC、ICP 等）。多家骨干网运营商提供专线接入服务，通过竞争使得价格持续下降。同时，资费的下降又促进市场进入门槛的降低，促成一大批互联网企业近些年快速成长。

互联网一点接入、全网服务的技术特点，直接加剧了专线接入市场的激烈竞争。互联网企业可以选择任何一家骨干网企业的任何网络节点进行接入，实际上形成了 4 家骨干网运营商集团层面、每家 31 个省级公司及下属地市公司层面各个经营主体的激烈竞争，各级企业成立了政企部（大客户部）专门为这类用户提供各种定制、个性化的专线接入服务。由此形成了按照接入层级、接入质量、租用带宽数量、期限等不同情况，一事一价、一案一价的专线接入协议价格模式。而且受市场竞争制约，这类专线接入协议价格一般不对外公开，给资费监督管理带来不小难度。

对于互联网专线接入资费差异大的现象，国家发改委于 2011 年年 11 月 9 日接受媒体访谈，表示对中国电信与中国联通涉嫌滥用市场地位对互联网接入服务领域的价格歧视行为进行反垄断调查。随后，发改委即向中国电信和中国联通集团公司下达整改通知要求。针对此事，国内社会各界高度关注，短时间在媒体上积聚了大量讨论，观点差距很大。保护市场公平竞争，预防和制止垄断行为，是行业主管部门和反垄断执法部门的共同目标，规范产业链上现有合作竞争秩序已成为未来一段时间内的工作热点。

（二）互联网应用基础设施日益重要，IDC 管理制度需调整变化

1. 云计算推动数据中心转型，IDC 监管面临新挑战

2011 年，全球范围内云计算技术的发展和云服务的铺开，而云计算服务实现计算、存储等能力

的调用和管理是在数据中心中发生的，云计算技术直接推动了数据中心市场向规模化、节能绿色、以服务为核心的更高发展阶段迈进，IDC 市场面临转型。与此同时，跨国 IT 企业加快了全球布局，亚马逊、Google 等企业在亚洲的日本、新加坡、中国香港等地建设大规模数据中心，通过云计算实现全球资源的统一管理和调用，将实质性进入中国的 IDC 市场，并带来互联网应用监管的难题，原本地区性很强的 IDC 市场开始呈全球化竞争的趋势。

云计算本质是通过虚拟化等技术实现 IT 资源的统一管理和动用，进而改变了 IT 基础设施的交付模式。随着各种云计算技术部署的铺开，当前大量企业尤其是中小企业的 IT 基础设施将停止自用企业数据中心和机房的建设，更倾向于租用专用的 IDC 企业或者云服务企业的外包服务，一方面可能带来 IDC 规模的大幅度扩张，另一方面经营主体也将呈现多元化趋势。此外，互联网企业提供的云服务，尤其是 IT 资源网络化服务、应用开发和部署等整合式服务，会逐步取代传统 IDC 服务（机房出租、出口带宽共享、服务器托管等）。传统 IDC 市场由于这些大型互联网企业的进入而面临更加激烈的竞争，现有的 IDC 政策对此类服务存在监管缺位。

云计算带来了新的安全管理挑战，需加强管理和监管。大规模数据中心涉及海量企业和个人的数据运行和存储安全，需通过主体资质审核、准入审批等手段保证数据安全。因此，监管部门需要全面和深入对数据中心和各种云计算服务进行信息安全评估，强化安全监管手段，推动我国数据中心的安全有序发展。

面临云计算技术带来的新型 IDC 市场环境，监管部门需重新审视作为互联网基础设施的 IDC 市场，相关的管理制度亟须完善。一是需统筹兼顾 IDC 的发展与管理问题；二是进一步规范当前的 IDC 市场秩序，完善技术手段；三是加快 IDC 技术标准制定，落实信息安全责任。

2. IDC 管理应统筹兼顾发展、规范与安全

我国 IDC 未来市场空间巨大。2011 年，随着互联网应用和视频业务的持续高速增长，我国 IDC 业务市场规模保持每年超过 20% 的增长速度，市场规模达到 240 亿元。在融合的大趋势下，物联网（海量的监控和指令数据）、三网融合（视频）、两化融合（信息化需求）、应急容灾等新技术、新需求极大地推动了 IDC 需求增长，预计未来 IDC 还将保持高速增长，IDC 的市场投资活跃。同时，政府信息化的发展重点在经历了办公自动化到电子政务之后，当前已经将数据中心的建设作为政府 IT 建设的重点，其中尤为关注采用云计算技术的新型数据中心建设。从未来发展看，物联网等新技术、新业务推动我国数据内容呈几何倍数增长，同时 4200 万家中小企业拥有企业 IT 系统的比例不足 10%。

我国 IDC 产业需优化，当前我国 IDC 市场基础较为薄弱，IDC 企业缺乏国际竞争力。截止到 2011 年年中，我国数据中心数量接近 46 万个，其中超过 45 万个是小于 100 平米的小型数据中心和微型机房。绝大部分是利用率较低或负载不均衡的企业数据中心，为第三方提供服务的 IDC 机房只有 500 多个。IDC 的平均能耗效率（PUE）约为 2.2～3，远低于发达国家 1.5 左右的水平。但另一方面，当前政府引导的大型数据中心建设规划对建设环境考虑不足，主要表现为对本地区能源供给能力和效率考虑不足、对适应数据中心运行的气候地理条件考虑不足、对自然灾害等安全保障条件考虑不足。建设的盲目性还表现在对数据中心建设和经营管理的市场定位不清等问题。非市场运作的模式，导致规划设计和经营管理上存在较大风险。

与此同时，要认识到，IDC 作为互联网的重要基础设施和互联网接入资源提供者，是互联网管理部门的关键抓手。因此，对 IDC 的管理体制是延续了互联网管理上外宣、工信、公安三方主导的格局，这两年国家对 IDC 的管理呈现严格化、规范化趋势。从未来发展看，监管部门应在保障信息安全的前提下，争取在通过市场开放、加强监管手段建设的同时兼顾市场各方在投资建设、经营等多方面的需求，做到兼顾发展与管理，宽严适度，进而推动我国 IDC 产业的升级。

3. IDC 市场秩序需进一步规范，创新机制、完善手段是当务之急

当前 IDC 市场的监管工作依然面临诸多问题和挑战。

第一是不规范经营问题依然存在。2007 年 7 月，为深入开展打击网络淫秽色情专项工作，整顿托管主机和虚拟空间信息安全管理秩序，原信息产业部发布了《关于做好互联网网站实名管理工作的通告》（信部电 [2007]338 号），规定通信主管部门暂停发放新的 IDC 和 ISP 两项电信业务经营许可证。暂停申办三年多来，经过我部、相关部委、电信企业和社会各界的共同努力，特别是 2009 年 11 月开始启动的为期 14 个月的整治手机淫秽色情专项行动，我国互联网接入服务市场清理整顿工作取得了明显成效，市场秩序日渐好转，建设和改造了网站备案、手机上网拨测、上网日志留存、违法有害信息发现和过滤、企业资源管理和业务监测、电信业务综合信息管理系统等系统，逐步完善了技术管控措施，社会舆论反映良好。但在暂停申办期间，IDC 市场和 ISP 市场保持了较为活跃的投资态势，而由于许可证的暂停发放，很多迫切进入市场的企业和资金采取了包括租用或者非法购买他人 IDC 许可证等不正当方式提供服务，IDC 资源层层转租的新问题，不利于市场有效管理，也部分弱化了我部互联网相关整治工作的成果。而且部分通信管理局也存在迫于地方政府等各方压力，自行增发了新的 IDC 或 ISP 许可证的情况，且准入标准不尽一致，急需规范。

第二是事中监管手段不足，管理粗放。根据 2009 年工业和信息化部 672 号文的要求，政府部门对 IDC 和 ISP 等互联网接入服务商提出了两个方面的明确要求。一是要求接入服务商要对接入的网站进行全面、有效的日常监测。二是 2010 年 11 月 30 日前，基础电信企业、接入服务商要建成接入资源企业管理平台，动态记录接入资源的分配、使用、出租、转让等信息，做到接入资源全面可溯源。但监管部门的市场监管手段和能力捉襟见肘，一方面年检难以做到逐个企业进行检查，年检也成为形式审查和数据统计工作。另一方面，缺乏有效的监管手段，对企业的违规经营（超范围经营、资源层层转租等）、信息安全管理责任落实情况（网站备案、接入资源管理系统等）进行日常检查，只能依靠企业自律。由于缺乏等级管理机制，监管部门对企业的管理也比较粗放，对拥有大量数据中心的基础设施（机房等）的企业，以及完全以租用基础电信企业的机房设施开展业务的企业，实施等同的管理，相对来说，管理较为粗放，难以在强化安全管理和加大管理成本两者间有效平衡。

第三是IDC安全面临新问题、新挑战，亟须接入资源的技术监控手段。近几年病毒、木马、蠕虫、垃圾邮件、DDOS攻击、僵尸网络等问题的涌现，导致IDC的安全问题愈演愈烈。尤其是DDOS、僵尸网络等目标性很强的攻击呈现上升趋势。现有IDC服务商的接入资源管理系统尚未完善，信息有效监控工作尚有一定的风险。

因此，对IDC的监管需要创新思维，可以从加强IDC事中、事后监管的角度出发，考虑引入第三方评估机构，考虑引入信誉积分管理机制建立IDC等级管理制度，切实推动IDC市场的规范管理要求。

4. 加快IDC技术标准制定，落实信息安全责任

IDC是互联网应用和信息服务发布、传送的关键环节，而IDC安全管理需要完善的管理制度并配合技术防控手段予以监管。现有IDC服务商尚未做到对接入资源的有效控制，无法做到对信息的有效监控，而且当前IDC相关的技术规范较为匮乏，缺乏IDC的服务规范、接入资源管理规范等。技术规范的缺失可能带来数据中心建设的浪费，信息安全监管的缺位。如《因特网数据中心总体规范》、《因特网数据中心信息安全管理系统技术要求》、《因特网数据中心（IDC）和因特网接入服务商（ISP）接入资源管理平台技术要求和接口规范》等针对IDC运行管理的行业规范尚在研究、制定或者报送阶段，尚未向公众发布。近几年病毒、木马、蠕虫、垃圾邮件、DDOS攻击、僵尸网络等问题的涌现，导致IDC的安全问题愈演愈烈，尤其是DDOS、僵尸网络等目标性很强的攻击呈现上升趋势。政府和相关部门需尽快出台相关的技术规范并建设相应的技术平台，实现动态记录接入资源的分配、使用、出租、转让等信息，做到接入资源全面可溯源；实时记录接入资源的持有数量及其使用、出租、转让等情况，对接入资源的异常使用实行日常发现、分析和处置，真正落实互联网的网络和信息安全责任。

此外，当前各IDC企业建设IDC机房所采用的技术和标准都是基于以往的电信机房的规范制定的，尚不能满足新一代云计算数据中心对规模、绿色化、自动化和安全性等的要求。因此，适应云计算技术和新一代数据中心发展的需要，需全面研究和制定云计算相关标准，推动我国自主可控的云计算平台发展，并加快研究制定管理措施和技术规范，包括数据的跨境流动、管辖权等。

（三）移动应用商店多方竞争问题凸显，管理规则和管理手段亟待完善

1. 移动应用商店多元竞争，各类管理问题日益凸显

全球移动应用商店迅速发展。根据WIP（Wireless Industry Partnership）的统计，1997—2007年的功能机时代，全世界移动应用商店数量稳定在15家左右，2008年开始快速增长，2010年出现爆炸性增长，到2010年年底达到110家左右。而2011年更是移动应用飞速发展的重要一年，用户使用移动应用的时间首次超过了使用浏览器的时间，这标志着移动应用的普及已趋于全球化，几乎所有商店都出现了显著增长。从总体规模来看，苹果App Store、谷歌Android Market和微软Windows Phone Marketplac三足鼎立的局势已初具雏形，有望成为2012年移动应用市场的主导力量。

国内移动应用商店市场广阔，竞争多元化。2010年以来，中国的手机应用商店市场迎来高速增长。据艾瑞预测，2013年中国的手机应用商店市场活跃用户数将达2.48亿。2009年6月，宇龙酷派推出国内首家3G手机应用商店，此破冰之举之后，三家通信运营商、联想、腾讯及众多小型互联网企业接连上线移动应用商店，形成了多元化竞争的格局。

随着移动应用商店规模的迅速扩张，以及参与市场竞争力量的不断多元化，此领域的各类管理问题也愈加凸显。苹果的App Store、谷歌的Android Market、诺基亚的Symbian平台均存在一系列的重要管理隐患。

（1）苹果涉盗版侵权引发诉讼

苹果的App Store知识产权问题较为突出。2011年3月，乐视网就苹果应用商店对《画皮》等影视剧的盗版行为提起诉讼；2011年上半年，大百科全书出版社、作家朱金泰等接连起诉苹果应用商店侵权。

（2）Symbian平台的木马问题

Symbian平台的问题集中表现在应用携带木马。360报告数据表明，截至2011年6月30日，Symbian平台的总木马数量为5871个；2011年上半年感染手机木马1206万人次；2011年上半年新增木马1591个。Symbian平台的木马主要集中在资费消耗和系统破坏类。

（3）安卓市场恶意软件传播

安卓市场恶意软件问题凸显。据网秦报告显示，2011年3月，安卓平台有58个含恶意程序的应用被上传，约26万设备中毒；2011年6月，美国信息安全公司称24款安卓应用被曝带病毒，能盗取个人资料。2011年7月，国内数据表明，安卓3款热门游戏被植入病毒，影响用户超5万。

据CATR研究，移动应用商店引发的管理问题可分为以下4类。

- 知识产权问题：
  - 影视剧视频侵权；
  - 图书内容盗版。
- 系统/信息/内容安全：
  - 后门软件；
  - 病毒/木马；
  - 隐私窃取；
  - 未授权访问和信息推送；

- ■ 涉黄内容。
- ● 跨境交易问题：
  - ■ 黑卡（无效信用卡）；
  - ■ 恶意扣费。
- ● 服务质量问题：
  - ■ 内容付费下载后不可用；
  - ■ 虚假宣传；
  - ■ 虚假排名。

2. 移动应用商店价值链复杂，管控难点较多

移动应用商店的产业链主要涉及应用开发者、移动网络运营商、操作系统开发商、移动终端生产商、应用商店运营商以及用户，如图 1 所示。应用商店运营商可由移动运营商、操作系统开发商、移动终端制造商充当。

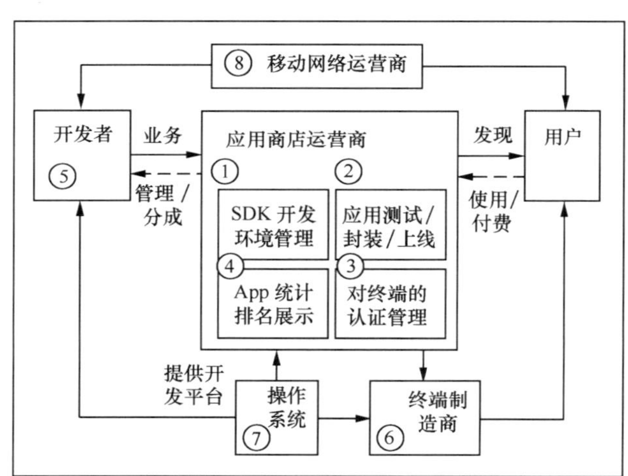

图 1　移动应用商店的产业链

移动应用商店的价值链较为复杂，涉及环节较多。SDK 开发环境、应用测试认证、终端认证、营销、开发者管理等多个环节均存在安全隐患和监管难点，为政府监管带来了难度。

（1）SDK 开发环境

SDK（软件开发工具包），即应用商店提供给开发者的辅助其开发使用的相关文档、范例和工具的集合。此环节存在开发者通过应用商店开发平台开发软件之后，跳过移动应用商店而直接通过互联

网或手机进行分发的风险。

（2）应用测试认证

此环节聚集了大量开发者，存在一系列隐患：携带病毒或木马、开发者所开发内容侵权、涉黄等。

（3）终端认证

软件渠道可能不唯一；应用被随意复制，侵犯版权。

（4）营销环节

目前移动应用商店运营者的主要营销方式为应用排行、推荐、用户意见反馈等，在此环节存在制造虚假排名、做虚假宣传等隐患。

（5）开发者管理

此环节存在开发者资质虚假和开发者不良信用等问题。

（6）终端制造商

用户下载的应用程序可能携带木马、病毒、恶意代码等，感染移动终端。

（7）操作系统开发商

存在未获得签名的应用在操作系统上加载和安装的问题。

（8）移动网络运营商

移动网络存在安全风险，如用户信息泄露、未授权访问和信息推送等隐患。

3. 商店运营者自我监管意愿不足，行业监管需要分类指导

目前，国内市场拥有包括移动操作系统商、电信运营商、终端制造商、第三方应用商店等在内的约 30 多家应用商店。不同企业主导的移动应用商店的盈利模式及定位均存在差异，监管需要分类指导。

其中，操作系统提供商主导以及第三方移动应用商店给我国政府的监管带来了较大挑战，而国内电信运营商及终端制造企业主导的移动应用商店监管相对容易。

（1）操作系统提供商主导——代表企业：苹果、谷歌

苹果公司将移动应用商店作为对 iPhone 的一种（低利润率的）服务性补贴，而谷歌则为了促进其上游广告的盈利水平，增加用户黏性。移动应用商店作为他们的重要战略产品，运营者缺乏接受监管的意愿。而且，此类应用商店服务器设在境外，消费与服务相分离，国内政府监管存在

较大难度。

（2）电信运营商主导——代表企业：中国移动、中国联通、中国电信

对于电信运营商来说，移动应用商店非其核心业务，上线移动应用商店的目的并非增加收入，而是作为运营商进军移动互联网战略的一项重要举措。目前国内针对运营商的监管手段较为成熟，监管难度相对较小。

（3）终端制造商主导——代表企业：三星、HTC、联想

终端制造商在特定区域开放应用商店服务，其主要目的在于宣传其品牌形象、试探市场情况。目前国内针对终端制造企业的监管手段较为成熟，监管难度也相对较小。

（4）第三方平台商主导——代表企业：GetJar、迈奔、网龙

第三方移动应用商店不断涌现，国外的包括GetJar网站、浏览器公司Opera开设的应用商店，国内有迈奔旗下的机锋网、网龙公司的91手机助手、豌豆荚手机精灵、N多网等。与其他企业的软件商店不同，第三方移动应用商店不是只面向某种运营网络、设备或操作系统，而是提供跨平台的标准应用程序。由于大多第三方移动应用商店的审核流程简便，跨平台的应用十分丰富，对开发者和用户的吸引力都很强，目前在国内移动应用商店市场中占据一席地位。作为第三方应用商店运营者的核心业务，其主要盈利模式为应用下载和功能收费。此类企业数量众多，大多数企业存在周期较短、审核限制少、应用存在隐患较多等问题，给国内政府的监管工作带来了一定的挑战。

4. 适应移动应用商店服务特点，多管齐下健全监管机制

从我国监管实践来看，2012年，我国互联网监管应顺应发展，在建立多部门协调监管体系的基础之上，多种监管手段统筹并进。

- 尽快完善相关法律法规；
- 引导内容开发者自律；
- 要求移动应用商店运营商按照“谁接入谁负责，谁收费谁负责”的原则加强管理；
- 加强事中第三方检测，纳入考核和年检。

适应境外服务模式，加强国际协调，促使国外应用商店运营商遵守国内监管要求等。

（四）智能终端繁荣驱动跨界竞争，安全凸显期待管理创新

1. 智能终端发展迅猛，影响力提升，安全问题不容忽视

2011年智能终端发展迅猛，影响力日益提升。以智能手机为例，2011年产量一举突破9570.7万部，

同比 2010 年增长 159.4%；市场份额增至 22.7%，比 2010 年同期提高 12.4 个百分点。移动互联网的发展，使跨界与融合成为智能终端发展的新趋势，设备监管范畴再次延伸。

2010—2011 年分季度智能手机产量及份额图如图 2 所示。

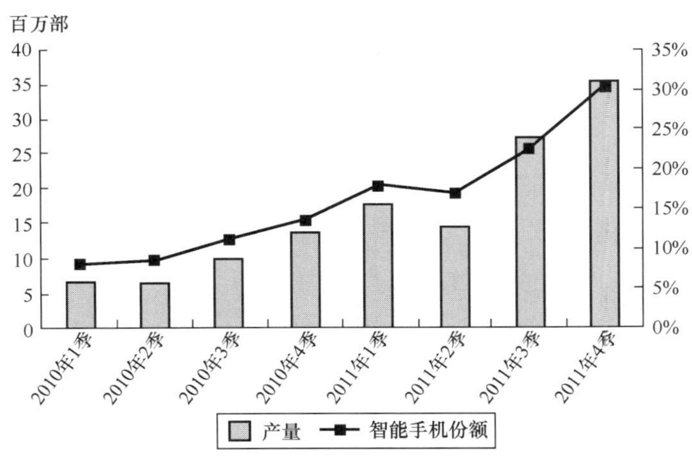

图 2 2010—2011 年分季度智能手机产量及份额图

（1）智能终端市场竞争主体多元化

终端厂家方面，2011 年传统互联网企业纷纷加入智能终端市场。百度与戴尔合作推出“百度易”智能机；腾讯和华为、中兴、天宇、HTC 等达成战略合作推出“QQ service”智能终端；阿里巴巴与天语合作推出搭载阿里云操作系统的智能终端。互联网企业与手机制造业的深度融合，使得智能终端业竞争主体更加多元化。

（2）智能终端新融合潮流

终端本身从外观到功能、操作系统的融合，成为 2011 年智能终端的新潮流。外观上酷似 PAD 的超大屏智能手机，模糊了手机和平板电脑的概念；支持双操作系统的手机和平板电脑，适应不同用户的需求，提高了产品的竞争力，也对设备监管提出了更高的要求。

（3）智能终端深度融入不同产业发展

融合背景下，2011 年智能终端发展助力制造、金融、安防、物流等众多领域的步伐明显加快。带有移动支付功能的终端，带有空气质量测量功能的手机，及应用于物流、仓储、工业控制上的各制式多功能移动终端，智能社区安防终端纷纷获得进网许可，平板电脑也成为商务市场采购的热点。

随着智能终端跨界与融合特点的普及，智能终端的监管范畴再次延伸，从监管主体到监管内容都有了新的含义。

2. 终端安全管理需要“软硬兼施”，强化机制和平台建设

2011 年智能终端快速发展，市场份额急剧增加，使得智能终端的信息安全问题不仅成为消费者

再度关注的焦点，也提升到涉及国家信息安全与社会稳定的高度。但是，由于跨界竞争与融合的趋势，使得传统的监管手段略显不足。

（1）消费者总体处于弱势地位

目前，消费者仍处于弱势地位，普遍存在用户信息安全保护知识不足、信息安全保护意识薄弱的问题。一般来说，用户对 PC 防病毒较重视，会主动安装防火墙和杀毒软件，但对移动终端的信息安全保护重视程度则远远不够。例如，很多用户在下载和安装一些应用程序前，手机屏幕上会显示包括隐私条款在内的协议，但经常不加仔细阅读就点击“接受”，造成位置信息等隐私泄漏的问题。恶意软件后台隐蔽运行，用户不知情。目前对手机用户危害较大的恶意程序，包括恶意扣费、远程控制、隐私窃取、恶意传播等，往往是在用户不知情或未授权的情况下，通过后台隐蔽执行的方式，侵害用户的经济权益和信息安全。

（2）内容管理与终端密切关联

2011 年我国手机上网用户达到 3.03 亿，手机即时通信、手机搜索、手机新闻成为三大主流应用，同时手机微博、SNS 用户迅速提高，智能终端已深度融入消费者的工作、娱乐、生活。另一方面，多样化应用带来信息内容安全问题，包含色情暴力、反动言论的信息，危害青少年健康成长，影响社会安定团结。

（3）恶意程序判定存在灰色地带

在实际应用中，很多应用程序往往不是“非黑即白”，而是存在大量灰色地带难以界定。例如，一些收费手机游戏软件在游戏过程中弹出确认提示，诱使用户点击，欺骗用户付费。推进终端信息安全，亟需相关判定标准支撑。

（4）终端芯片、硬件接口安全有待加强

终端芯片、硬件接口以及操作系统安全对于智能终端的安全至关重要。其中，芯片安全主要影响存储数据保护、数据输入 / 输出控制、基础软件保护、IC 芯片远程控制安全机制、IC 对系统后门的制约；硬件接口从概念上包括蜂窝接口、Wi-Fi 接口、蓝牙接口、红外接口、USB 卡接口、硬件模组、硬件安全措施等；而操作系统作为终端软硬件资源的管理者，其信息安全漏洞更是直接影响终端的可靠性、可用性。

综上所述，智能终端监管亟需实施“软硬兼施”的监管手段，以确保国家信息安全及消费者权益。

3. 2011 年智能终端监管政策紧紧围绕信息安全主题

围绕智能终端热点，2011 年设备监管紧紧抓住信息安全主题，初步构建事前、事中、事后的全程监管体系，为智能终端信息安全保驾护航。

（1）事前监管

2011 年 8 月开始，电信设备进网首开智能终端软件信息备案制，对智能终端操作系统类型、是否预置远程控制功能、是否安装安全防护软件、应用商店类型及服务器位置等关键信息进行备案，试图使终端制造企业自觉重视终端自身的安全防范，也为后续信息安全软件测评积累素材和经验，为事后的监督抽查提供依据。

（2）事中监管

为强化智能终端安全管理，2011 年再次修订全部智能终端进网检验技术要求文件，相应增加与信息安全相关的检测项目，同时减少其他非重点监测项目；建立日常拨测机制，督促运营商对拨测中发现问题的内置业务及合作伙伴，及时处理、及时通报；对于定制手机，按照《移动电话机定制管理规定》，加强内置业务审查，落实信息安全管理责任，保护消费者的合法权益；着手建设覆盖移动智能终端芯片、操作系统和应用软件等内容的信息安全评估、检测实验室，有效推动智能终端信息安全技术的发展，为其提供良好的发展环境。尝试组织开展实验室智能终端信息安全评估，收集一手信息，为将来全面推行安全评估积累经验。

（3）证后监督

根据《电信设备证后监督管理办法》，对获得进网许可证后的智能终端类产品加强监督管理。2011 年，有针对性地加大对智能终端的抽查力度，增加进网前后手机主板及内置软件的功能比对，对上市后手机软硬件的变更情况进行摸底；引入手机内置信息服务作为监督抽查项目。

4. 从市场主体和利益环节探索有效的管理方式

从智能终端的发展进程和特点出发，要有效推进智能终端监管，必须建立监管部门、行业组织、市场主体和社会公众等多方参与的保护机制。

（1）监管责任重心从事中、事后监管，向事前监管转移

如何使智能终端努力提升“主动防御”能力，在本身的芯片、硬件接口以及操作系统安全等“主动防御”范畴，产生类似于人体免疫力的强大抵抗力，抵御手机病毒及其他危害信息安全的恶意程序；同时，通过智能终端信息安全评估、测评等监管手段，打击恶意程序、加强软件商店管理，将成为智能终端监管中相辅相成的双刃剑。

（2）运营商作为行业主导力量，理应在维护产业健康发展、保护消费者权益方面承担更多责任

2011 年 12 月 9 日工业和信息化部发布《移动互联网恶意程序监测与处置机制》，明确了运营商的责任。一方面，移动通信运营商控制通信和数据管道，在建立恶意程序和非法信息监测网络方面，处于最有利的位置，理应为提升终端信息安全承担更大责任；另一方面，运营商在与增值电信业务经

营者的合作中处于绝对优势地位，可能而且应该对合作伙伴密切注意、加强管理，利用其行业主导地位和影响力，对涉嫌违法违规的增值电信服务提供商进行处理。

（3）支持中国互联网协会开展公众移动互联网安全教育

手机用户的安全意识比 PC 互联网的安全意识更弱，工业和信息化部以多种方式广泛宣传网络安全基础知识，告诉用户使用移动互联网可能面临的安全问题，提高自我保护能力，帮助消费者提升安全保护知识，提升信息安全保护意识。

（4）积极着手制定智能终端相关管理规定，推进智能终端信息安全、NFC 近场支付等相关标准出台

2011 年年底，工业和信息化部已着手研究制定智能终端的相关管理规定，意图使智能终端的管理有据可依；在业务和技术加快发展的背景下，重要标准能否及时跟进，已成为构建有效监管体系的重中之重，面对智能终端信息安全要求不统一、不健全问题，CCSA 等标准制定机构高度重视、积极推进，已着手制定智能终端信息安全、NFC 近场支付方面的标准。

三、2012年通信监管形势与展望

（一）围绕宽带提速工程，多方面着手促进宽带发展与竞争

为适应信息通信技术加速向宽带化、移动化、融合化、智能化发展的趋势，工业和信息化部将实施宽带上网提速工程作为2012年的重点任务之一。统筹解决好宽带基础设施建设、宽带市场竞争、互联互通等一系列问题，将成为2012年行业管理的重点工作。

在宽带建设方面，应当充分发挥社会各方力量加快宽带接入网络和应用基础设施建设。一方面，可以发挥中国移动的资金优势投入宽带网络建设，这就要求进一步加快686号文件的调整步伐，调整中国移动集团的业务授权范围。另一方面，可以逐步放松IDC、ISP业务的限制，重启IDC、ISP业务许可发放，民营资本和社会力量共同建设宽带接入网络和应用基础设施。

在宽带竞争方面，按照三网融合的总体部署，预期2012年将交叉发放双向进入业务经营许可证，试点进入业务开展阶段，广电企业将进一步提升在国内宽带市场的地位和影响力。同时，686号文件调整后，中国移动有望进入固定宽带市场，将进一步增强宽带接入业务层面的竞争。

在互联网互联互通方面，互联网结算政策自2007年至今已连续四年未做调整，骨干网互联带宽瓶颈问题突出，需要理顺骨干网结算体系，推动宽带骨干网结算价格稳步下调，提升中小骨干网企业和ISP企业的竞争能力。

（二）实名制在地域和行业试点实施，信息服务消费实名需要制度依据

实名制已经成为公共服务和社会应用领域的共同趋势，在其他行业获得广泛实施，如银行、证券、航空、铁路等。

在信息通信领域，2011年，北京、上海、广州等地以立法方式开始推行微博客实名制。2011年12月13日，《西藏自治区电话用户真实身份登记管理办法》经西藏自治区人民政府第19次常务会议通过。该办法规定自2012年1月1日起，电话用户在办理移动电话（含数据上网卡）入网、固定电话装机、移机、过户手续，以及办理其他业务需要登记时，必须提供真实、有效的身份证件，如实填写相关信息。

下一步迫切需要在国家层面完善相关法规和管理规定，为手机实名等信息服务消费实名制度保驾护航。现行的电信条例相关条款规定较为模糊，仅是禁止“以虚假、冒用的身份证件办理入网手续并使用移动电话”，因此需修改明确，为实名制提供充分的法规依据。

（三）智能终端管理新规将引导产业重组，规范市场竞争秩序

预计 2012 年中国的智能手机销量将超过 1.5 亿部，智能终端呈持续爆发趋势；智能终端低价化、普及化，即将成为市场主流；终端制造业格局或将因智能终端的发展再次重组。

在此环境下，2011 年年底着手研究制定的智能终端相关管理规定，将成为引导终端市场的核心规则，成为终端监管的有利依据。该办法拟从涉及移动智能终端安全的“云、管、端”三个环节针对多个市场主体、不同管理部门提出管理要求，并对移动智能终端在特定场所、特定人员的使用做出规定。

对于智能终端从消费者权益保护到国家安全，日益提高的信息安全要求，2011 年对智能手机的信息安全评估进行了试运行，2012 年争取尽快在设备进网中建立有效可行的智能手机安全评估机制。加强检测机构对新设备的网络与信息安全检测能力建设，指导建设覆盖移动智能终端芯片、操作系统和应用软件等内容的信息安全评估、检测实验室，将成为 2012 年设备监管重点。

进一步发挥电信终端测试技术协会引领行业发展及沟通桥梁的作用，继续引导终端制造业健康发展。推动基础电信运营商加入协会，促进电信运营商与终端制造商间的沟通协作，使运营商的产业规划及对终端产品的要求直接反映至终端制造企业，促进双方共同发展；同时，通过协会平台切实反映电信运营商与终端制造企业的实际需求，及时向相关管理部门反映，推动终端产品标准立项，加快标准制定过程。

互联网篇

导　读

2011 年，全球互联网继续保持了良好的发展势头，并且呈现出一些新特点：在网民方面，全球和我国网民增速连续 4 年减缓，我国微博累计注册用户激增突破 5 亿；在应用方面，全球社会性应用层出不穷，我国平台开放效果初步显现；在技术方面，互联网关键技术的发展进入了更替期；在网络建设方面，城市宽带和无线成为网络建设的排头兵，应用基础设施进入了新发展阶段；在资源方面，IPv6 商用进程得到各方有力推动，新通用顶级域计划正式获批启动申请；在国际战略方面，美国网络空间战略加速以构建国家新优势。

2011 年，互联网发展中热点频现。第一，云计算进入实质发展阶段，全球云计算发展迅速，产业格局逐渐形成；我国的云计算产业已经具备一定实力，但存在局部过热风险。第二，社交因素植入各类互联网应用，SNS 成为继搜索引擎之后的新一代杀手级应用，社交化应用元素全面渗透，移动化、垂直化趋势明显。第三，电子商务繁荣背后隐忧凸显，电子商务整体交易规模不断扩大，移动应用深化，但外部融资瓶颈及内部盈利乏力等因素制约着电子商务的更大发展。第四，全球网络空间斗争加剧，互联网治理南北之争愈演愈烈，新通用顶级域计划在争议中获批。

展望 2012 年，我国互联网用户将接近 6 亿，互联网服务业规模有望达 3000 亿。我国下一代互联网的发展，将从以 IPv6 地址申请为中心转向规模应用，发展战略将全面实施；“宽带中国”战略有望落地，全面构建宽带、泛在、融合、安全的国家下一代信息基础设施。云计算建设趋于冷静，应用服务快速发展，电信运营商将启动大规模云计算服务，并与互联网企业共同成为我国云服务主要提供商。HTML5 得到网站、终端厂商的广泛支持，推动移动互联网大发展，并将促进新兴业务发展。

本篇作者：

何宝宏　覃庆玲　刘越　李原　朱乾龙　郭丰　崔颖　高巍　张倩　刘飞　黄伟　李洁　杜娟　魏凯　张杰

一、综　　述

（一）用户：全球和我国网民增速持续减缓，我国微博注册用户激增突破 5 亿

截至 2011 年 12 月底，全球网民数量为 22.7 亿，全球网民增速连续 4 年下降（如图 1），网民发展进入稳定期。与 GDP 增速相比，从 4 年前网民增速超过 GDP 增速 4 倍回落至 GDP 增速 1 倍。

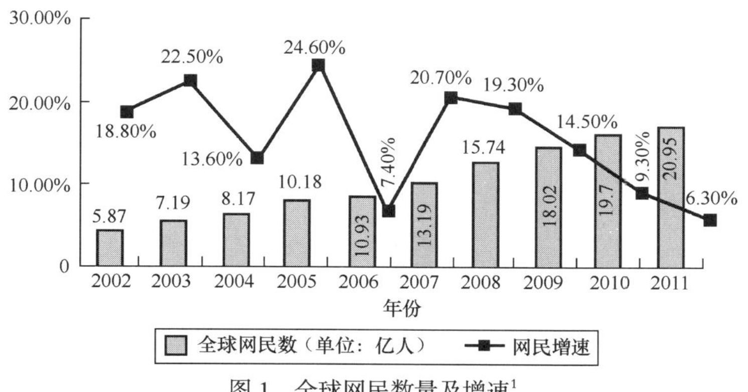

图 1　全球网民数量及增速[1]

截至 2011 年 12 月底，中国网民数量为 5.13 亿（如图 2），全年新增网民 5580 万，从我国网民发展情况来看，我国网民增速连续 3 年下降，与 GDP 增速相比，从超过 GDP 增速 4 倍回落至 GDP 增速 1.5 倍。

我国微博注册用户，从 2010 年的 8600 万到 2011 年激增突破 5 亿，微博用户从一二线城市向三四线城市普及，微博成为用户增长最快的互联网应用模式。

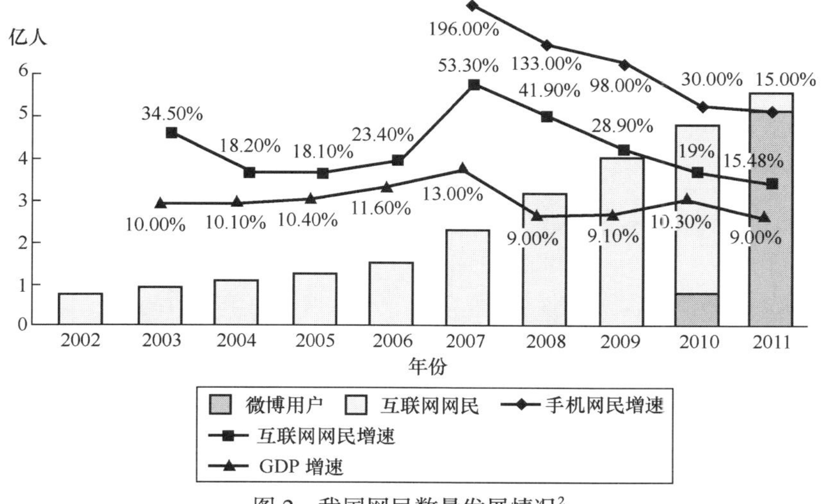

图 2　我国网民数量发展情况[2]

[1] 数据来源：Internet World Stats。
[2] 数据来源：CNNIC，国家统计局。

（二）应用：全球社会性应用层出不穷，我国平台开放效果初显

1. 全球通信、分享、生活辅助等社会性应用层出不穷

2011年，全球社交网络（SNS）业务快速发展，社交元素全面嵌入到互联网各类业务中，并不断向社会生活、生产领域渗透，基于SNS的社会性应用创新不断迸发。得益于SNS业务的快速发展，通信、分享、位置服务、商务等生活辅助型社会性应用迎来了新一轮的爆发期。主要表现在：（1）垂直细分领域不断涌现出新的典型应用和典型企业，引领创新潮流，并不断创造新的市场，如：移动社交通信、位置服务、团购、内容分享等（如图3所示）；（2）既有社会性应用用户规模迅速扩大，企业不断壮大；（3）传统社交企业纷纷布局社会性应用领域，结合主营业务嵌入新型应用。

图3　社会性应用情况

2. 移动SNS使用量迅速增长

2011年，SoLoMo（社交+本地+移动）概念逐渐落地，社交、本地和移动化功能日益交融，创造出多样的移动SNS应用，迸发出异彩纷呈的移动社交局面，而智能手机的快速普及，更使得移动SNS使用量迅速增长。据相关研究显示，截至2011年三季度，Facebook、Twitter和Pandora的访问量中分别有33%、55%和60%的流量来自于移动设备[1]。2011年12月份，Facebook移动活跃用户数量更达到了4.25亿人，占其全球用户总量的50%以上[2]。

（三）技术：互联网关键技术进入更替期

互联网自20世纪70年代诞生以来，经历近40年，最基本的技术至今尚未有过重大变化。70年代提出的TCP/IP和90年代提出的HTML（Hyper Text Markup Language，超文本标记语言）仍然是互联网运行的基础。而近年来，随着Web2.0、移动互联网、云计算和物联网等新技术和应用模式的崛起，互联网技术在应用、平台、网络和终端等各个环节的核心技术都逐步进入了新老更替的关键时期。

1　KPCB《Internet Trends2011》，http://kpcb.com/insights/internet-trends-2011.

2　《Facebook招股说明书》，http://www.sec.gov/Archives/edgar/data/1326801/000119312512034517/d287954ds1.htm#toc287954_10.

应用技术方面，以 HTML5[1]技术为核心的新一代 Web 技术，具有轻量化、跨平台的特性，极大地促进了应用技术的革新。2011 年，在视频多媒体应用和移动互联网的推动下，HTML5 的推广呈加速态势，全球排名前 100 的网站中有 34% 已经支持 HTML5[2]，主流浏览器均能较好地支持 HTML5。

平台技术方面，大数据（Big Data）推动互联网应用基础平台向云计算技术迁移。互联网服务需要对海量数据进行运算，以 Google 提出的算法为核心的开源大数据处理技术平台 Hadoop[3]，在 Yahoo 等巨头的推动下进一步流行起来，Facebook、IBM、微软、淘宝、百度等巨头纷纷采用。

网络技术方面，一是云数据中心促进高速无阻塞网络、DCB（Data Center Bridging，数据中心互联）等数据中心网络技术发展。另外，随着 IPv4 地址在 2011 年耗尽，IPv6 的大规模商用迫在眉睫，在应用倒逼下，IPv4 向 IPv6 过渡技术路线日益清晰，网站、网络和终端等环节都积极行动起来。

终端技术方面，增强现实、语音和视频交互等技术在 2011 年大规模商用（如苹果 iPhone 4S 上采用的 Siri 技术、微软 Xbox360 上采用的 Kinect 技术），推动着终端技术进入新的时代。同时，云计算带动虚拟桌面技术开始流行，桌面终端步入后 PC 时代。

（四）网络：城市宽带和无线成为网络建设排头兵，应用基础设施进入新阶段

1. 网络与基础设施

网络建设方面，宽带、无线网络建设发展迅速。一方面城市光纤化的网络宽带建设加速。中国电信 2011 年启动“宽带中国 · 光网城市”工程，上半年，80% 以上用户接入速率超过 2Mbit/s。另一方面依托无线城市、智慧城市等计划，城市公益无线网络建设发展迅速，北京、上海发展尤其迅猛。其中，北京七大区域公益性免费 WLAN 接入试点；上海公交车电话亭实现 WLAN 网络覆盖，陆家嘴打造无线金融示范区。

国际通信方面，国际互联网通信能力大幅提高。国际方面 POP 点激增，中国联通海外 POP 点从 2010 年的 16 个增加到 82 个，覆盖全球近 50 个国家和地区。国内方面，我国国际带宽保持快速增长，仅北京、上海两地增长约 409Gbit/s，增长率达 51.2%。

IPv6 网络方面，IPv6 网络试验向全面落地化发展。在 2010 年双栈方案试验的基础上，2011 年，DS-lite、NAT444 等技术，尤其是配套运营支撑相关系统成为运营商 IPv6 网络重点；国家重视无线、VPN、IDC 等 IPv6 业务的双栈网络试验。

2. 应用服务商网络

国际方面，内容服务商网络互联需求旺盛。全球中小区域性网络、内容服务商网络和 CDN 网络

1 HTML5 是 HTML 下一个主要的修订版本，现在仍处于发展阶段。目标是取代 1999 年所制定的 HTML 4.01 和 XHTML 1.0 标准，以期能在互联网应用迅速发展的时候，使网络标准达到当代的网络需求。

2 http://www.binvisions.com/articles/how-many-percentage-web-sites-using-html5.

3 一个分布式系统基础架构，由 Apache 基金会开发。

间的对等互联明显增加。Google 等内容服务商网络与区域性网络之间建立广泛互联，积极寻求对等互联的运营商比例达 72%[1]。

国内方面，应用服务商自建应用网络及基础设施快速发展。腾讯天津数据中心一期工程建成，2011 年计划在重庆投建 30 万台服务器的云计算中心。世纪互联在全国范围内将自建 1.5 万公里的光纤网络，整体流量为 160G。盛大网络计划建设新一代最高端的数据中心。

（五）资源：IPv6 商用进程得到各方有力推动，新通用顶级域计划正式获批启动申请

1. IPv6 商用进程得到各方有力推动

2011 年 6 月 8 日，全球首个“世界 IPv6 日”活动成功举行，包括 Google、亚马逊、Facebook 等国际知名企业的 1000 多家网站开通 IPv6 网址。在国内，百度、腾讯等 ICP（互联网信息服务提供商）纷纷开通 IPv6 网址，华为等 391 家网站则实现了 IPv4、IPv6 访问和 AAAA 域名解析，并通过国际互联网协会测试。

2011 年 11 月 23 日，国务院总理温家宝主持召开国务院常务会议，研究部署加快发展我国下一代互联网产业，明确提出 2013 年底前开展 IPv6 网络小规模商用试点，2014 至 2015 年大规模部署和商用，实现 IPv4 与 IPv6 主流业务互通。

在 IPv6 地址拥有量上，截至 2011 年，巴西以 65728 块（/32）位居第一，其次分别是美国和日本。我国各界也在大力申请 IPv6 地址，截至 2011 年底，我国以 9400 块位居第四，较 2010 年底增长了近 2238%[2]。

2. 新通用顶级域计划正式获批启动申请

2011 年 6 月 20 日上午，ICANN 理事会就新通用顶级域（gTLD）计划召开特别会议，会议讨论了新 gTLD 计划取得的进展及存在问题，并以 13 票赞成、1 票反对、2 票弃权表决同意批准新通用顶级域名申请人指南文件，至此，历经数年的新 gTLD 计划正式翻开崭新的一页，并按计划于 2012 年 1 月 12 日开始正式接受来自全球的新 gTLD 申请。

在另一项与顶级域扩展有关的多语种国家和地区顶级域计划中，截至 2011 年底，共有包括“. 中国”、“.РФ”（俄罗斯）等涉及 20 个国家和地区代表 22 种语言和文字的 30 个多语种国家和地区顶级域（IDN ccTLD）获得批准。且 IDN ccTLD 得到市场认可，注册量快速增长，截至 2011 年底，俄罗斯语国家顶级域“.РФ”域名注册量已接近 100 万。

1 数据来源：TeleGeography。
2 数据来源：APNIC。

（六）战略：美国网络空间战略加速以构建国家新优势

2011 年，美国政府加速网络空间战略，极力构建国家新优势。继 2003 年美国政府颁布《网络空间国家战略》之后，近些年美国政府连续发布了一系列战略性文件。2011 年美国政府加快战略制定步伐，相继在 2011 年 4 月发布了《网络空间可信身份标识战略》、2011 年 5 月发布了《网络空间国际战略》、2011 年 7 月发布了《网络空间行动战略》。美国政府一系列互联网战略文件，强调网络空间是关系美国安全与繁荣的重要领域，是同陆地、海洋、天空、太空并重的战略空间。也昭示着美国的战略布局从国内向国际延伸，从战略指导到战略实施，从常规手段向军事手段延伸。美国的战略举措激化了全球国际社会对网络空间规则体系主导权的争夺，争夺的核心利益也从技术标准、关键资源、网络产业等扩展至跨境服务、电子商务、民主政治等各个方面。

二、热 点 分 析

（一）云计算进入实质发展阶段

当前全球云计算的发展已经从概念炒作走向实质发展阶段，技术发展日新月异，产业生态逐渐形成。国际云计算产业增长迅速，各大企业加大研发力度积极布局云计算。

1. 全球云计算发展迅速，美国保持领先

目前全球云计算产业处于发展初期，发展空间广阔。据权威统计，全球范围内云计算服务规模约为 900 亿美元，占全球 IT 市场总量的 1/40，预计未来几年年均增长率超过 20%，到 2012 年，全球云计算服务市场规模预计将达到 1072 亿美元，到 2014 年全球将达到 1768 亿美元[1]。

美国云计算产业优势明显，实力大于全球其他国家的总和。在全球云计算产业中，美国拥有绝对优势。2010 年，美国云服务市场规模约占全球 58%，远高于欧洲（23.8%）、日本（10%）、中国（4.7%）和印度（0.16%）等国家和地区[2]。美国拥有一批云计算领域的标杆企业：谷歌公司拥有约百万台服务器，分布在全球超过 200 个地点；亚马逊的云服务已经在全球 190 多个国家和地区开展，拥有包括《纽约时报》、纳斯达克证券交易所等 40 多万个商业用户[3]；微软、IBM 等 IT 巨头利用技术优势在私有云市场上迅速占据领导地位；Salesforce 等新兴企业近年来增长迅猛。美国企业也在加紧进行全球扩张，谷歌、亚马逊、微软、Facebook、IBM 等公司都在进行全球云计算数据中心的布局，并加快了在中国香港、新加坡等亚太地区的布局以提升区域内的业务能力。

2. 全球云计算产业格局逐渐形成，传统 ICT 产业面临变革

云计算产业体系包括服务业、制造业和支撑产业，其中服务业是云计算产业的核心。云计算正在逐步打破以“Wintel”组合为核心的传统 IT 产业体系，形成以服务商为核心，包括云服务、设备制造，以及认证、咨询等支撑环节在内的新的产业体系。谷歌、亚马逊等具备大规模云服务能力的企业对 IT 产品和基础设施提出了新的需求，带动了服务器制造、数据中心、网络等相关产业的发展。作为一种大规模的公共服务，云计算产业中咨询、认证、审计等支撑产业作用日益显现，美国已经开始利用第三方评估机构对政府所采购的云计算服务进行评估。

3. 我国云计算产业不断积蓄力量，具备一定实力

我国云计算产业正不断积蓄发展力量和势头，具备一定的产业实力。我国云计算服务市场规模虽然仅占全球 4.7%，但年增速达到 40%，追赶势头明显。国内产业界对推动云计算发展基本形成共识。

[1] 数据来源：Gartner，截止时间：2010 年底。
[2] 数据来源：Gartner，截止时间：2010 年底。
[3] 数据来源：http://aws.amazon.com。

我国企业在软件技术和产品方面已经有了较好的积累，在服务器等 IT 产品制造方面形成较好的产业基础。我国电信设备商以及 IT 设备商有望成功转型私有云解决方案提供者。国内基础设施产业形成一定规模，约有 45.6 万个数据中心，占全球总量的 8%[1]。

应用方面，我国云计算应用在广度和深度上不断扩张，3 种公共云应用形态各有发展。电信运营商率先在电子营业厅、呼叫中心等系统部署应用云计算。各行各业的大型企业陆续开始利用云技术升级改造 IT 系统。各级政府纷纷采用云计算系统推进电子政务建设。国内 IaaS 服务刚刚起步，服务规模较小，业务类型单一，提供商除电信运营商外，还包括其他数家 IDC 企业和 IT 公司等。PaaS 服务尚处于雏形阶段，国内企业大多刚刚推出 PaaS 平台，或者其平台仍处在试用阶段，用户规模仍很小。SaaS 方面，国内市场上中外公司推出的服务种类已经相当丰富，如办公软件、社交网络、CRM 等，然而其使用范围和普及程度仍相当低。与此同时，各种“概念云”层出不穷，真正具有市场价值的应用较少。

技术方面，软件、IT、通信、互联网等领域的技术和产业积累为我国提供了良好发展契机。目前我国电信设备商及 IT 设备商自主研发的云平台已经具备百万级别虚机的管理水平；我国大型互联网企业基于开源平台已在分布式计算领域积累了较好技术基础，形成自有技术体系，具备了构建云平台的技术和提供云服务的能力。电信运营商一方面采取自主研发，更新发布云计算平台版本，另一方面加紧进行云计算改造，从 IaaS 切入，计划在短期内大幅提升云服务能力。

各级政府对我国云计算的发展也十分重视。2011 年，发改委、工业和信息化部、财政部联合启动了“云计算示范工程”，扶持资金共 15 亿，北京、上海、深圳、杭州、无锡 5 城市共 15 个项目入围。2011 年，中央和地方各类产业联盟纷纷成立，如发改委、工业和信息化部、科技部共同支持成立的“云计算发展与政策论坛”、深圳市云计算产学研联盟、天津滨海新区云计算产业联盟、闽台云计算联盟、广东省云计算联盟，等等。政府与产业界的沟通和联系进一步加强。美国政府同样十分重视云计算的发展，2011 年发布了《联邦云计算策略》，在电子政务中大力推广云计算应用，并计划到 2015 年利用云计算的部署使联邦数据中心数量减少 800 个[2]。

4. 我国云计算发展重建设轻应用，存在局部过热风险

我国在云计算发展过程中则暴露出“重建设，轻应用”的问题，主要表现为政府主导的云计算投资存在过热苗头。截至目前，全国已经有 20 省市制定云计算规划，其中 11 个省市计划投资超过 100 亿，而大规模数据中心建设成为各地发展重点。这些“云计算数据中心”在规划和建设之前大多未能识别出真正的业务需求和应用前景，盲目建设成分较大，存在一定攀比现象，将有可能导致资源浪费。

[1] 数据来源：Gartner，截止时间：2010 年底。

[2] 数据来源：《Federal Cloud Computing Stratety》，2011 年 2 月。

（二）SNS：社交因素植入各类互联网应用

1. SNS 成为继搜索引擎之后的新一代杀手级应用

2011 年，随着互联网由 1.0 向 2.0 的演进和不断纵深发展，社交网络迎来了良好的发展机遇，访问量、访问率和在线时长逐年攀升，经济社会影响力不断提高，已超越搜索、邮件、即时通信等杀手级应用，成为全球最流行的互联网应用，正逐渐成为继门户网站、搜索引擎之后互联网新的王者。截至 2011 年 10 月，社交网站已覆盖了全球 82% 的网民，总数约 12 亿；社交网络占全球网民上网总时长的 19%，在线时长居众多应用之首，每 5 分钟上网时间中就有 1 分钟花费在社交网站[1]。其中，Facebook 在社交网站中独占鳌头，从 2011 年 3 月开始，Facebook 的网页全球日访问量持续五个月高于 Google[2]；2011 年 5 月份，全球网民在 Facebook 的在线时长已超越微软和 Google，成为全球网民在线时长最长的网站[3]；2011 年 10 月份，Facebook 覆盖了全球 55% 的网民，占据社交网站上网时长的 3/4，占上网总时长的 1/7。此外，截至 2011 年 10 月，Twitter 用户同比增长了 59%，全球月独立访问用户达 1.6 亿；商务社交网站 LinkedIn 用户同比增长 55%，接近 1 亿；轻博客 Tumblr 用户同比增长 172%，接近 4000 万；新浪微博用户同比增长 181%，全球增速最快，用户超过 2 亿[4]。

互联网用户的上网习惯从电子邮件、门户网站、即时通信、搜索引擎向社交网络的转变，标志着社交网络已成为互联网新的核心应用并成为大势所趋，以社交网络为核心的新一代互联网服务已经逐渐融入主流生活模式并不断壮大，未来以社交图谱为基础的社交网络将影响并主导未来互联网业态的发展方向。

2. 社交化应用元素全面渗透，移动化、垂直化趋势明显

（1）社交化应用元素全面渗透，社会影响力日益增强

作为互联网 2.0 时代的新贵，社交网络的影响力不断增强，社交应用日益丰富，平台效应不断放大，逐渐演变出一波“社交化”大潮，社交化通过互联网向经济、社会各领域不断渗透，逐渐改变着人们的生产生活行为。社交网络通过构筑关系图谱、聚合各类资源信息，已由单一的社交平台发展为涵盖电子商务、企业营销与展示、在线招聘、在线消费与娱乐、在线交流互动等在内的综合型生产生活化平台，正在成为承载经济社会行为的巨大信息资源库和推动经济社会发展的信息基础设施。主要表现在：①社交网络已成为网络生活中的重要组成部分，截至 2011 年 10 月，社交网络占全球网民上网总时长的 19%，已成为全球网民首选的互联网服务；②社交网络已成为社会新的信息传播方式，如 2011 年，Twitter 在日本地震、中东政变、乔布斯等全球热点新闻的传播中发挥出显著的作用，乔布

[1] comScore. It's a Social World: Top 10 Need-to-Knows About Social Networking and Where It's Headed. http://www.comscore.com/Press_Events/Presentations_Whitepapers/2011/it_is_a_social_world_top_10_need-to-knows_about_social_networking.

[2] 数据来源：Alexa.

[3] 数据来源：comScore.

[4] comScore. It's a Social World: Top 10 Need-to-Knows About Social Networking and Where It's Headed. http://www.comscore.com/Press_Events/Presentations_Whitepapers/2011/it_is_a_social_world_top_10_need-to-knows_about_social_networking.

斯逝世的消息在 Twitter 上每秒钟发出 6049 条 tweets[1]；③社交网络已成为政府机构与公众交流的新平台，社交网络平台在拓展政府公关渠道，收集民众反馈信息，提高政府执政能力等方面发挥了重要作用；④社交网络已成为网络经济的新载体，社交网络已成为电子商务、在线招聘、在线营销、在线消费与娱乐的主要平台，成为网络经济发展的重要推动力量。

（2）综合类社交业务的市场格局已经基本成型，移动化、垂直化社交成为 SNS 发展的新趋势

经过多年的发展，综合型社交网站主体不断更迭并渐渐趋于稳固，市场格局基本成型。相反，在垂直细分领域，主体却不断涌现，呈现出移动化、垂直化的新态势。2011 年，SoLoMo 概念逐渐落地，社交、本地和移动化功能日益交融，创造出多样的移动 SNS 应用，迸发出异彩纷呈的移动社交局面，而智能手机的快速普及，更使得移动 SNS 使用量迅速增长。据相关研究显示，截至 2011 年第 3 季度，Facebook、Twitter 和 Pandora 的访问量中分别有 33%、55% 和 60% 的流量来自于移动设备[2]。2011 年 12 月份，Facebook 移动活跃用户数量更达到了 4.25 亿人，占其全球用户总量的 50% 以上[3]。位置服务、移动社交通信、社交手机等新型社交应用或服务也开创了移动社交的新景象。截至 2011 年 11 月，提供用户位置信息的社交网络 Foursquare 用户超过 1500 万，聚集 10 万第三方开放者和 50 万商家；移动社交通信服务 KIK 用户达到 600 万；国内微博用户中手机网民的比例从 2010 年底的 15.5% 攀升至 2011 年底的 38.5%。截至 2011 年 9 月 7 日，国内微信总注册用户数已达 1321 万，日新增用户 12 万，日均发送消息人数在 118 万左右，日均消息发送量 1100 万条左右；此外，社交手机（Social Mobile）的日益崛起也推动了移动社交的快速发展。国外的三星、摩托罗拉、LG、索尼爱立信都对社交网络加以关注，国内社交网络巨头也纷纷同手机厂商合作推出订制社交手机。

垂直化和专业化的 SNS 业务给不同领域的用户带来多元化的业务体验空间，与综合性的 SNS 呈现出较大的区别和不同的发展方向，表现出强劲的增长势头。截至 2011 年 11 月底，美国职业社交网站 LinkedIn 用户达到 1.35 亿，每 5 秒新增用户 10 人，覆盖全球 200 多个国家，汇集世界 500 强所有企业；截至 2011 年 8 月，团购类社交网站 Groupon 用户数同比增长 1 倍，达到 1.15 亿。国内，截至 2011 年 12 月底，我国团购用户数达到 6465 万，团购用户年增长率达到 244.8%[4]。

3. 我国微博爆发式增长，成为 SNS 应用中新的主导力量

（1）国内传统 SNS 网站发展步入转型期，用户规模增长缓慢，发展面临困局

2011 年，国内传统 SNS 网站发展遭遇瓶颈，面临自身网站黏性下降和微博替代双重压力。经过近 7 年的发展，以开心网、人人网为代表的国内主流社交网络并未实现平台式跨越发展，相反在用户规模、用户访问量等主要指标上出现了显著的下滑态势。以开心网为例，2011 年底，开心网的日访

[1] comScore. It's a Social World: Top 10 Need-to-Knows About Social Networking and Where It's Headed. http://www.comscore.com/Press_Events/Presentations_Whitepapers/2011/it_is_a_social_world_top_10_need-to-knows_about_social_networking.

[2] KPCB. Internet Trends2011. http://kpcb.com/insights/internet-trends-2011.

[3] Facebook 招股说明书 . http://www.sec.gov/Archives/edgar/data/1326801/000119312512034517/d287954ds1.htm#toc287954_10.

[4] CNNIC. 第 29 次中国互联网络发展状况调查统计报告 .

问量占全球网站日访问量的比例从 2010 年初的 0.4% 下滑至 0.02%；2011 年全年，人人网的日访问量占全球网站日访问量比例也在 0.1% 以下徘徊[1]。面临发展困局，多家主要的 SNS 网站纷纷做出了业务和战略转型，如定位平台、开放 API、探索业务融合等，但效果并不甚理想。

（2）国内微博爆发式增长，社会影响力增强

2011 年，与传统 SNS 网站相比，微博表现出截然不同的发展态势，用户规模急剧增长、网民渗透率快速提高、社会影响力日益凸显，已成为当前极具时效性、代表性和影响力的社会化媒体。截至 2011 年 12 月底，我国微博用户数达到 2.5 亿，较上一年底增长了 296.0%，网民使用率从 2010 年底的 13.8% 攀升至 48.7%，其中，新浪和腾讯微博的注册账户数之和超过了 5 亿；截至 2010 年 10 月底，新浪微博用户同比增长 181%，增长率位列全球 20 大社交网站之首，新浪微博也一跃成为全球第十大社交网站[2]。

随着微博用户规模的急速攀升，微博的社会影响力更加凸显，已成为网民获取新闻信息的首要渠道。据相关研究表明，我国微博的月度浏览时长已经超过媒体首页和新闻资讯类服务，成为网民获取新闻信息的首要渠道；成为政府与民众交流的重要平台，政府级微博用户进一步扩大，截至 2011 年 10 月 31 日，通过新浪微博认证的各领域政府机构及官员微博达 18132 家，其中政府机构微博超过 1 万家，个人官员微博近 9000 个，包括省部级以上政府机构微博 35 个，省部级以上政府官员微博 14 个；厅局级以上政府机构微博 429 个，厅局级以上官员微博 268 个；覆盖公安、政府外宣、旅游、交通、司法等政府机构的多个领域[3]；成为企业营销展示的主要窗口，在新浪微博上，有数万个公共主页，其中很大一部分是企业用户。另外，2011 年年底微博实名制认证的相关政策已经在北京、广东等地开始执行，实名认证对微博的发展将产生何种影响还需关注。

4. 深层次问题显现，SNS 长远发展颇受挑战

2011 年，微博业务取得了爆发式增长，社交元素也逐渐成为各类互联网应用的标准配置，但是，一些深层次问题暴露出 SNS 业务的长远发展正受到严峻挑战。

（1）社交网站的发展受到环境的制约

首先，由于我国诚信、隐私保护等方面的法律法规还处于完善阶段，因此在解决恶意注册僵尸粉丝、随意散布谣言、人肉搜索等问题时缺乏法律法规的有力支撑。其次，由于国内创新保护缺失，知识产权维权成本和难度都较高，因此创新往往难以转化为匹配的市场成果；在这样的创新环境中，创新机制和创新动力更加难以为继。最后，行业内企业在一些基础技术方面积累有待加强，在用户数量达到一定规模以后时，分析用户真正需求的难度较大。这些都造成国内社交网站业务创新较少，服务

1 数据来源：Alexa.

2 comScore. It's a Social World: Top 10 Need-to-Knows About Social Networking and Where It's Headed. http://www.comscore.com/Press_Events/Presentations_Whitepapers/2011/it_is_a_social_world_top_10_need-to-knows_about_social_networking.

3 人民网舆情监测室. 2011 年新浪政务微博报告. 2011 年 12 月.

同质化程度较高的不利局面不断加剧。

（2）社交网站平台化程度落后于国外

2011 年国内的社交网站平台化进程初见成效，但是与国外大型社交网站的平台化程度相比，还存在一定的差距。2011 年 Facebook 网站平台上的应用已经超过 100 万项，参与开发的技术人员有 100 多万名并遍布世界上 190 多个国家，而新浪微博平台上的应用只有 10 万多项应用，开发者数量在 5 万左右。社交类网站的平台化发展可以提高用户使用黏度，提升网站的商业价值，增加网站自身的创新能力。目前以新浪微博为代表的国内社交网站的用户增长已经进入平缓期，平台化发展将会是有益的尝试。

（3）网站自身盈利能力还在成长中

国内社交类网站的业务模块还不成熟，现有的业务难以改变国内用户不愿在互联网业务上付费的消费习惯，互联网业务增值服务收入在整体收入中占比总体偏低。近期，社交类网站逐渐引入团购、LBS 等扩展性应用，为社交类网站的盈利能力成长提供了新的途径。

（4）隐私问题堪忧

与搜索引擎、门户网站、网络游戏等互联网业务相比，社交类业务与网络用户的实际生活及人际交往有更强的融合性。因此，社交类业务会涉及用户的大量真实信息。这些真实信息的合理使用、隐私信息的保护，以及跨国经营的社交网站中信息的跨境流动等关键问题，都影响着社交类网站的长远发展。如果用户隐私问题得不到很好的解决，将会失信于大量用户，社交类网站的未来也将变得黯淡。

（三）电子商务：繁荣背后隐忧凸显

1. 电子商务整体交易规模不断扩大，移动应用深化

（1）电子商务表现不俗，规模不断扩大

2011 年，在国内外宏观经济面临不确定因素的情况下，我国电子商务表现不俗，整体交易规模达 5.77 万亿，同比增长 28.3%，增速较上年加快 6.3 个百分点[1]。其中网络购物用户规模达 1.94 亿，用户渗透率由上年的 35.6% 升至 37.8%[2]；网络购物交易额达 8997 亿元，增长 72%[3]，占社会零售品交易额的比重由上年的 3.3% 升至 4.9%。2011 年，“双十一”当天，仅天猫网成交额就达 33.6 亿元；阿里巴巴旗下的天猫和淘宝成交总额达 52 亿元[4]。苏宁易购当天的交易额同比增长 600%[5]。

1 CATR 预测。
2 CNNIC，第 29 次中国互联网络发展状况统计报告。
3 CATR 预测。
4 淘宝统计数据。
5 苏宁易购统计数据。

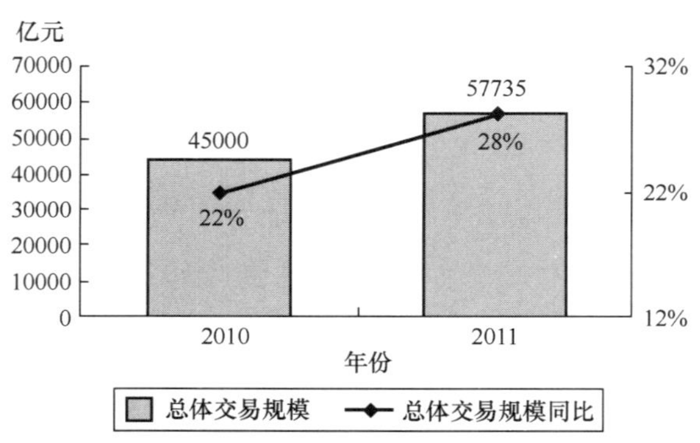

图 1　2011 年我国电子商务交易总额及增速（数据来源：商务部，CATR）

电子商务快速发展的重要驱动力包括：（1）扩内需政策为电子商务发展创造良好环境。（2）宽带网络的完善和普及提供更好的基础设施条件。（3）需求结构升级带来多样化需求。随着我国居民消费水平的提高，居民对 3C 产品、奢侈品、家具等耐用消费品和高附加值商品的需求快速增长，扩展了电子商务交易商品的范围。（4）足不出户实现消费及根据网上评价甄别购买等消费习惯和行为使网络购物成为“宅经济”的重要表现。（5）互联网企业和传统企业争相触网促进了电子商务的发展。（6）资本市场尤其是风险资本投入是我国电子商务发展的重要动力。

（2）移动电子商务日益深化

2011 年，移动互联网的迅猛发展、智能手机的快速普及消费者上网时间的碎片化和位置的多变等多种因素促进移动电子商务发展的深化。2011 年，我国手机购物用户规模达 2347 万人，同比增长 53.2%[1]，占整体网络购物用户的比例达 12.1%，较 2010 年增加 2.9 个百分点[2]。2011 年手机淘宝交易额突破 100 亿元[3]。

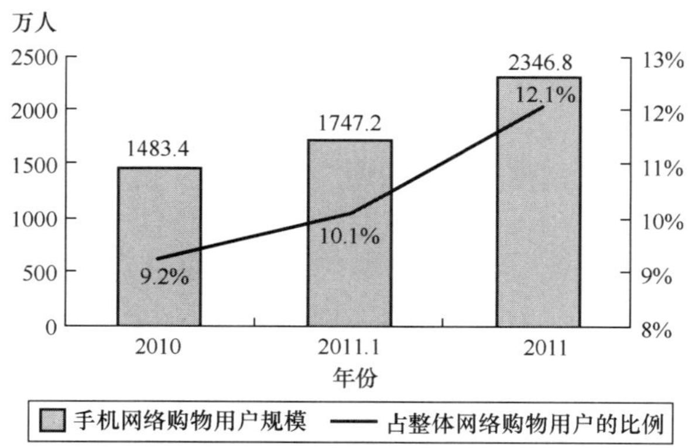

图 2　2011 年我国手机购物用户规模及占整体网络购物用户比例（数据来源：CNNIC，CATR）

2. B2C 集中度提高，转型步伐加快，O2O 业务创新添活力

（1）传统 B2C 市场集中度提高，细分领域机遇频现，竞争激烈

传统 B2C 业务稳步增长，综合购物网站业务不断扩张，天猫、京东、当当等龙头网站集中度提高；

1　CNNIC. 第 29 次中国互联网络发展状况统计报告.
2　CATR 根据 CNNIC 相关统计数据计算而来。
3　淘宝统计数据。

垂直领域 B2C 迎来新的发展机遇，新进入者选择不同的细分市场开展业务，竞争也异常激烈。凡客诚品、麦包包、乐蜂网、拉手网等网站已在各自的细分市场脱颖而出，拥有了一定的竞争实力。

（2）B2C 企业转型升级步伐加快，业务向下游延伸

以当当、京东为代表的垂直 B2C 积极向综合类 B2C 转型，拓展业务范围；开放平台，吸引制造企业和零售商入驻成为自营式 B2C 企业的共同选择；同时，为了缓解电子商务企业普遍面临的物流瓶颈，京东、当当、凡客诚品等企业纷纷组建扩建自有仓储与物流体系，向下游供应链延伸。

（3）传统行业中小企业入驻第三方平台成大势

2011 年，不仅家居、家电、石化、钢铁、汽车配件、药品、工艺品等传统行业电子商务网站继续涌现，就连汽车和二手飞机都开始在网上进行交易。不过，相对于自建电子商务平台，中小企业入驻第三方平台的营销效果更明显。截止到 2011 年上半年，淘宝网卖家数量超过 600 万家，目前淘宝网的商品类目已经超过 12000 个[1]。2011 年“双十一”当天，传统企业旗舰店 GXG、骆驼服饰、博洋家纺三家的销量超过 4000 万，杰克·琼斯的销量突破 3000 万，富安娜、真维斯、水星家纺三家突破 2000 万[2]。

（4）O2O（Online to Offline，线上到线下）业务创新添活力

O2O 开创了电子商务发展新模式，线上线下互相延伸、无缝对接，为电子商务创新增添活力。线上预订和付款，线下消费的生活服务类团购成为 O2O 业务发展的典范；LBS 地理位置签到服务与电子打折券、即时位置消费信息推送等结合的商务应用有所突破；AR（增强现实）的二维码、条码扫描等技术也介入到 O2O 中。

3. 政策监管体系日趋完善，引导电子商务生态系统良性发展

2011 年，发改委、工业和信息化部、商务部、中国人民银行等相关部委从各自职责出发，相继出台了涉及电子商务、电子认证、第三方支付等一系列政策法规，扶持、引导和规范电子商务生态系统良性发展，电子商务政策监管体系进一步完善。

在电子商务生态系统的核心——电子商务应用方面，工业和信息化部发布了由其牵头制定的《电子商务“十二五”发展规划》，商务部发布了《商务部“十二五”电子商务发展指导意见》、《第三方电子商务交易平台服务规范》，发改委、商务部、中国人民银行等部门联合发布《关于开展国家电子商务示范城市创建工作的指导意见》。在运营服务方面，人民银行先后发放了 3 批第三方支付牌照，加强了对第三方支付行业的监管；国家邮政局对快递行业服务质量进行了规范；另外，由工业和信息化部、商务部、公安部等九部委联合发布打击网络侵权及制假售假的通知，采取了一系列行动净化网络购物环境，建立信用体系，维护消费者权益。

1 阿里研究中心．2011 年度网商发展研究报告．
2 淘宝统计数据。

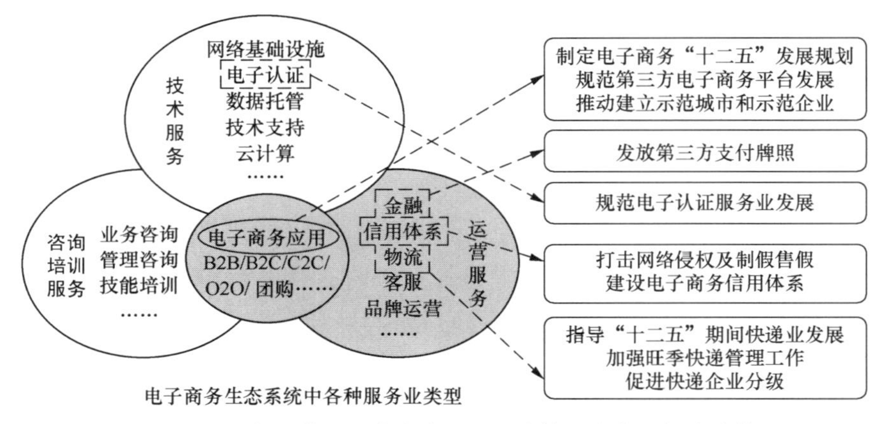

图 3　2011 年围绕电子商务应用和生态体系出台的相关政策

4. 隐忧凸显，制约电子商务发展

虽然 2011 年宏观经济走势趋缓，但在这样的总体形势中电子商务整体表现不俗，但是我们也应该看到行业内外部的一些因素在制约电子商务当前的发展。

（1）外部融资瓶颈及内部盈利乏力等共性因素制约电子商务当前发展

投融资市场进入调整期。首先，从宏观环境来看，2011 年全球资本市场整体趋于谨慎和保守，引入投资难度加大。另外，一些中国公司谋求海外上市时，被爆出财务作假等问题，诚信危机导致包括互联网产业在内的中概股在海外融资遇冷。在上述情况的影响下，资本市场对中国互联网公司的投资更加谨小慎微，投资方更愿意向市场占有率高、品牌效应强的大型电商持续投资，而处于市场尾端的中小电子商务企业并不被投资方重视，因此形成了目前融资两极分化严重，中小电子商务企业难以获得资金支持的局面。

盈利能力低下导致电子商务发展遭受困境。国内部分电子商务企业由于自身盈利能力低下，因此对资本依赖度较高。然而资本投入方对资金投入往往有着高效、快速获利的需求，这与电子商务企业注重用户体验、注重诚信、可持续性发展的稳步发展需求存在一定的矛盾，电子商务企业的经营在资本的裹胁下不得不选择一些急功近利的发展策略。第二，由于近年来人力成本、物流成本、生产资料价格上涨等原因，电子商务企业的运营压力不断加大。第三，电子商务企业本身的经营理念还不成熟，2011 年包括淘宝商城（天猫）、当当网等大型电子商务企业在内，都频繁出现诚信、服务保障问题，影响电子商务整个行业的市场环境和消费者认知。

（2）不同阶段和不同形态电子商务企业的主要问题不尽相同

从另一个角度来看，电子商务行业目前的发展瓶颈，各个形态和发展阶段的电子商务企业面临的主要问题稍有不同。

传统 B2C 领军型企业。这些企业在 2011 年的发展中，面临的主要问题有恶性价格竞争、转型压力过大以及扩张步伐过快等。2011 年，几个处于市场领先位置的 B2C 企业已经展开过激烈的竞争，

多次比拼商品价格、运费等，然而 2011 年底，京东商城和卓越等企业陆续开始提高免运费门槛，可见价格战、运费战带来了较大的运营压力，这对于电商本身来说并不是可持续性的。比拼价格和运费的背后是国内电商过去奉行的“低价”原则，但是在 2011 年，诚信危机、服务保障方面的问题促使电商不得不转向“品质”和“品牌”策略，这就必须要面对过去的商业生态环境中利益攸关方的抵抗，例如上千户卖家抗议淘宝商城新规事件就是转型升级的阵痛。2011 年，同样也是电子商务企业平台化的一年，一系列领先的垂直型 B2C 企业都开始扩张，并试图向平台化、综合化电商转型，但是过于快速的扩张很快带来管理上的不适应、人力物力上的不匹配，使得一些电子商务企业陷入困境。

垂直型中小电子商务企业。这些企业在 2011 年显现出的主要问题有融资困难、抗风险能力较差和门槛低、竞争激烈等。与领军型电商不同的是，垂直型中小电商还无力去比拼价格和物流能力，由于市场规模较小，市场认知度较低，因此自身盈利能力不足以支撑企业的运营，只能求助于投资，但往往中小电子商务企业又因为上述原因融资困难，最终形成恶性循环。此外，中小电子商务企业普遍抗风险能力较差，外部的些许波动短期内就能影响其生存状态。由于中小型垂直电子商务企业进入门槛较低，进而在电子商务市场末端存在大量中小型垂直电子商务企业，形成激烈的竞争局面，再加上大型电子商务企业在市场上的强势地位，很难有小型企业能迅速脱颖而出，发展壮大。

团购企业。由年初的千团大战到年底的企业数量急剧萎缩，团购业务的过山车似的发展历程在 2011 年获得了极高的关注度。团购存在的问题主要有以下几点：进入门槛低、同质化程度高、行业泡沫严重。团购业务实现了将电子商务从线上购物向线下服务的延伸，但是由于其“中介”的业务性质，没有技术、专利等进入壁垒，进入门槛低，因此国内一度出现 5000 多家团购网站并存的局面。同样由于提供业务的方式和内容相近，又缺乏创新意识，所以团购网站的服务同质化程度高，有些网站甚至连页面都极其类似，消费者的选择完全与价格挂钩，因此团购网站不得不挤压利润来赢取消费者，盈利变得更加困难。为了能赢得风险投资、上市等融资机会，团购企业激烈争抢市场份额和刺激用户增长，广告费之战使得某些团购网站入不敷出，低价博销量之战使得某些团购网站不得不赔钱赚吆喝，人才之战使得团购网站的人力成本虚高，这些行为使得整个行业产生严重的泡沫，团购网站的生存环境进一步恶化。

（四）国际治理与资源：网络空间斗争加剧，新通用顶级域计划在争议中获批

1. 美国出台网络空间新战略，互联网治理南北之争愈演愈烈

2011 年 5 月，美国总统奥巴马签发了由美国联邦政府多个部门共同制定的《网络空间国际战略》（以下简称《战略》）。《战略》全面系统的介绍了美国的互联网战略，是美国利用互联网促进经济发展、保障网络安全以及推广意识形态 / 理念的集中体现。《战略》由国内转向国际，通过塑造国际规则和主导国际治理保证其国家安全和国际优势，其核心是基于价值观塑造美国主导的网络空间国际规则体系、战略同盟格局和全球领导力。《战略》立足于“网络空间”，强调其现实世界普世价值观、法律规则体系在网络空间延伸，根本目的则着眼于现实世界的全球战略格局，意图将美国在网络空间中的技

术、资源和产业优势，与其政治、外交、军事、文化的强势地位进行深度战略整合，综合技术标准、知识产权、资源管控等手段，辅以现实世界的强大实力确保对网络空间的牢牢掌控，通过把握网络空间的主导权进而抢占经济科技发展和综合国力竞争的制高点，永续美国全球领导地位。《战略》明确将网络工具与常规手段紧密结合，在其网络和基础资源安全受到严重威胁时，强调可动用武力实施打击，充分体现了美国安全手段线上线下的无缝结合。

美国实践网络空间国际战略，对互联网的管理采取双重标准，强化网络治理主导权。由于共同的发展状况和利益诉求，发达国家在互联网治理上的摩擦逐步减弱，合作渐成主流，在经济合作与发展组织（OECD）、八国集团（G8）框架下推动形成符合西方利益和价值观的全球互联网治理准则。而发展中国家则被动应对，寻求向网络空间延伸国家主权，如金砖国家在联合国框架下推进互联网治理问题讨论，其中，巴西、印度、南非（IBSA）提议在联合国框架下成立互联网监管机构，俄罗斯、中国将信息安全行为准则提案提交联大讨论。IGF(国际互联网治理论坛)、网络问题伦敦会议、联合国大会等成为过去一年中国际互联网治理争议的主要场所，争议实质内容其实是有关互联网的发展权、安全等。

2. IANA 职能的到期续约再次显示美国政府对互联网关键资源的垄断地位

互联网号码分配管理（IANA）职能主要包括：（1）协调互联网协议技术参数的分配；（2）履行 DNS 根区管理的部分职责；（3）分配互联网码号资源；（4）“.ARPA”和“.INT”顶级域管理职责。IANA 使得美国政府继续掌控互联网的命脉——根区管理，直接威胁到其他国家的信息安全。

新兴大国和广大发展中国家对美国单边控制互联网关键管理权一直持反对态度，在多个国际场合予以抨击，积极推动联合国机构发挥更大作用。欧盟国家也对 IANA 职能的安排有所不满，试图通过双边和多边渠道争取利益和管理权。

2011 年 9 月 30 日，美国商务部与互联网域名地址分配机构（ICANN）签订的 IANA 职能合同到期，为做好 IANA 职能合同的过渡，美国政府将合同顺延至 2012 年 3 月底。

为改进 IANA 的管理，美国电信和信息管理局（NTIA）展开了两轮征求意见。第一轮征求意见自 2011 年 2 月 25 日至 3 月 31 日，NTIA 在其网站上发布公告，就 IANA 职能征求各方意见。第二轮征求意见自 2011 年 6 月 9 日至 7 月 29 日，NTIA 在汇总第一轮意见的基础上起草了将作为 IANA 合同主要内容的《工作说明文件》草案（SOW），进一步明确 IANA 职能相关规定，邀请各方就“文件”中的条款进行评论。2011 年 11 月至 12 月，美国政府就 IANA 职能合同公开招标，并于 2011 年 12 月至 2012 年 1 月进行内部审核。

尽管形式上美国政府在 IANA 职能合同招标中有所改进，但在实际招标过程中，美国政府严格限定 IANA 职能合同投标方资格。投标人应满足的条件包括：美国全资企业或位于美国本土的高等学校；按照美国法律，在美国本土进行组建和注册；在美国境内履行合同所规定的 IANA 主要职能；确保并证明运营实体处于美国境内；美国政府拥有监督和检查权；不得将合同进行分包。美国政府主导对 IANA 职能续约再次显示其对互联网关键资源的垄断地位。

截至目前，共有包括 ICANN 在内的五家机构对应标表示出兴趣，但从美国政府限定的投标人资格以及业界反馈情况来看，ICANN 目前是最为符合条件并获得业界认可的机构，因此美国政府与 ICANN 续约的可能性很大，没有特殊情况下，ICANN 将在 2012 年 3 月续约后继续承担 IANA 职能。

3. 多语种域名效果显现，新通用顶级域计划在争议中前行

IDN 的落地运营，打破了英语统治全球互联网域名市场的格局。自 2009 年 ICANN 启动 IDN ccTLD 快速流程正式启动以来，截至 2011 年底，共有包括“. 中国”、“. P Φ”（俄罗斯）等涉及 20 个国家和地区代表 22 种语言和文字的 30 个 IDN ccTLD 批准。且 IDN ccTLD 得到市场认可，注册量快速增长，截至 2011 年，俄罗斯语国家顶级域“. P Φ”域名注册量已接近 100 万。IDN 允许各国家和地区以自己的语言文字作为互联网域名，有助于降低非拉丁语系国家和地区人们使用互联网的门槛，增强参与互联网的积极性。各国以 IDN 为切入点，积极参加国际互联网治理事务，这不但提升了中俄印巴等新兴发展中大国在国际社会中的影响力，也提升了欠发达国家和地区在国际互联网治理中的话语权，从而提升了对欧美等发达国家的制衡因素。

2011 年 6 月 20 日上午，ICANN 理事会就新 gTLD 计划召开特别会议。会议讨论了新 gTLD 计划取得的进展及存在问题，并以 13 票赞成、1 票反对、2 票弃权表决同意批准新 gTLD 申请人指南文件。尽管新 gTLD 计划得到批准，但各界围绕新 gTLD 的争论仍在继续。其中，商标保护、法律适用性、宗教文化的差异性、新 gTLD 扩展对现有域名市场的影响以及对用户记忆难度的增加成为业界反对新 gTLD 计划的主要的观点。在美国国内，美国广告业协会（ANA）牵头成立了反新 gTLD 联盟，200 多个美国行业协会和知名企业参加，通过各种途径向政府施压，要求拖延甚至取消新 gTLD 进程。2011 年底，美国参众两院分别召开新 gTLD 听证会，美国多个政府部门就新 gTLD 公开致信 ICANN 表达关切，要求 ICANN 对业界质疑作出解答，但作为主管部门的美国国家电信和信息管理局总体上支持新 gTLD 计划。

在一片争议声中，ICANN 已于 2012 年 1 月 12 日正式接受新 gTLD 申请。截至目前，各方所表达的申请意向已达到数百个，地名和通用名称类顶级域申请成为热点。预计到 2012 年 4 月 12 日首轮新 gTLD 申请截止日期，申请数量有望超过 1000 个。其中，与公共利益关系密切的顶级域申请，需要政府加强参与力度。

2011 年，与新 gTLD 计划及政府在 ICANN 中发挥作用密切相关的事件之一是，ICANN 于 2011 年 3 月 18 日正式批准了与 ICM 公司的域名注册管理协议，面向成人娱乐领域的顶级域“.XXX”投入运营。由于宗教、文化等的差异性，多个国家以违反该国法律或道德为由，明确表示将阻止解析此类后缀域名。各国政府的不满态度使得 ICANN 较以往更为重视政府在国际互联网治理中的作用，并在新 gTLD 申请指南文件的修订过程中多次就有关问题与政府间咨询委员会沟通和磋商。

三、发 展 展 望

（一）2012 年我国互联网用户接近 6 亿，互联网服务业规模达 3000 亿

预计 2012 年，我国互联网用户数可能达到 6 亿，普及率进一步提高。由于存在使用技术门槛，具备上网条件和技能的人已经基本转化为网民，进一步增长难度较大，网民增长率进入慢行通道，当前表现出增速减缓的态势。

手机上网用户数有望接近 3.7 亿，与前几年相比，增速有所放缓。同时，手机上网用户数占互联网用户总数比例持续增加，移动互联网与互联网用户重叠更加明显。

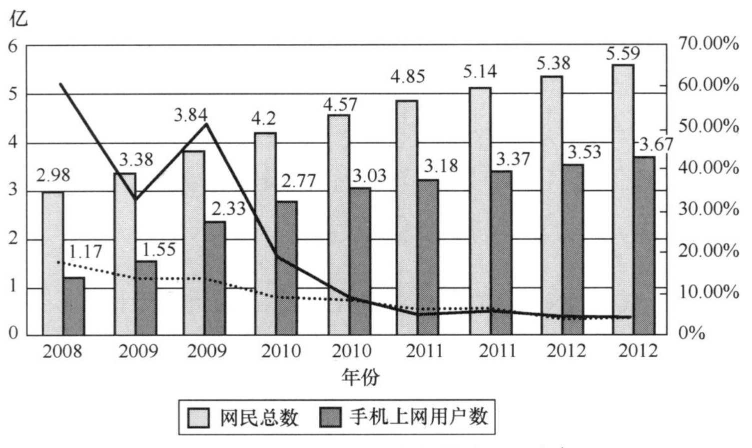

图 1　预计互联网用户规模接近 6 亿[1]

互联网服务业包括互联网信息服务、互联网接入服务和 IDC，预计 2012 年总体规模将进一步增长，预计达到 3364 亿。其中，互联网信息服务规模逼近 1500 亿；互联网接入服务接近 1800 亿，成为规模最大的互联网服务；IDC 规模所占比例进一步下降。

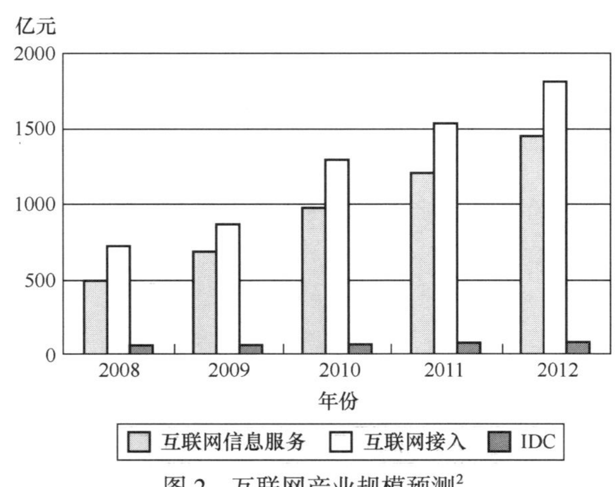

图 2　互联网产业规模预测[2]

[1] 数据来源：CATR。
[2] 数据来源：CATR。

（二）全球 IPv6 地址从规模申请向规模应用转移，“宽带中国”战略有望落地

新 gTLD 国际申请元年。预计 2012 年全球新通用顶级域申请可望超过 1000 个，其中，我国申请数量有望达到 50 个以上。在各类域名中，企业品牌申请占据多数，通用名称和社群类申请争夺激烈。我国“. 公司 /. 网络 /. 政务 /. 公益”等现有中文顶级域积极入根。有实力的企业为品牌保护和宣传以及扩展新业务而申请 IDN 和新通用顶级域。

IPv6 地址得到网络和应用大范围使用。《IPv6 全球部署评估报告》调查，超过 70% 的受访者（半数以上为 ISP）计划 2012 年年底为其网络部署 IPv6。美欧计划先提供 IPv6 应用服务，美国政府计划在 12 年 9 月底前提供 WWW、E-mail、DNS 等 IPv6 服务，法国政府网站 IPv6 转换为起点。

“宽带中国”战略快速推进。国家“宽带中国”战略有望落地，将全面构建宽带、泛在、融合、安全的国家下一代信息基础设施。在“宽带中国”战略的推动下，三大基础电信运营企业将进一步加快宽带网络建设。

中国下一代互联网发展战略全面实施。我国将逐步形成 IPv6 网络成熟的商业模式和技术演进路线，同时，形成一批具有较强国际影响力的下一代互联网研究机构和骨干企业。完善技术和产业标准体系、加强关键理论和核心技术研究、建设基于 IPv6 的三网融合基础业务平台是 2012 年下一代网络建设的任务。

（三）2012 年云计算建设趋于冷静，应用服务快速发展

从国家发展来看，中印两国拥有巨大的市场潜力，同时在 IT 软硬件制造产业方面拥有良好的基础，2012 年将在云计算领域取得长足的进步，在全球云计算市场中的份额和产业地位将得到进一步提升。云计算对经济社会的影响将进一步加深，企业对公共云或私有云的采用将进一步影响到企业的管理机制和人员结构，将率先引发大型企业组织架构的调整。在产业和技术方面，云计算将带动以 ARM 服务器为代表的节能型服务器占据一定市场份额，同时云计算部分技术领域的标准在 IEEE、IETF、DMTF 等标准组织将取得实质性进展。

从国内来看，2012 年各地数据中心建设热潮趋向冷静，大型数据中心新建项目减少，同时大型企业及政府机构的私有云计算建设进入快速增长期，因此带动服务器等 IT 设备的采购量可能会大幅度增加。

（四）HTML5 得到广泛支持，促进新兴业务大发展

HTML5 得到网站、终端厂商的广泛支持。全球支持 HTML5 的主流网站大幅增加。2012 年，全球主流网站支持 HTML5 的比例将超过 50%，视频和游戏网站绝大部分支持 HTML5，视频网站对

HTML5 的支持比例将超过 90%。HTML5 终端快速增长。支持 HTML5 的终端将保持快速增长，增长率有望达到 100%。全球支持 HTML5 的手机将由 2011 年的 3.36 亿部增长到 2012 年的将近 7 亿[1]。

HTML5 推动移动互联网大发展，从移动操作系统之争提升到基于 Web 引擎之争，开始直接冲击移动应用商店模式。浏览器的设备访问能力、Web 存储和离线存储等功能依托 HTML5 有所提升，而操作系统中部分软件可通过浏览器实现，将导致浏览器在 PC 中的地位进一步提升。“一次开发，到处运行”，打通不同终端和操作系统之间的障碍，HTML5 促进移动互联网发展。

HTML5 促进新兴业务发展发展。例如，HTML5 进一步弱化端与云的耦合，促进云计算发展；HTML5 跨平台的特性促进了智能电视发展，从而推动家庭娱乐的发展；HTML5 多媒体处理功能更强，有利于产生更丰富、更具互动性的应用程序。

[1] 数据来源：Strategy Analytics。

3G 及宽带无线篇

导　读

2011 年全球移动用户突破 60 亿，3G 呈现快速增长，HSPA+ 成为网络部署主流，LTE 商用起步，WLAN 热点分流加剧。我国 3G 进入良性发展阶段，3G 手机出货量超过 2G 手机，并带动移动互联网、物联网蓬勃发展。

— **移动互联网引领后 PC 时代：**移动互联网迎来新产业周期。移动智能终端激增，云手机大量涌现，智能终端专利纠纷频现。移动互联网对移动核心业务冲击明显，主流运营商纷纷推进能力开放平台。移动应用商店发展迅猛，新型 Web 应用生态潜力巨大。

— **模式创新推动移动支付发展：**移动支付发展迅猛，全球创新用户体验、打造开放式商业生态，构建移动支付新模式。我国各方积极布局移动支付，应用介质控制成为核心，多种技术标准竞争激烈。

— **TD–LTE 产业推进加速：**全球 LTE 部署加快，美国引领 LTE 发展，终端芯片和语音方案成为 LTE 规模发展的关键。TD-LTE 具有频率资源和产业优势，随着 TD-LTE 在全球商用启动，我国完成了 TD-LTE 规模试验第一阶段，终端和芯片产业进展明显。

展望未来，移动通信仍呈现高速发展态势。2012 年我国移动用户将超过 10 亿，2014 年全球移动用户普及率将超过 100%，LTE 进入规模发展阶段。后 4G 的技术与市场研究已启动，未来无线频谱规划成为发展基础。以 HTML5 为代表的 Web 技术将成为高效统一平台。

本篇作者：

王志勤　胡坚波　李珊　王跃　林辉　袁琦　宋颖　石中金　刘琪　罗振东　吴丽凤　杨天一

一、2011 年无线移动通信发展现状

（一）市场

1. 全球移动用户突破 60 亿，3G 呈现快速增长

2011 年，全球移动用户继续保持迅猛增长的势头，全年新增 6.9 亿户，再创历史新高，如图 1 所示。全球移动用户累计数突破 60 亿大关，普及率达到 86.1%。

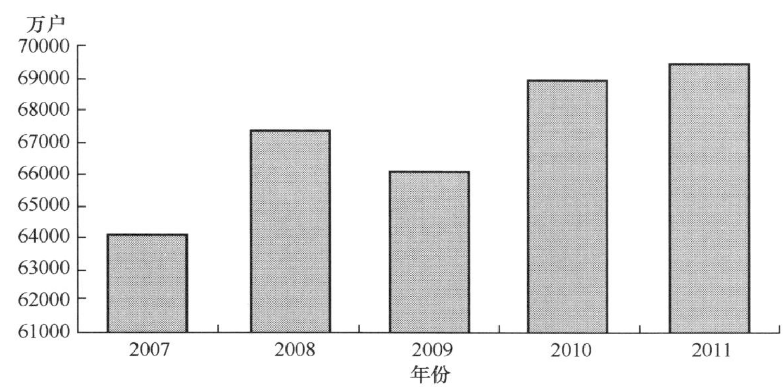

图 1　2007—2011 年全球新增移动用户（数据来源：Informa，CDG、工业和信息化部）

印度和中国仍然是新增用户的主要来源，两国的新增用户分别占新增用户总数的 25% 和 19%，如图 2 所示。

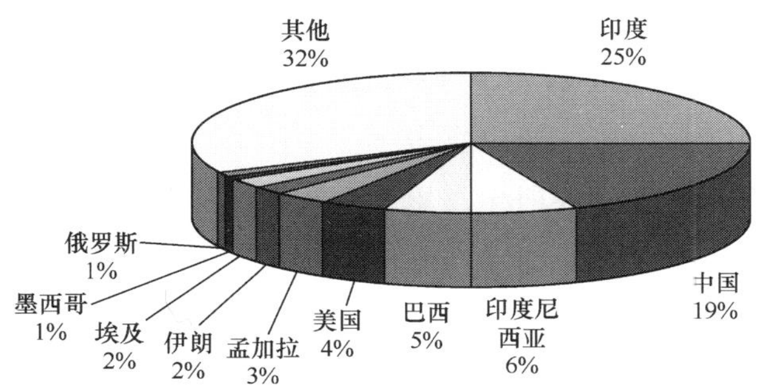

图 2　2011 年新增排名前十位的国家（数据来源：Informa，CDG，工业和信息化部）

2011 年，3G 新增用户和累计用户占比都明显提高。截止到 2011 年年底，3G 用户累计达到 11.5 亿户，在总移动用户中的占比接近 20%；新增量接近 2G 用户的新增量，在总移动用户新增量中的占比提高到 46.4%，如图 3 所示。

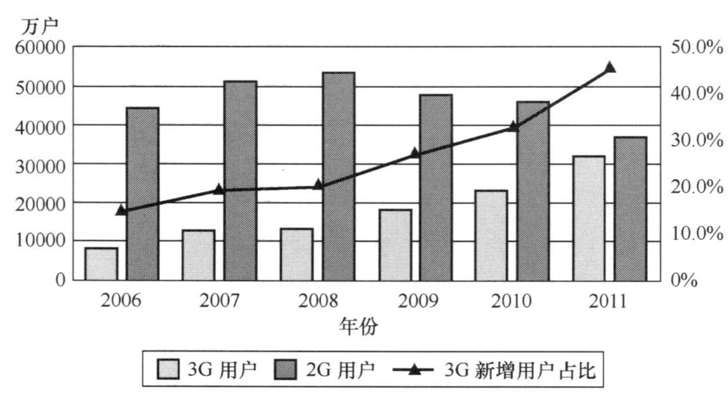

图 3　2006—2011 年全球 3G/2G 新增用户（数据来源：Informa，CDG，工业和信息化部）

中国、美国、印度新增 3G 用户是全球 3G 用户增长的主要来源，分别占 3G 用户新增总量的 26.4%、15.2% 和 13.8%。

2. 我国移动用户持续较快增长，3G 进入良性发展阶段

2011 年，受 3G 与移动互联网、多卡用户、农村市场拓展等拉动，我国移动用户市场保持较快增长，连续第 3 年保持年新增移动用户超 1 亿户，达 1.27 亿户，其中 50% 以上新增用户来自农村市场，如图 4 所示。

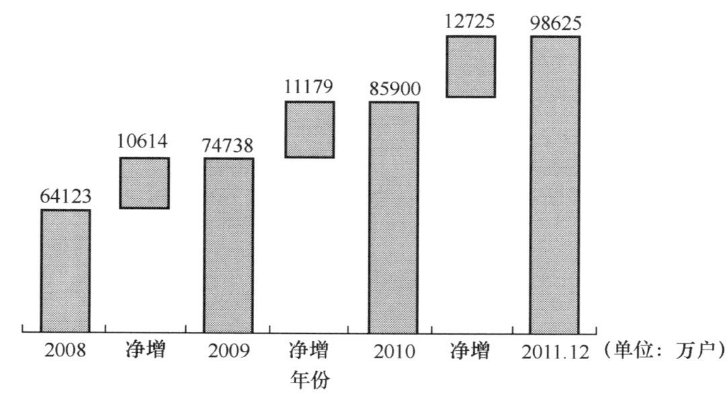

图 4　我国移动用户规模及新增量（数据来源：工业和信息化部电信研究院）

2011 年我国 3G 步入良性发展阶段，3G 产业链逐步完善，移动互联网与智能终端的应用普及大幅提升，市场推广力度不断加强，3G 用户发展提速。2011 年我国 3G 用户规模超 1.28 亿户，渗透率达 13.0%，累计净增 8137 万户，如图 5 所示。累计 3G 净增用户占比由 2010 年的 30.3% 提高到 2011 年的近 64%，如图 6 所示。

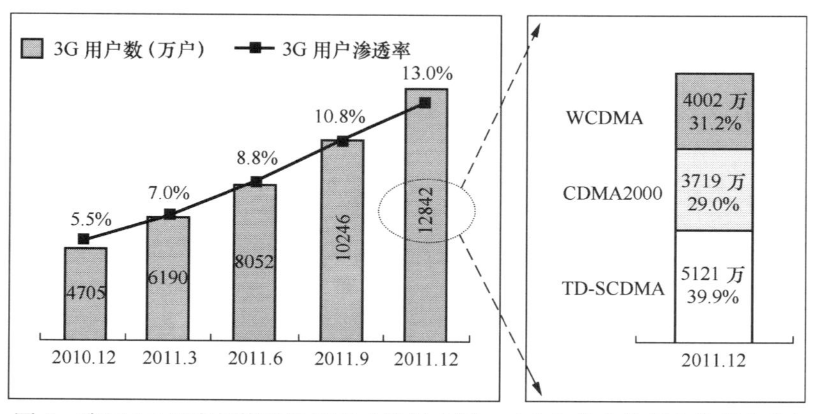

图 5　我国 3G 用户规模及渗透率（数据来源：工业和信息化部电信研究院）

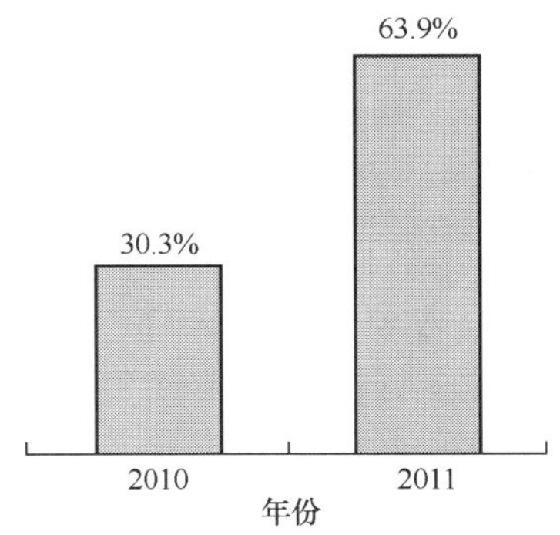

图 6　我国 3G 新增用户占比（数据来源：工业和信息化部电信研究院）

3G 用户市场格局均衡，TD-SCDMA 用户规模超 5000 万户（其中无线固话用户占比近 30%），累计净增用户超 3000 万户，用户份额近 40%，但其网络利用率偏低，户均流量仅 20M 左右，用户质量不及其他两种制式。

（二）网络

1. HSPA+ 为网络部署主流，LTE 网络仍处于建设初期

在 2011 年全球 3G 网络部署工作中，HSPA（高速分组数据接入）及 HSPA+ 凭借其清晰的技术演进路线受到了多数运营商的青睐。截止到 2011 年 12 月，HSPA 和 HSPA+ 网络数分别达到 417 和 178 个，2011 年以来分别新增 42 个和 50 个，如图 7 所示。

根据 GSA 统计，截至 2012 年 1 月底，当前全球多数 HSPA 网络的下行传输速率仍然处于较低水平，支持 3.6Mbit/s 和支持 7.2Mbit/s 传输速率的 HSPA 网络各占 42.5%；仅有 15% 的网络升级到下行传输速率为 14.4Mbit/s。

HSPA+ 网络目前的主流传输速率为 21Mbit/s 或 28Mbit/s，42Mbit/s（R8 版本）的 HSPA+ 网络也已经逐步得到应用，根据 GSA 统计，截至 2011 年 10 月，R8 版本 HSPA+ 网络数达到 49 个。

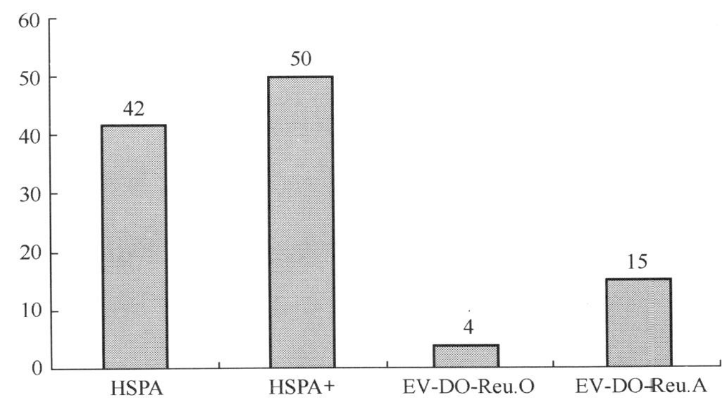

图 7　3G 增强型网络的新增网络数量（数据来源：GSA、4G America、CDG）

2011 年全球 LTE 网络建设进展快速，但整体发展仍处于建设初期，多数传统移动运营商还没有商用 LTE 网络。截止到 2011 年年底，有 52 个 LTE 网络已实现商用（包括 3 个预商用），如图 8 所示。LTE 商用网络仍停留在小范围的热点部署阶段，大范围覆盖的 LTE 网络还没有形成。

在目前已经推出的商用网络中，绝大多数是基于 LTE-FDD 技术的网络，而基于 TD-LTE 技术的网络也逐步开始商用，截至 2011 年年底共有 3 个网络实现商用，全球试验网数达到 32 个。在频率分配方面，700/800/1800/2300/2600MHz 频段是当前商用 LTE 服务的主要频段。

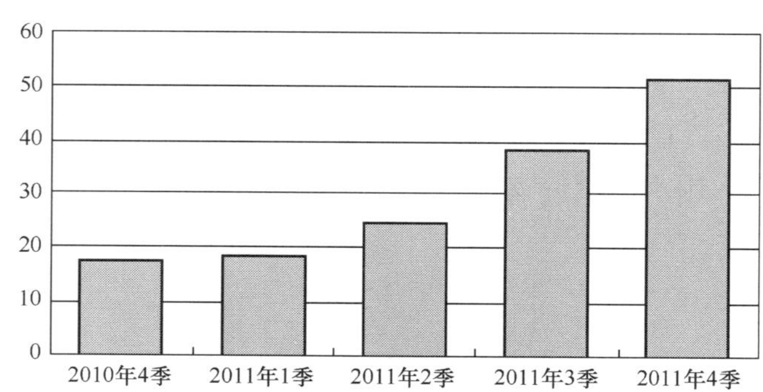

图 8　2010—2011 年累计 LTE 商用网络数量（数据来源：工业和信息化部电信研究院）

2. 我国 3G 网络覆盖取得阶段性成果，技术采用与国际同步

截至 2011 年 11 月，我国 3G 基站数量达到 79.2 万个；其中中国移动 TD-SCDMA 基站 22 万个，基本实现地级市、县级市和县城主要区域连续覆盖；中国电信 cdma2000 1x EV-DO 基站 26 万个；中国联通 WCDMA 基站 31.2 万个。3G 网络建设取得阶段性成果，但 TD-SCDMA 基站规模和覆盖范围均低于其他两网。

中国联通 WCDMA 部分升级至 HSPA+。中国联通已在全国 56 个城市铺设了 HSPA+ 网络，下行速率峰值达 21Mbit/s，是联通现有网络的 3 倍；首批支持 HSPA+ 网络的新型 21Mbit/s 上网卡已于 2011 年 5 月 17 日上市；联通首款支持 HSPA+ 网络的手机终端于 2011 年第三季度上市销售。

中国电信 EV-DO Rev.B 相关测试已经完成。北京、广州、成都、武汉、上海等多个试点城市的 EV-DO Rev.B 相关测试都已经完成；鉴于 EV-DO Rev.B 终端款式以及数量还并不多，用户需求也并不明显，计划于第四季度在国内大范围开展 EV-DO Rev.B 网络升级工程推后。

3. 移动运营商积极部署 WLAN 热点

为缓解移动网络的数据流量压力，在移动运营商的推动下，全球 WLAN 公共热点出现大规模增长。据 Informa 统计，截至 2011 年第 3 季度，全球 WLAN 公共热点已大幅增长至 65.8 万个。

美国运营商 AT&T 为了分流 iPhone 等智能终端带来的流量压力，近几年大规模增加在 WLAN 的投入，可用热点数已达 12.5 万个。AT&T 通过向其用户提供非常优惠甚至免费的 WLAN 接入业务，引导数据流量从 3G 网络转移至 WLAN。韩国运营商 KT 的 WLAN 热点数量已经达到 4.3 万个。根

据 KT 统计，2010 年 KT 有 67% 的无线数据流量通过 WLAN 分流（含计算机上网流量），每月分流的数据流量约 2500TB。

我国三大运营商对无线局域网的发展高度重视。随着 3G 业务的不断推进，三大运营商均已推出各自的“3G+WLAN”战略，在全国范围内大规模建设 WLAN 热点，辅助 3G 业务为用户提供高速上网服务。2011 年年底，三大运营商部署的无线局域网 AP 设备总量已超过 300 万台。其中，中国移动约有 200 万台，中国电信约有 60 万台，中国联通约有 50 万台。

此外，国内外移动运营商还积极开展 Wi-Fi 漫游业务，推动 WLAN 与移动网络之间更广泛、深入的融合。一方面，无线宽带联盟（WBA）在全球运营商之间推广 Wi-Fi 全球漫游业务，国内外移动运营商（如 AT&T、Verizon、NTT DoCoMo、T-Mobile、Orange、中国移动等）积极参与其中；另一方面，移动运营商之间也签署双边的 Wi-Fi 漫游协议，例如，2011 年中国电信已与美国 AT&T、中国台湾地区的中华电信分别签署 Wi-Fi 漫游协议，共享 Wi-Fi 网络资源。

（三）终端

1. 全球移动终端稳步增长，传统手机巨头失去主导地位

全球移动终端销售量保持稳步增长，2011 年全球移动终端销量达到 16.8 亿部。在各地区市场中，亚太地区成为全球移动终端销量增长的主要动力，2011 年其终端销量总计达到 9 亿，在全球移动终端销量中占比超过一半，如图 9 所示。

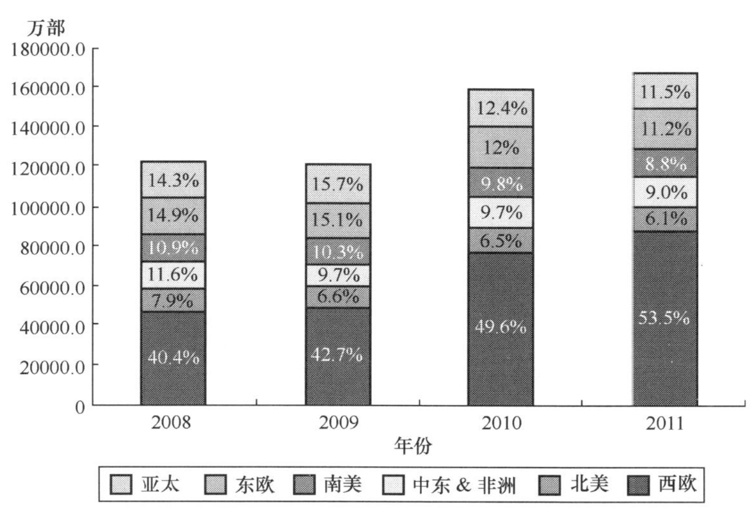

图 9　2008—2011 年各地区移动终端销量份额对比（数据来源：Gartner）

受到智能终端快速发展的影响，移动终端市场格局正在发生显著变化。传统手机生产商受到新兴手机制造商和智能手机制造商的影响，市场份额迅速下降，市场份额集中度大幅降低。诺基亚的市场份额从 2008 年的 38.6% 下降到 2011 年 3 季度的 24%。

以苹果为首的智能手机生产商的市场份额不断扩大，苹果已经从 2008 年的 0.9% 上升到 2011 年 3 季度的 4.1%。但由于智能手机仍属高端产品，智能手机生产商的绝对市场份额还比较小。

移动终端市场门槛降低，新进入者不断涌现，对传统终端企业造成冲击。以我国天语、联想、OPPO、昂达、宇龙为首的新兴手机生产商，其手机价位相对较低，性能和质量不断提升，得到中低端用户的接受。目前这类新兴厂家的市场份额正迅速扩大，已从 2008 年的 25.6% 上升到 2011 年 3 季度的 43.6%，如图 10 所示。

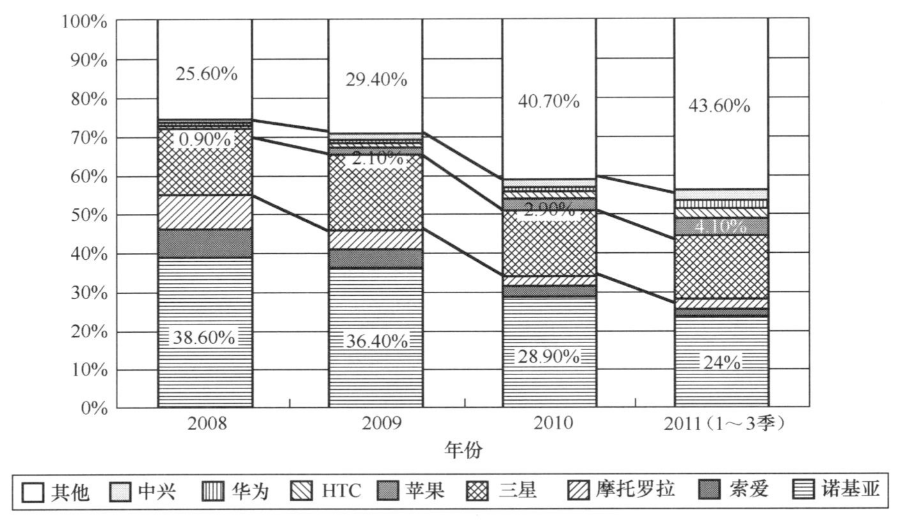

图 10　2008—2011 年全球移动终端市场发展情况（数据来源：Gartner）

2. 我国 3G 手机出货量超 2G 手机，智能手机成为主导

2011 年我国 3G 终端出货量超 2 亿台，超过 2009 年和 2010 年的总和，其中 3G 手机出货量 1.74 亿台，占比近 87%，数据卡出货量 1455 万台，占比超 7%，如图 11 所示。3G 用户提速发展推动终端出货量提速。

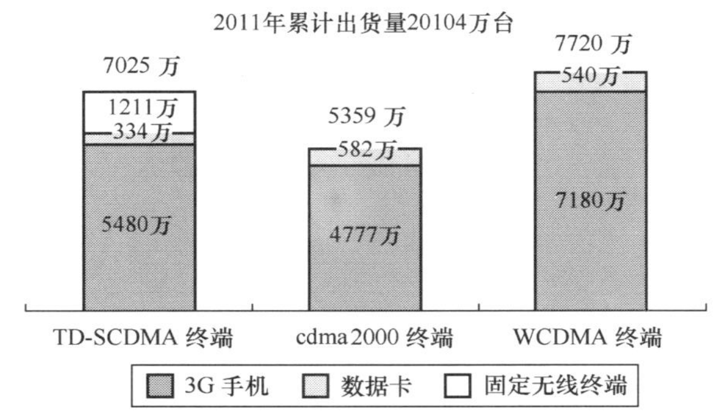

图 11　2011 年我国 3G 终端出货量（数据来源：工业和信息化部电信研究院）

从 2G 与 3G 手机出货量比较来看，3G 手机出货量占比持续提高，2011 年 10 月，我国 3G 手机出货量占比近 53%，首超 2G 手机，如图 12 所示。

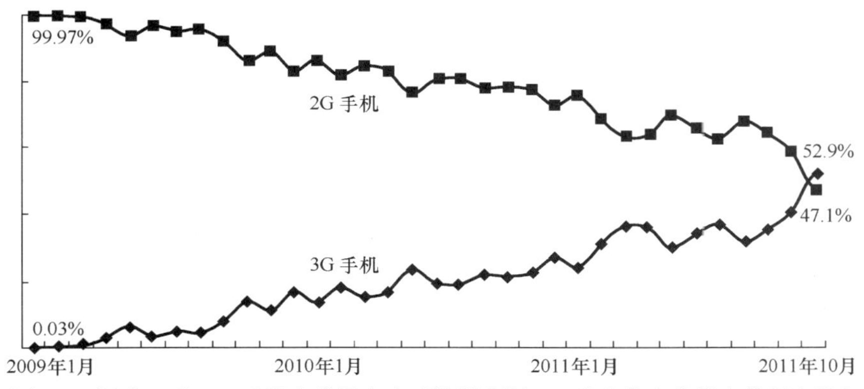

图 12　我国 2G 与 3G 手机出货量占比（数据来源：工业和信息化部电信研究院）

2011 年，我国 3G 智能手机出货量占比达 60%，成为主导，智能终端与移动互联网应用相互促进，成为 3G 业务快速发展的重要驱动因素。分制式来看，WCDMA 制式最高，其智能手机出货量占 WCDMA 制式手机总体出货量的比重超 85%，而 TD-SCDMA 智能手机出货量占比最低，仅为 25.8%，远低于其他两种制式，如图 13 所示。

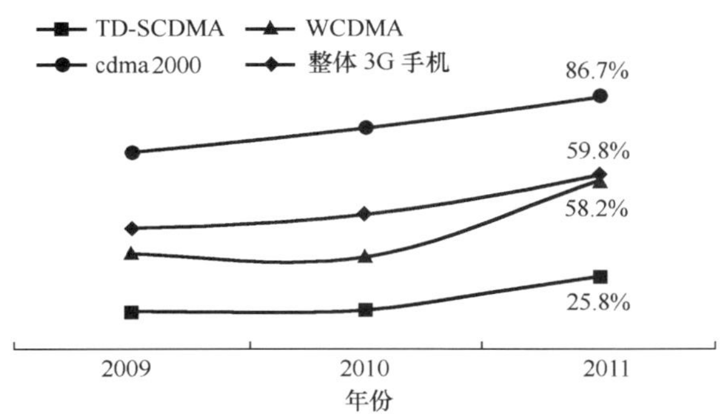

图 13　3G 智能手机出货量占比（数据来源：工业和信息化部电信研究院）

（四）业务

1. 数据业务收入迅速增长，类 KIK 业务冲击短信业务

2011 年全球移动互联网业务发展迅速。在移动互联网的带动下，全球非短信数据业务收入也实现快速增长，2011 年第 1 季度非短信业务收入实现 471 亿美元，同比增长 32.6%，如图 14 所示。

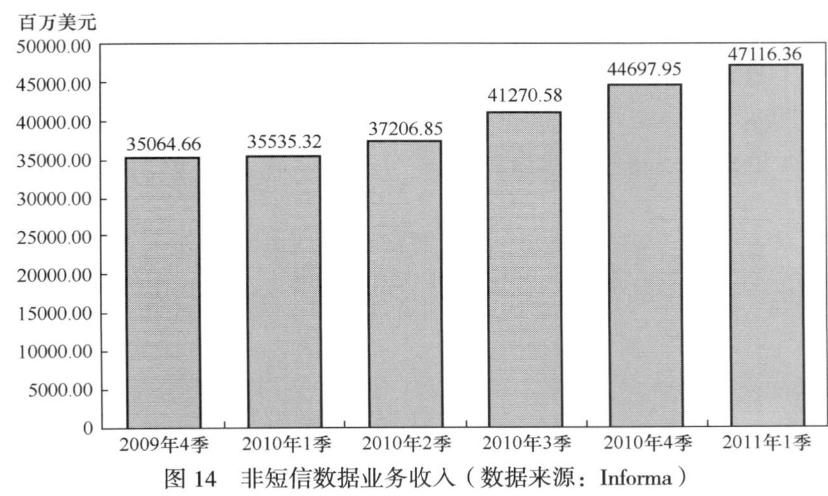

图 14　非短信数据业务收入（数据来源：Informa）

同样是在移动互联网的带动下，大部分运营商的非短信数据 ARPU（平均每用户收入）都在不断增加。以全球非短信数据 ARPU 排名前五位运营商为例，非短信数据 ARPU 值都有不同程度的增加。非短信数据 ARPU 值排名第一的日本 NTT DoCoMo 2011 年第 1 季度非短信数据 ARPU 值为 29.26 美元 / 户 · 月，比 2010 年第 4 季度增加了 0.61 美元 / 户 · 月。加拿大的 Rogers Wireless 的非短信数据 ARPU 值是排名前五位运营商中提升速度最快的运营商。2011 年第 1 季度 Rogers Wireless 的非短信数据 ARPU 值为 14.22 美元 / 户 · 月，比 2010 年第 4 季度增加了 1.42 美元 / 户 · 月，如图 15所示。

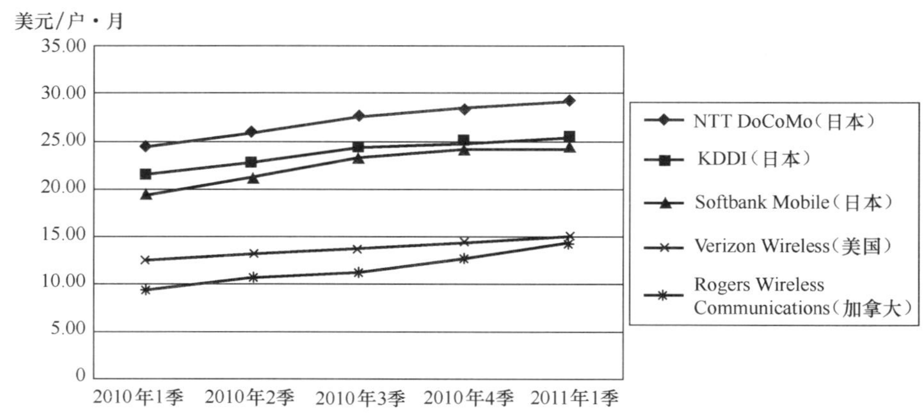

图 15　2010 年第 1 季度至 2011 年第 1 季度非短信数据 ARPU 排名前五位的运营商（数据来源：Informa）

但传统电信运营商的短信业务却受到来自类 KIK、移动 SNS 等 OTT[1]业务（过网传球业务）的侵蚀，短信流量及运营商收入下降。

- 荷兰移动运营商 KPN 表示，该公司 2011 年第 1 季度的短信流量比上年同期下降了 8%，主要就是受到来自 WhatApps 等短信聊天平台的影响，而 WhatApps 应用出现仅仅半年，已经在 KPN 的 Android 终端用户中的渗透率达到 85%。

- 菲律宾是世界上短信业务最发达的国家，该国移动业务收入的 45% 来自短信，位居全球第一，但目前菲律宾运营商纷纷表示短信流量下降，人均每月短信发送量也开始下降。根据该国最大运营商 PLDT 公司 2011 年第 1 季度的报告，该公司短信流量比上年同期下降了 10%，收入下降 2%；菲律宾第二大运营商 Globe Telecom 的数据显示，2010 年圣诞节前夜短信流量比上年同期下降 6%，圣诞节当天下降 12%，新年期间下降 9%；这一问题主要是由于用户转而使用 Facebook、Twitter 等社交网络工具进行交流，短信不再是用户的唯一选择。

从全球来看，2011 年第 1 季度人均发送短信量首次出现下降，如图 16 所示，这反映了 OTT 类业务已经对全球短信业务产生了巨大影响。

[1] OTT（Over the Top）：利用其他运营商的宽带网发展自己的业务，源自篮球中的“过顶传球”。很多 OTT 服务商直接面向用户提供服务和计费，基础网络运营商被“管道化”。

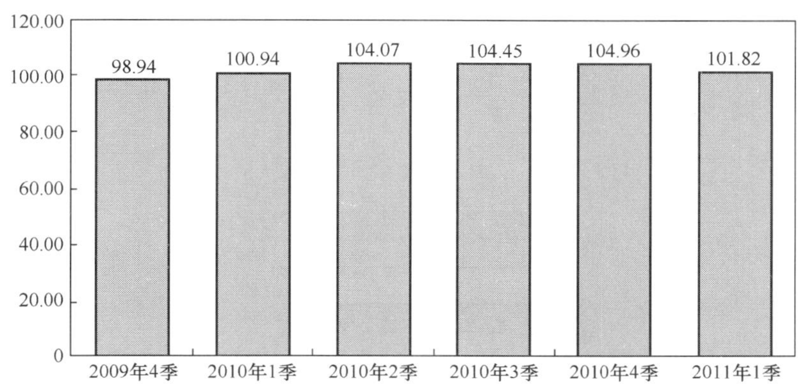

图 16　2009 年第 4 季度至 2011 年第 1 季度全球人均每月短信发送量（数据来源：Informa）

2. 业务：数据流量大幅提升，移动互联网业务蓬勃发展

2011 年年底我国手机网民规模近 3.56 亿户，占总体网民的 69.3%；我国移动互联网接入流量逐月上升，单月流量超 5000 万 G，全年累计同比增长超 37%，如图 17 所示。

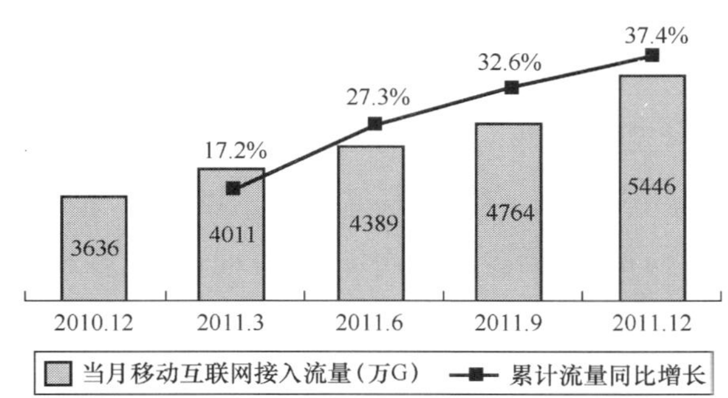

图 17　我国移动互联网接入流量及增长率（数据来源：工业和信息化部电信研究院）

依托 3G，移动互联网、物联网等业务应用蓬勃发展，2011 年微博、应用商店、手机视频等持续快速增长，微信、手机阅读、手机支付、无线城市等应用高速兴起，各方主体积极参与，移动互联网业务应用生态圈逐步完善。

微博	● 2011 年上半年，我国微博用户激增 1.32 亿，达 1.95 亿，增长 208.9%，增速排在各类互联网应用首位；手机网民使用微博的比例达 34.0% ● 2011 年上半年新浪微博、腾讯微博的注册用户均超过 2 亿户
微信等	● 国内基于手机通信录跨平台的类 KIK 应用已超过 40 款，包括微信、米聊、飞豆、有你等 ● 截至 2011 年 10 月，微信注册用户超过 3000 万，米聊注册用户达 700 万
无线城市	● 国内多数省市启动无线城市群建设，截止到 2011 年 10 月底，中国移动已和 26 个省市、160 多个城市签署了无线城市合作协议，22 个省市近 150 个城市平台已经建成，业务运用超 1 万个，客户超 600 万；中国电信、中国联通也积极开展无线城市建设
手机阅读	● 中国移动手机阅读月访问用户超 4000 万，月收入超 1 亿元；截止到 2011 年 8 月，中国电信天翼阅读注册用户超 1600 万，活跃用户近 600 万
手机视频	● 截至 2011 年 8 月，中国移动手机视频付费用户超 1600 万，CMMB 手机电视订阅用户近 450 万；中国电信天翼视屏活跃用户超 800 万

数据流量的大幅提升及移动互联网业务的蓬勃发展，带动我国移动增值业务收入及收入占比的快速提升。2011 年上半年我国移动增值业务收入占比达 35%，各运营企业较去年同期均提高 3～4 个百分点，如图 18 所示。

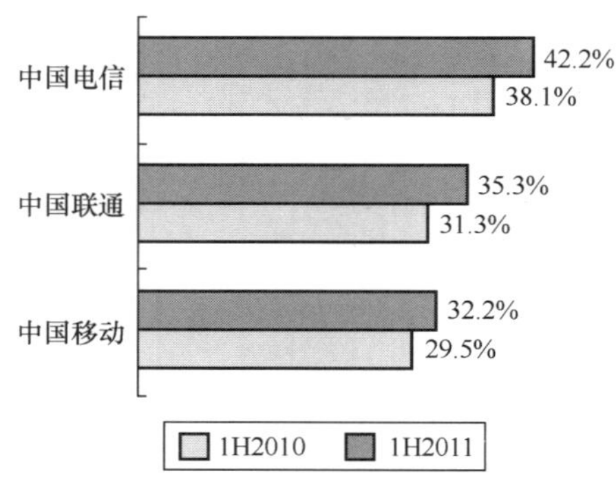

图 18　我国移动增值业务收入占比（数据来源：工业和信息化部电信研究院）
注：增值业务包括移动数据、语音增值、短信业务等。

（五）模式

移动互联网正在对运营商形成巨大冲击。移动数据流量的爆炸性增长对移动网络的承载能力提出了更高的要求；业务收入增长速度远低于流量增长速度，增量不增收现象进一步凸显；移动互联网生态环境和商业模式变化冲击运营商的传统运营模式，面临管道化；多方参与主体跨界融合，移动互联网正形成云管端立体化竞争局面。

如何将流量的成长空间和流量转化为收入的能力成为运营商发展的关键问题。因此，移动运营商正在对移动数据业务的盈利模式进行改变。一方面，移动运营商优化流量以降低成本，以此提升流量价值；另一方面，大力拓展盈利渠道，推进移动数据业务的收入增长。

在优化流量方面，一是通过采用资费手段管理大流量用户，提升流量单位收益。据 Analysys Mason 测算，通过公平使用政策（Fair Usage Policy）来管理大流量用户可以将每用户平均流量降低 30%～50%，从而提升流量单位收益。二是取消无限量包月资费方式，改为基于流量的分级定价或应用收费的定价资费模式，2010 年下半年以来，欧美多个移动运营商纷纷取消无限量包月套餐转而采用此种定价资费模式。

在拓展盈利渠道方面，运营商首先可以通过客户、业务和资费的差异化及精细化，实现接入价值和内容（应用）价值的提升；其次，可以通过后向收费和开放平台模式来丰富盈利模式；再者是打造应用开发生态圈，将流量价值导向运营商；最后是积极介入业务的应用运营，以自营、合作等方式参与移动互联网业务的应用开发与推广。从现状来看，国外主要运营商如 Verizon、AT&T、Vodafone、SK 电讯、Orange、T-Mobile、Telefonica 等都建立了自己的应用商店，其中 Vodafone、T-Mobile、Telefonica 向开发者开放广告 API，鼓励开发者在应用中嵌入广告，利用用户规模优势向广告主收费，然后与开发者分成。

（六）频率

宽带发展成为国家发展战略，各国纷纷制定频率规划。截至 2011 年 10 月，全球有超过 100 个国家发布了本国宽带发展战略，大部分国家的发展战略中都包含了无线电频率资源规划。明确未来 5～10 年宽带无线通信频率需求和新释放频率的来源。以美国为例，FCC 明确提出未来 5 年内将为移动通信再分配 300MHz 频率，并规划出新释放频率情况，见表 1，部分频率资源来源于 UHF/VHF 频段。

表 1　美国宽带战略为移动通信释放的新频段

<table>
<tr><th colspan="2">候 选 频 段</th><th>释 放 带 宽</th></tr>
<tr><td colspan="2">2.3GHz（WGS 频段）</td><td>20MHz</td></tr>
<tr><td colspan="2">700MHz 的 D 频段（758～763MHz/788～793MHz）</td><td>10MHz</td></tr>
<tr><td rowspan="4">AWS-2/3
频段</td><td>AWS-2 的 H 频段（1915～1920MHz/1995～2000MHz）</td><td>10MHz</td></tr>
<tr><td>AWS-2 的 J 频段（2020～2025MHz/2175～2180MHz）</td><td>10MHz</td></tr>
<tr><td>AWS-3 频段（2155～2175MHz）</td><td>20MHz</td></tr>
<tr><td>联邦政府分配的 20MHz</td><td>20MHz</td></tr>
<tr><td rowspan="3">移动卫星频谱
（MSS）</td><td>L 频段（1525～1559MHz/1626.5～1660.5MHz）的一部分</td><td>40MHz</td></tr>
<tr><td>S 频段（2000～2020MHz/2180～2200MHz）</td><td>40MHz</td></tr>
<tr><td>大低轨频段（1610～1626.5MHz/2483.5～2500MHz）的一部分</td><td>10MHz</td></tr>
<tr><td colspan="2">广播频段</td><td>120MHz</td></tr>
</table>

二、2011 年无线移动热点分析

（一）移动互联网引领后 PC 时代

移动互联网持续快速发展，深刻改变了 ICT 产业的发展图景，引领后 PC 时代开启全新的技术产业周期。

在信息技术领域，移动互联网深刻改变人类使用互联网的方式。移动智能终端取代 PC 成为主要联网入口，2011 年移动智能终端（含智能手机与平板电脑）全年销量超越 PC，人类连接网络世界的入口发生了根本性改变。移动互联网改变人类休闲娱乐等行为模式，2011 年 6 月美国用户平均每天使用移动原生应用时长达到 81 分钟，而当月美国用户平均每天访问 Web 时长为 74 分钟，人类利用网络的行为方式正发生巨大变革。

在通信技术领域，移动互联网重新定义了人类的“通信”需求，数据业务成为发展热点。在终端领域，传统的功能手机市场占比开始下降，2011 年在全球主要发达经济体市场，智能手机销量全面超过功能手机，其中三季度全球范围内新兴智能操作系统 Android、iOS 份额更一举超过移动终端市场总份额的 2/3。在网络方面，由于智能终端和数据业务逐步普及，全球移动数据流量正以 10 倍于语音的速度大幅攀升，同时宽带网络接入形态也发生深刻变革，预计 2012 年我国移动宽带接入用户规模将超越固定宽带接入用户规模。

1. 移动智能终端出货量猛增，Android 操作系统成市场赢家

智能终端出货量持续加速增长，用户普及率逐步攀升。2010 年下半年至 2011 年全年，全球移动终端出货量同比增长均超过 80%，2011 年全球智能终端出货量已占移动终端总出货量的 26.5%，如图 1 所示。

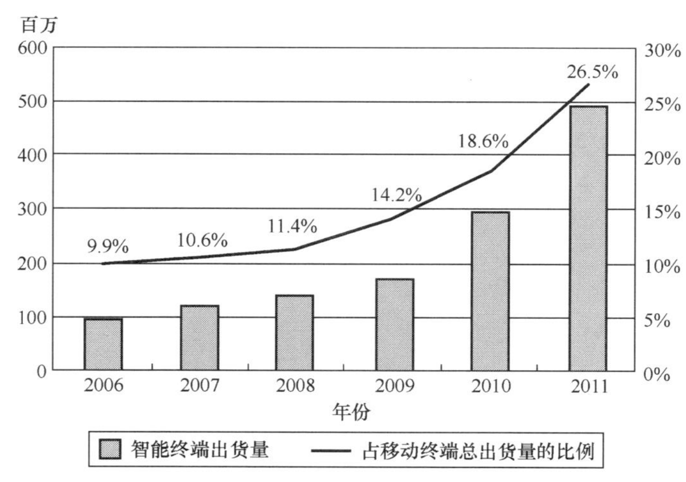

图 1　智能终端出货量占比（数据来源：Gartner）

Android 操作系统智能手机在全球智能手机市场处于领先地位。开源操作系统 Android 借助摩托罗拉、三星等国外厂商和我国联想、华为、中兴、宇龙酷派等厂商的支持迅速崛起。2011 年第 4 季度，Android 操作系统全球销量份额达到 50.9%，坐实霸主之位；iOS 操作系统受 iPhone 4S 智能手机拉动，市场份额大幅升至 23.8%；Symbian 操作系统延续颓势，市场份额持续下滑至 11.7%。我国 Android 智能手机出货量增长迅猛，2011 年第 4 季度市场份额占比高达 74%，高于全球平均市场份额，而 Symbian 市场份额则降至 12.5%。如图 2 所示。

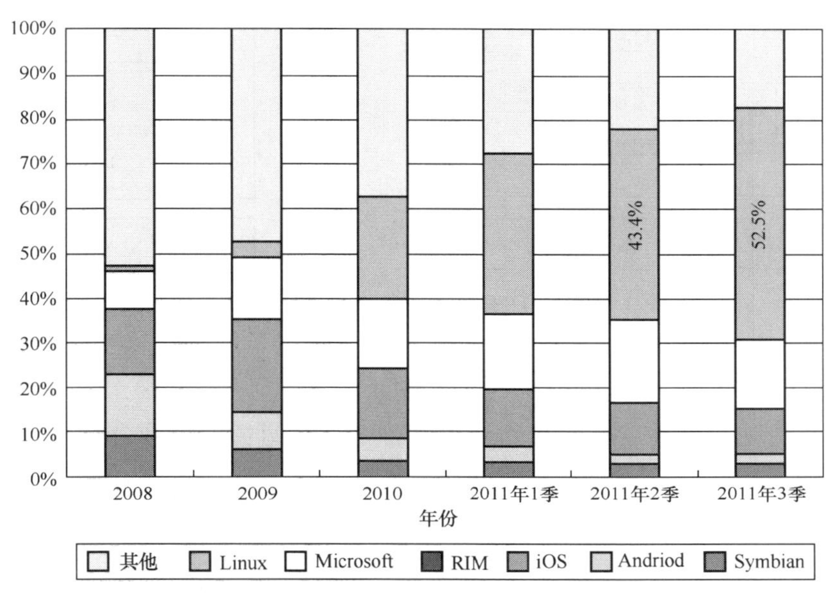

图 2　智能手机全球市场份额（数据来源：Gartner）

2. “云”概念智能终端大量涌现，技术思路迥异，终端操作系统实现差异化

2011 年“云”概念智能终端大量涌现，“云”终端的核心理念是延伸云服务器优势至智能终端，强调依赖云向用户提供移动互联网服务。我国知名设备制造商及互联网企业均已涉足“云”概念智能终端，2011 年 7 月阿里巴巴推出阿里云手机，2011 年 8 月华为推出 Vision 云智能终端，盛大据称也在研发终端“云”操作系统。

“云”终端实现方案通常借力 Web 环境，实现方案差异巨大。阿里云 OS 在兼容原生 Android 基础上构建自主研发的基于 HTML5 的 Web 平台，同时支持原生与 Web 应用生态；华为云终端操作系统完全基于原生 Android 操作系统进行深度定制，主要面向原生应用生态；盛大基于 Linux 构建基于 HTML5 的 Web 平台，仅支持 Web 应用生态。如图 3 所示。

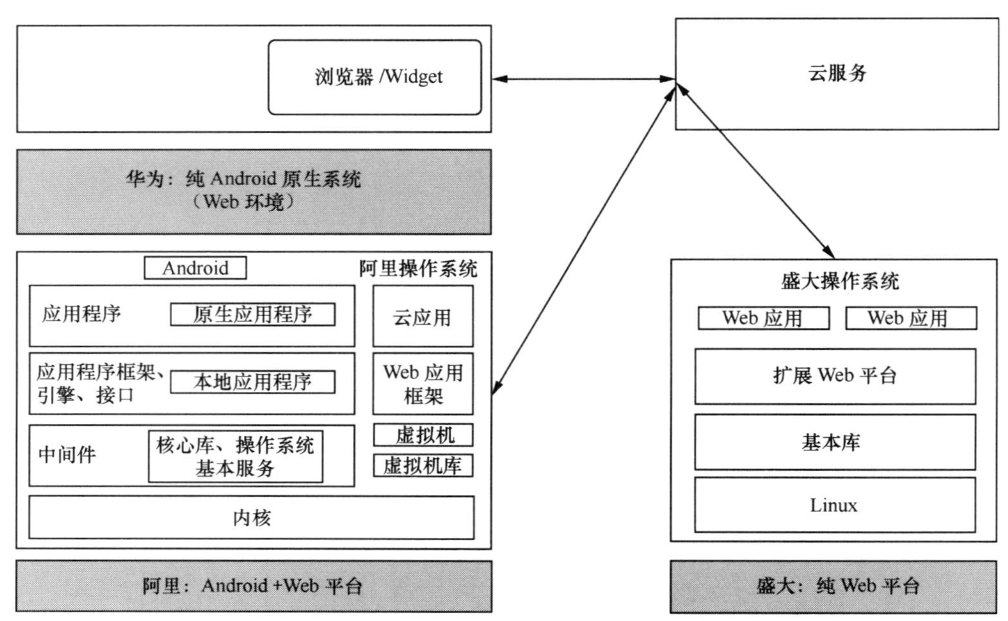

图 3　华为、阿里、盛大的“云”操作系统模型

3. 知识产权超级聚合价值凸显，专利纠纷频现

智能终端知识产权超级聚合，智能手机的专利涵盖了信息产业的移动通信、操作系统、移动终端以及互联网等最重要的技术领域。谷歌、苹果和微软从 IBM、摩托罗拉、北电、爱立信和施乐等公司手里买走了大量专利，他们购买的专利正是硅谷乃至整个北美和欧洲过去 30～40 年技术发展的结晶，智能终端知识产权价值凸显，以苹果、谷歌、微软为核心的智能终端知识产权三大阵营初步形成。

智能终端知识产权纠纷频现，纠纷主体涉及产业链各方。2010 年，至少有 10 家智能手机制造商、3 家通信芯片商、3 家运营商、2 家软件企业、15 家 IT 厂商卷入智能终端专利混战中，复杂程度前所未有。2011 年，智能终端知识产权纠纷继续升级，已卷入芯片生产商 14 家、终端制造商 24 家、运营企业 7 家。此外，智能终端知识产权诉讼地域覆盖广，诉讼地域扩展至美国、欧洲、日本、韩国等地。

4. 移动互联网破坏式创新持续，移动通信核心业务受冲击明显

移动互联网业务应用创新持续，电信运营商的核心业务遭侵蚀。移动即时消息及移动语音业务创新对电信运营商核心业务的冲击巨大，移动即时消息、移动 VoIP 等应用服务与互联网服务融为一体，正在替代电信运营商传统的短（彩）信业务与语音业务。受 IMessage、米聊、KIK、微信等移动即时消息的影响，中国移动发达地区的短信量骤降 20%。受 Facetime、Google Voice、Fringe、Viber 等移动 VoIP 业务的影响，电信运营商语音业务的收益持续下滑，据美国电信运营商 AT&T 年报显示，2009 年语音业务收入同比降低 17%，2010 年语音业务收入同比减少 12%，2010 年 Skype 通话总时长已占全球国际通话总时长的 20%。在此背景下，运营企业积极行动予以应对，Sprint 全面接受 Google Voice 试图吸引更多用户以改变格局，但效果并不明显。

5. 积极应对挑战，主流运营商纷纷推进能力开放平台建设

在移动互联网的冲击下，电信运营企业正纷纷走向开放模式，推进能力开放平台建设。运营商对移动网络有着绝对的掌控能力，掌握着呼叫能力，定位能力，短（彩）信能力，PUSH 信道能力，包括终端类型、用户行为轨迹、日志等在内的大量第一手数据，开放移动网络能力就成为电信运营企业发展移动互联网的核心竞争力。目前看来，全球几大主要运营商均看到了网络能力开放所能带来的好处及重要性，纷纷在此方面展开布局，开放网络能力，以自身的网络资源与能力为依托，如认证能力、短（彩）信、PUSH 信道、定位、计费等，用户位置和在线状态等，通过开放 API，吸引开发者，形成以网络为平台的开放创新体系。

目前，挪威运营商 Telenor，美国运营商 Vodafone、Verizon，法国运营商 Orange，英国运营商 O2、BT 等全球先进电信运营商均积极尝试开放短消息、彩信、位置、在线状态等网络能力，供第三方开发者使用，希望借此应对移动互联网的冲击，如图 4 所示。

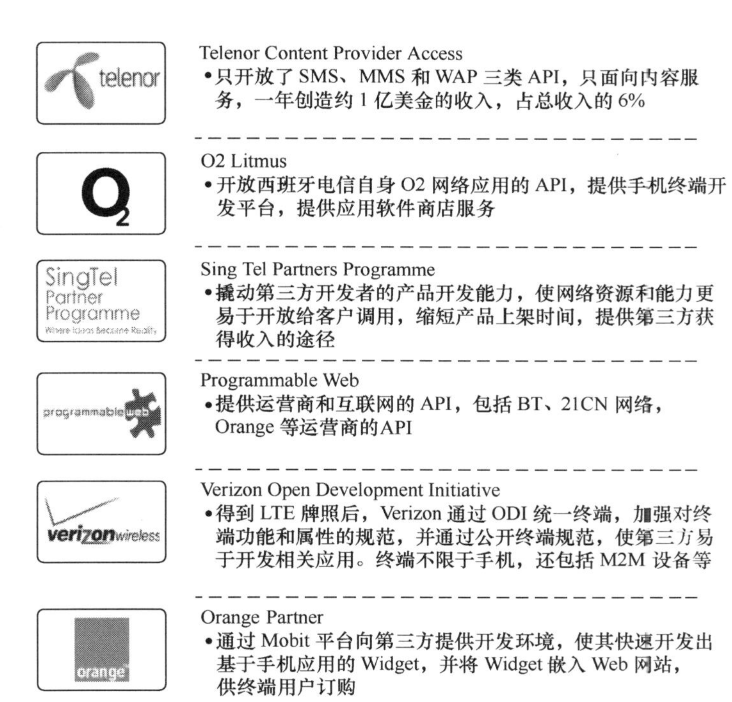

图 4　国外电信运营商网络能力开放示例

我国电信运营企业对移动网络资源拥有全面的把握能力，以此推动能力开放式平台，提供关键能力 API，有望在我国移动互联网产业发挥重要的主导作用。

中国移动以“MM 云”与“飞信 +”为核心推进其能力开放战略，如图 5 所示。面向开发者提供能力开放引擎、应用开发引擎、应用运行引擎三大引擎，并为开发者提供一站式服务，推动移动互联网应用服务创新。

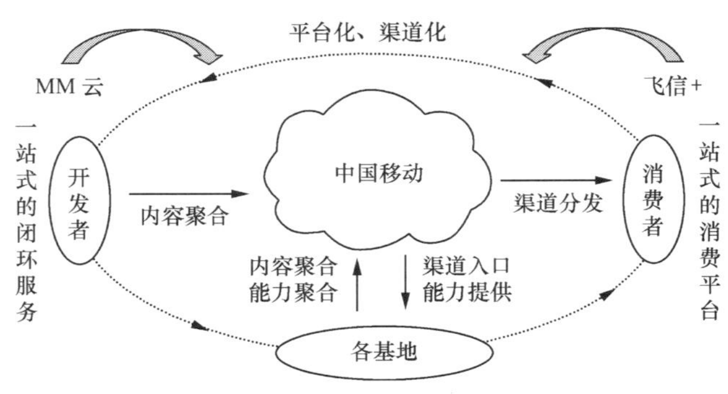

图 5 中国移动能力开放战略图

中国联通推出 Wo+ 开放战略开放通信能力、集成能力、渠道能力、支撑 / 服务能力四大能力平台，依托运营企业传统优势实现产业链聚集。

6. 移动应用商店发展迅猛，第三方应用商店日益崛起

苹果、谷歌等自营应用商店引领全球市场竞争，构成应用生态第一集团。Android Market 累计应用软件规模超过 50 万，苹果 App Store 超越 60 万，2011 年第 2 季度 Android 应用下载量更一举超越 iOS 首次称王，此外 WP7 应用商店扩张提速，仅在过去 3 个月内净增 1 万款，达到 4 万应用，日下载量突破 12 万，如图 6 所示。

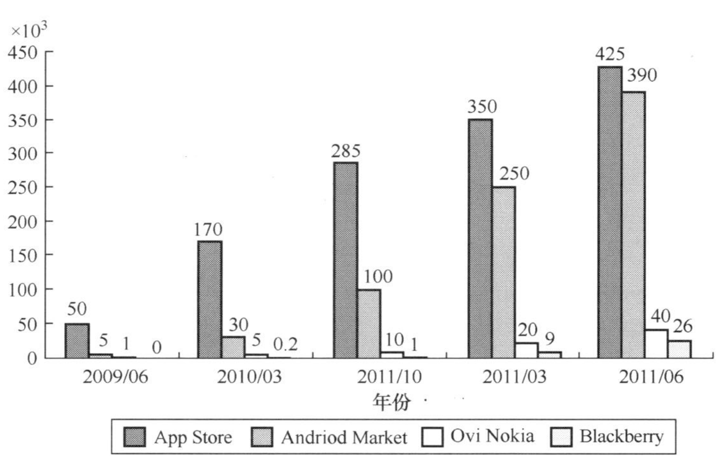

图 6 全球应用程序商店应用规模（数据来源：Distinmo）

第三方跨平台应用商店发展迅速。全球目前有超过 160 家应用程序商店，GetJar 支持七大主流操作系统及 2600 款终端，现已拥有 22 亿次下载量，应用规模超过 38 万，全球排名第三。在我国，据 Nobot 公司统计，截至目前，中国市场上 79% 的 Android 应用通过第三方跨平台应用商店下载安装。

顺应全球移动互联网的发展潮流，我国出现大量自营应用程序商店。我国移动运营商、终端厂商、互联网企业等已建立了逾 30 家应用程序商店，其中移动 MM 经过两年运营应用已达 9.5 万，下载量突破 5.9 亿，成为全球最大的中文应用软件商店。安卓网应用超过 5 万，机锋网也已超过 3.8 万。但同比全球市场规模依然较小。

7. 新型 Web 应用生态潜力巨大，业界积极探索多种创新模式并存

基于 HTML5 的新型 Web 平台应用生态潜力巨大。在全球移动应用开发者中，移动 Web 开发意向快速上升，2011 年调查统计结果显示，已有 56% 的开发者愿意使用移动 Web 进行应用开发，该比例已仅次于 iOS 与 Android 原生平台，位列第三。同时，Web 打开了网站向应用转换的大门，以较低代价 Web 平台即可拥有 2.55 亿个潜在应用。此外，Web 技术门槛低，可迅速吸引大量具有丰富 Web 开发经验的开发人员加入 Web 平台阵营。2010—2011 年全球手机应用开发者意向分布如图 7 所示。

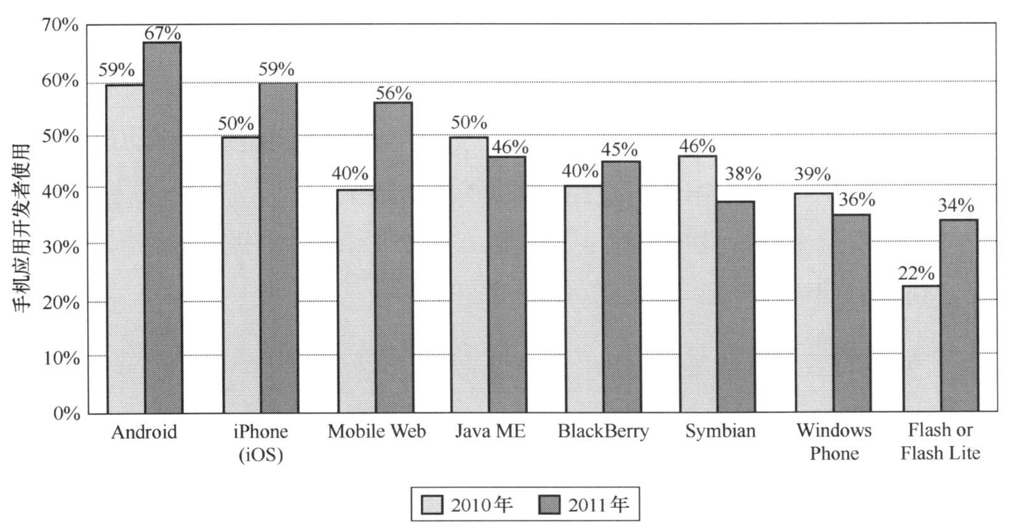

图 7　2010—2011 年全球手机应用开发者意向分布（数据来源：VisionMobile 公司）

传统的 Web 技术实现了互联网内容的跨终端平台访问，下一代 Web 标准 HTML5 正促使 Web 由内容平台向统一的应用平台转变。目前基于 Web 的应用在运行效率、系统能力调用、速度等方面与原生应用还存在较大差距，随着 HTML5 技术的发展，Web 能力将得到极大扩展，富媒体、图形高级处理、终端能力访问、高性能 JavaScript 运行环境、3D 渲染硬件加速、数据本地存储、数据本地查询等技术的引入最终将把 Web 打造成为全功能、高效率、跨终端的统一应用层平台，Web 模式也很可能取代原生应用成为新的主流应用模式。Web 应用模式与应用程序商店的具体对比见表 1。

表 1　Web 应用模式与应用程序商店对比

开放业务模式	应用程序商店	Web 应用模式
发布对象	限定平台	所有平台
发布周期	1～2 周	即时
应用发现	应用商店	应用商店 / 搜索引擎 / 社交发现
计费模式	支付下载 / 内置（广告等）	内置（广告、虚拟物品等）
收入分成	70/30	100%
分发渠道	应用商店	任何网站

当前产业界积极探索新型 Web 生态，多种创新模式并存。开放是 Web 模式的核心特征，开发模式是也是当前 Web 模式中的主导模式，其充分发挥 Web 模式的优势，开放模式下应用商店的控制力下降，开发者拥有更大的掌控权，开放 Web 生态形成。此外，以阿里为代表，基于分布在终端侧与服务器侧的阿里云框架自有标准构建了较为特别的封闭 Web 应用生态，在最大化平台主导者利益的同时确保新型 Web 应用质量与用户体验。

（二）模式创新推动移动支付发展

1. 远程支付发展迅速，近场支付广受关注

随着移动互联网应用和技术的发展，用户对移动支付的需求大大提升，移动远程支付发展迅速，近场支付广受业界关注。据 Intuit 数据显示，截至 2011 年年底，全球移动支付交易规模达到 2410 亿美元。到 2015 年，全球移动支付交易规模将达到 1 万亿美元。消费者通过手机支付购买电子产品的消费总额为 18 亿美元，到 2015 年将增长至 28 亿美元，如图 8 所示。

促进移动支付发展的三大因素为：

— 移动互联网经济的高速增长；

— 技术发展和模式创新催生新的支付形式；

— 用户对支付便捷化的需求。

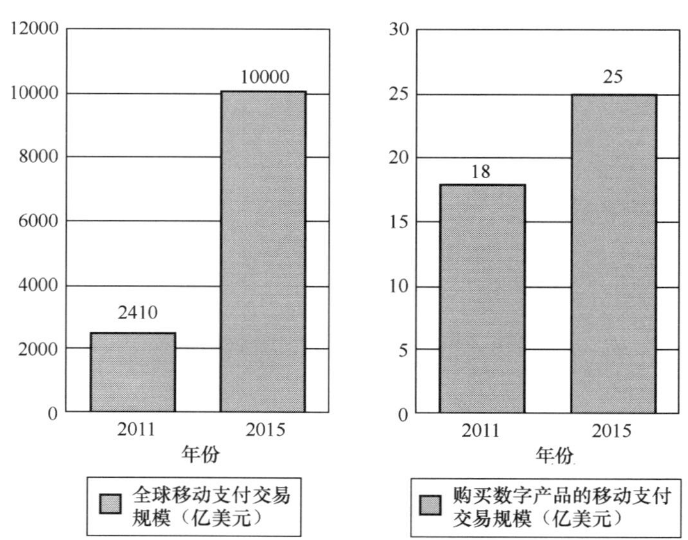

图 8　2011 年及 2015 年全球移动支付市场交易规模
（数据来源：Yankee Group，Juniper Research，Intuit 2011.12）

在远程支付方面，2011 年感恩节美国 PayPal 移动平台支付交易额在全球范围内较 2010 年增长了 511%；到 2011 年年底，PayPal 移动支付总额将达到 40 亿美元，增长达 530%。2011 年 11 月 11 日中

国用户通过手机淘宝支付的交易额突破 1 亿元人民币，12 月 12 日突破 2 亿元；2011 年手机淘宝全年交易额超过 100 亿元，2010 年为 18 亿元。

在近场支付方面，2011 年美国 Square 公司移动支付处理年交易额达 20 亿美元，日营业额突破 1000 万美元；2011 年 9 月谷歌正式推出“Google Wallet”（谷歌钱包）商用服务，为智能手机用户提供 NFC（近场通信）近场支付应用；2011 年 GSMA 宣布支持 NFC SWP 近场支付，已经得到 45 家全球主流电信运营商的支持；2011 年我国 13.56MHz 近场支付用户量超过 400 万，2.45GHz 近场支付用户量超过 600 万。

2. Square 创造用户新体验，构建移动支付新模式

2010 年 5 月美国 Square 公司创始人兼 CEO，同时也是 Twitter 的创始人兼董事长 Jack Dorsey 正式推出一种新的移动支付业务，随后该业务立刻得到市场的欢迎，交易量迅速攀升，发展速度远远高于预期。到 2011 年 5 月，在现场支付交易规模方面，Square 交易规模达到了 2.5 亿美元，仅用了 1 年的时间就超过了韩国，与日本的差距也不断缩小，见表 2。

表 2　　2010 年 5 月至 2011 年 5 月 Square 公司交易规模

年度数据对比	Square	韩国现场移动支付	日本现场移动支付
交易规模	2.5 亿美元	2.2 亿美元	72 亿美元
所用时间	1 年	8 年	6 年

Square 公司为广大中小商户提供了便捷的刷卡支付服务，创造了用户新体验，构建移动支付新的业务模式，业务模式主要有以下两种。

模式一：手机终端附加小型外接设备，结合终端应用程序，成为无线 POS（销售点）机。该业务模式很好地满足了中小商户的需求，业务收益来源于每笔交易的佣金。但此业务存在一定的安全风险：外接设备和手机终端之间信息传输没有加密，用户和银行卡信息易泄露。目前，此应用仅支持 iPhone 手机、iPod Touch 播放器、iPad 平板电脑和 Android 手机。

模式二：消费者使用 Card Case，商户使用 Register，整合地理围栏感应，顾客只需入店报出姓名，便可完成支付。该业务模式集成 Twitter 网站、商家目录推送和评选等功能，用户零操作进行支付，结合社交、位置、支付、商务成为一种融合型的业务形态。该业务收益来源于每笔交易的佣金。

美国 Square 公司的业务产品新颖、使用便捷，市场影响迅速扩大，主要源于美国信用体系完善、信用卡支付不需要密码、支付安全性监管比较放松等，此种业务模式不适合中国。

3. Google Wallet 整合资源，打造开放式商业生态系统

Google Wallet 开放式商业生态系统如图 9 所示。

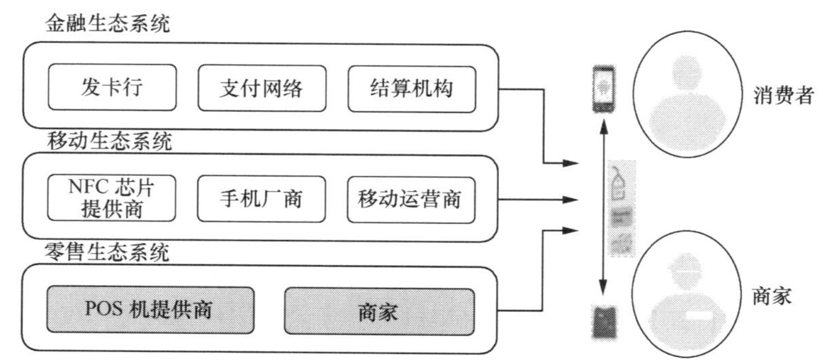

图9　Google Wallet开放式商业生态系统

2011年5月27日谷歌发布“Google Wallet”计划，为智能手机用户提供NFC近场支付服务。2011年9月谷歌正式推出商用服务，应用服务包含四部分：支付卡、会员卡、我的Google offer（谷歌团购）、历史记录。用户购买商品时，可以基于NFC技术实现手机刷卡快捷支付。

Google Wallet整合了产业链上下游资源，打造开放式商业生态系统，主要包括3个生态系统。

（1）零售生态系统：通过免费方式吸引更多的合作伙伴和商家。合作商家包括梅西百货、赛百味、美国鹰户外商店等大型连锁零售商。结合了Google Offer服务，并与成千上万的本地商家联系起来。

（2）金融生态系统：初期的合作伙伴有花旗银行（银行）、万事达卡（信用卡机构）、First Data（支付公司）。

（3）移动生态系统：谷歌和Sprint运营商合作。初期Sprint的Nexus S手机支持服务，计划兼容其他智能手机操作系统。谷歌不仅开发自己的API，还开放API使得第三方开发者能够在其之上定制自己的支付程序。

Google Wallet通过大量支付处理相关的收入、更多广告收入、与商户合作推出的一系列打折促销和信息推送服务获取业务收益。

4. 国外运营商通过结盟、参股等方式，与产业链各方紧密合作

国外运营商通过建立合资公司或合作联盟共同推动移动近场支付发展成为潮流。2010年11月美国Verizon无线、AT & T和T-Mobile联合成立ISIS移动支付公司，2011年7月与四大信用卡公司达成合作协议。2011年6月英国Vodafone、O2和Everything Everywhere表示，3家企业将合资组建公司，进军移动支付市场。2011年8月德国电信（DT）、西班牙电信子公司O2和沃达丰将德国移动支付服务mpass品牌成立为独立公司，推出基于NFC的支付服务。2011年6月丹麦TDC、Telia、Telenor和3 Denmark联合组建合资公司，主要负责开发手机钱包支付平台。2011年11月瑞典运营商Telenor、TeliaSonera、Tele2和3共同出资成立移动支付公司，将于2012年启动运营。2010年5月法国3家运营商联合成立跨运营商组织联盟，推动尼斯移动支付项目。

国外运营商通过参股或合作金融企业等方式主导推动移动近场支付发展成为重要方式。2006年，

DoCoMo 通过收购三井住友信用卡公司 34% 的股权，将移动支付业务渗透到消费信贷，推出 DCMX 品牌的移动信用卡。2006 年 SKT 和友利银行、现代信用卡公司合作共同推出“Moneta”移动支付品牌，建设移动支付基础架构。

国外运营商通过结盟、参股等方式，与产业链各方紧密合作，共同推动和促进移动近场支付业务的发展，其目标和实质为：统一支付品牌；统一技术标准；统一产业合作；共享支付平台和 POS 设备资源。

5. 企业各方积极布局，应用介质控制成为掌控产业的核心

电信运营企业、金融企业、互联网企业各方积极布局，开展移动支付试点应用，抢占市场先机。由于移动近场支付采用多应用管理技术，可以在有限空间的应用介质放置银行、公交等多个应用，例如（U）SIM（通用用户身份识别模块）卡、SD（安全数码）卡、终端安全芯片等介质，应用介质主控密钥成为企业各方掌控产业的核心环节，应用介质开放是产业各方合作的基础。

电信运营企业天然掌握电信卡资源，例如中国移动、中国联通、中国电信，采用 NFC SWP（近场通信单线协议）、双界面卡、RF（U）SIM（射频通用用户身份识别模块）全卡技术方案，将（U）SIM 卡作为移动支付应用介质，在（U）SIM 卡里存放账户信息，电信运营企业控制用户和应用程度高。电信运营企业通过掌控（U）SIM 卡的主控密钥，对（U）SIM 卡进行空间分配，控制应用的主导权，主导与银行、公交等企业的合作。2008 年起上海联通进行 NFC SWP 支付业务试点应用，中国电信、联通在全国多个省市开展 RF（U）SIM 全卡、双界面卡支付业务应用，中国移动从 RF（U）SIM 全卡技术支付业务应用商用转向使用 NFC 技术发展支付业务。

金融企业在账户管理和清结算能力方面具有很强的优势，例如银联、交通银行等，采用 NFC SD 卡技术方案，将外设 SD 卡作为移动支付的应用介质，在 SD 卡中存放账户信息，利于非电信运营企业控制用户和应用。金融企业通过掌控 SD 卡的主控密钥，对 SD 卡进行空间分配，控制应用的主导权，主导与银行企业合作。2010 年银联支持 NFC SD 卡的手付通业务进入大规模试点应用。

互联网企业具有掌控终端技术和应用的优势，例如谷歌、苹果，采用 NFC 全终端技术方案，将终端安全芯片作为移动支付的应用介质，终端安全芯片存放账户信息，利于终端企业控制用户和应用。互联网企业通过掌控安全芯片的主控密钥，对安全芯片进行空间分配，控制应用主导权，主导与银行、公交等企业的合作。2011 年 9 月谷歌正式推出支持 NFC 全终端技术的“Google Wallet”商用服务，苹果也计划推出 NFC 全终端手机。

6. NFC 和 RF（U）SIM 技术各有特色，近场支付技术标准竞争激烈

目前移动近场支付技术多样，形成了 3 种主要技术方向。

（1）13.56MHz NFC 技术分为 NFC SWP、NFC 全终端、NFC SD 卡 3 种方案，无线射频采用 ISO 制定的标准

NFC SWP 方案需要对手机和卡进行改造，在手机上增加用于近距离通信的近场通信芯片和天线，

应用和账户信息置于用户的电信卡中，卡和近场通信芯片之间通过单线通信协议（SWP）完成数据交换，电信运营企业对业务和用户的控制程度较高。

NFC 全终端方案需要对手机进行改造，在手机上增加用于近距离通信的近场通信芯片和天线。由于应用和账户信息置于终端的安全芯片中，电信运营企业对业务和用户的控制程度较低。

NFC SD 卡方案需要对手机进行改造，在手机上增加用于近距离通信的近场通信芯片和天线。由于应用和账户信息置于终端外设的 SD 卡中，电信运营企业对业务和用户的控制程度较低。

（2）13.56MHz 双界面卡技术为过渡方案，无线射频采用 ISO 制定的标准

该技术存在天线卡和定制终端两种方案，两种方案都是将应用和账户信息置于用户的电信卡中，但天线卡方案在用户的电信卡外附着天线，不需要改造终端，定制终端方案将天线放置在终端里，需要改造终端。

双界面卡技术改造成本低，但技术稳定性差，并发使用时存在相互影响的现象，因此这种方案主要定位于移动支付业务的过渡方案。

（3）2.45GHz RF（U）SIM 全卡技术为我国自主知识产权技术

2.45GHz RF（U）SIM 全卡技术在现有（U）SIM 卡的基础上集成无线射频集成电路和天线后成为 RF（U）SIM 卡，应用和账户信息置于用户的电信卡中，可实现非接触式移动支付应用。用户只需更换卡，不必更换终端，便于电信运营企业迅速推广移动支付业务。在手机掉电或关机情况下不能使用业务，POS 机需重新布设。

目前我国移动近场支付技术标准在通信行业和金融行业间竞争激烈，竞争点主要在于频率、手机终端和卡技术选择方面。

在频率标准方面，通信行业移动支付频率标准同时选择 13.56MHz 和 2.45GHz，2.45GHz 全卡技术是我国自主知识产权技术，由于用户只需更换卡，不必更换终端，因此业务推广迅速、便捷，能很好地适应校园、企业等应用场景。由于金融行业在 2010 年颁布的《中国金融集成电路（IC）卡规范》（PB0C 2.0，中国人民银行 2.0）中非接触 IC 卡标准采用 13.56MHz 频率，并已在全国部分省市进行非接触 IC 卡的改造，因而金融行业移动支付频率标准选择 13.56MHz。

在手机终端和卡标准方面，通信行业选择 13.56MHz NFC SWP 和 NFC 全终端方式技术成为移动支付技术标准，2.45GHz RF（U）SIM 全卡方案也在启动行业标准的统一和融合工作。金融行业选择 NFC SD 卡方式成为移动支付技术标准。

7. 运营商获得第三方支付牌照，业务范围较少

2011 年 12 月 31 日，中国人民银行发放了第三批 61 张第三方支付牌照，到目前为止已有 101 家

支付企业获得牌照，涉及互联网支付、移动电话支付、预付卡发行与受理、银行卡收单、货币汇兑、固定电话支付、数字电视支付七大业务类型。

2011 年中国移动、中国电信、中国联通 3 家运营商相继成立支付公司：中移电子商务有限公司、天翼电子商务有限公司、联通沃易付网络技术有限公司，此次均获得了第三方支付牌照。中国电信和中国联通支付企业的牌照业务类型为移动电话支付、固定电话支付、银行卡收单，中国移动支付企业为移动电话支付、银行卡收单，牌照业务范围比申请范围要少。

支付宝公司于 2011 年 5 月 26 日首批获得支付牌照，发放的几乎是一张全业务牌照，允许该公司开展货币汇兑、互联网支付、移动电话支付、预付卡发行与受理、银行卡收单等多类型业务。与支付宝相比，快钱公司获得的牌照多了固定电话支付业务，但少了预付卡发行业务。可见，电信运营商支付企业获得的牌照业务范围远远要比支付宝、块钱等第三方支付企业的范围小。

运营商支付企业获得第三方支付牌照后，支付业务明确了监管方，但仅允许经营基于银行账户模式的固定、移动电话远程支付服务，基于银行账户模式的移动电话近场联机支付服务，运营商支付企业仍然被定位于电信通道的角色和环节。

（三）LTE 产业推进加速

1. LTE 全球网络部署加快，但大部分仍处于热点覆盖

全球 LTE 网络加快部署，但大部分网络仍处于热点覆盖阶段。截止到 2011 年第 4 季度，全球 LTE 用户累计达到 710 万户。LTE 用户的发展初步显示了快速增长的势头，2011 年的第 1 季度到第 4 季度，LTE 新增用户分别为 48 万、151 万、198 万和 394 万。北美地区是目前 LTE 全球发展的主要贡献力量，其中运营商 Verizon 是全球 LTE 发展最快的运营商。

目前大部分 LTE 网络的规模还比较小，仍处于热点覆盖的阶段。截止到 2011 年 9 月，对全球 33 个 LTE 商用网络的规模进行统计，其中美国 Verizon 和日本 NTT DoCoMo 这 2 个 LTE 商用网络的基站数量在全球总数中所占的比例超过一半，其余大部分网络的规模还比较小，包括 Vodafone、T-Mobile 在德国，Teliasonera 在瑞典，SKT 在韩国的 LTE 商用网络等，这些网络的基站数目都还没有超过 1500 个。

目前 LTE 网络仅用于数据业务。根据 LTE 终端以及语音技术解决方案的发展情况，目前大部分是数据类终端，包括数据卡、客户端路由器等。根据 GSA 在 2011 年 10 月进行的统计，LTE 终端的款数达到 197 个，其中数据类终端 170 款，占总数的 86%，其余 27 款是多模智能手机，但是其中的 LTE 模块也仅用于数据业务，基于 LTE 的语音解决方案还不成熟。虽然目前的 LTE 网络仅用于数据业务，但是移动互联网应用的快速发展对数据业务的需求仍然带动了 LTE 用户的发展。LTE 网络规模和终端类型的统计如图 10 所示。

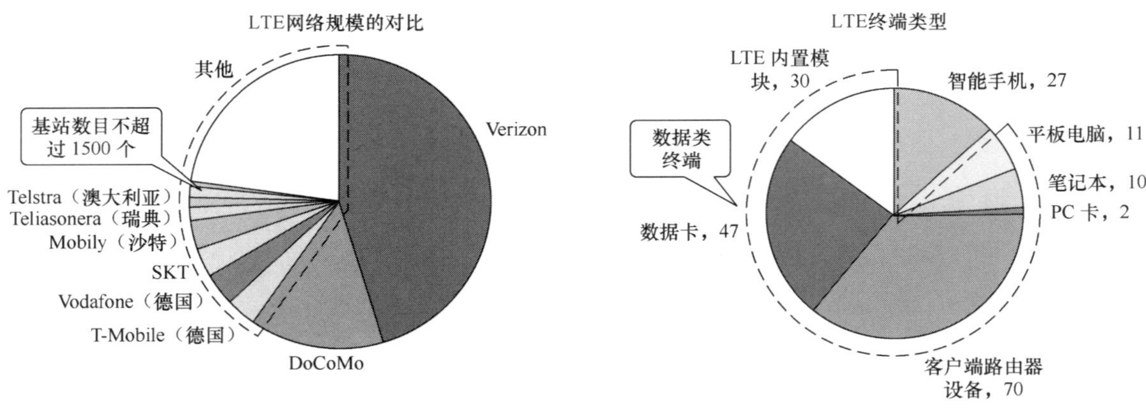

数据来源：工业和信息化部电信研究院，截止到2011年9月。　　数据来源：GSA，截止到2011年10月。

图 10　LTE 网络规模和终端类型的统计

2. 终端芯片和语音方案是 LTE 规模发展的关键

LTE 提供语音业务方案的时间及效果存在不确定性。LTE 采用全分组域技术，能够很好地支持移动互联网应用对宽带无线移动网络数据传输能力的需求。但 LTE 技术在设计上不支持原有 2G/3G 技术的电路域语音业务，LTE 未来将以 VoIP 方式提供语音业务，但在 VoIP 真正实现之前，在过渡阶段需要借助 2G/3G 网络向用户提供电路域语音业务。目前 LTE 用于解决语音服务的技术方案仍在尝试和摸索当中。LTE 提供语音业务的解决方案主要有 3 种方式。

（1）双待机方案：2G/3G/LTE 多模手机可同时驻留在 2G/3G 网络和 LTE 网络，语音业务通过 2G/3G 网络实现，数据业务通过 LTE 网络实现。这是目前市面上大部分 LTE 智能手机采用的方案，它的缺点是功耗高、成本较高，以及多网络相互干扰造成性能下降；好处是对现网改造小，用户业务体验较好，研发难度相对较小，容易快速投入应用。

（2）语音回落方案（CSFB）：终端驻留在 LTE 网络时，如果终端发起或接收语音呼叫，需要从 LTE 回退到 2G/3G 网，由 2G/3G 的电路域来提供语音服务。这种方案需要对现有的网络进行改造，涉及两个网络之间的模式转换和信息传递，呼叫接通时延和成功率的效果有待进一步验证。

（3）VoLTE 方案：通过 LTE 网络采用 VoIP 的方式为用户提供语音服务，是 LTE 语音方案的终极目标。这种方案的难度和成本都比较高，需要将核心网升级到 IMS（IP 多媒体子系统），若要达到良好的语音通话效果，LTE 网络还必须达到连续覆盖，以避免与 2G/3G 网络的频繁切换，实际的技术效果还不明确。从产业整体发展进程来看，支持 VoLTE 的终端预计 2014 年之后才能成熟。目前只有 Verizon 宣称未来几年将从目前的双待机方案过渡到 VoLTE。

LTE 智能手机处于发展的初期。首先根据对终端类型的统计，目前 LTE 大部分是数据类终端，智能手机所占的比例很低。在技术方案上，目前的 LTE 智能手机都采用双网双待的语音解决方案，终端耗电和成本处于劣势。在芯片工艺方面，现有 LTE 终端芯片普遍采用 45～65nm 工艺，根据实测结果，其通信状态的整机耗电（400～500mA）是 3G 终端的大约 2 倍，这给手机终端的待机时间带来较大问题，现有 LTE 终端大部分是采用 USB 接口连接电脑供电的数据终端。从耗电和芯片性能角度考虑，至少要采用下一代芯片工艺（28～32nm），才有可能使得终端耗电水平达到 3G 的目前水平，满足用户对手机的耗电指标要求。据调研，28nm 芯片预计要到 2013 年后才能投入市场。

3. 美国暂时处于领先，欧洲加快 4G 频率规划

以 Verizon 为代表，美国引领目前 LTE 的发展。Verizon 是美国最大的移动运营商，3G 运营 CDMA 网络，用户数超过 1 亿，由于 CDMA 技术的演进路径受阻，4G 转向快速建设 LTE 以获得竞争优势，由此带动了美国成为目前全球 LTE 发展最快的地区。

2011 年 Verizon LTE 网络建设和用户的发展速度大幅领先，是全球 LTE 市场发展的主要力量。Verizon 2010 年 12 月开始商用 LTE，商用初期包括美国 38 个主要城市，网络覆盖 1.1 亿人口，使用 2 款数据卡终端，截止到 2010 年 12 月底共有 6.5 万用户。2011 年 Verizon 的 LTE 网络快速发展，截止到 2011 年 12 月，网络已经扩展到美国的 190 个城市，覆盖人口超过 2 亿。终端也发展到包括 9 款智能手机，其他还有平板电脑、上网本、MIFI 和数据卡，总共 18 款 LTE 终端。用户发展到 530 万，占全球 LTE 用户总数的 75%。

受到 Verizon 的影响，美国第二大运营商 AT&T 也加快了 LTE 的部署。2011 年 9 月 AT&T 在美国 5 个城市开始 LTE 商用，网络快速发展，截止到 2012 年 1 月已经扩展到 26 个城市。另外还有 2 家规模相对较小的运营商（MetroPCS 和 Cricket），目前美国已经有 4 家运营商开始商用 LTE。

欧洲 4G 频率规划的进程加快。欧洲 4G 频率主要包括 2.6GHz 和 800MHz 频段，部分国家已经完成了规划，如图 11 所示。2011 年 11 月，欧盟委员会达成初步协议，要求成员国在 2013 年 1 月之前向移动通信释放 800MHz“数字红利”频率，欧洲 4G 频率规划的进程正在加速。

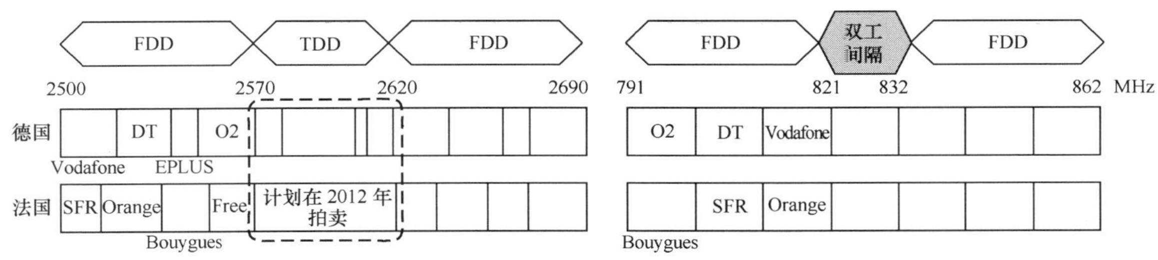

图 11 欧洲 2.6GHz 和 800MHz 频段典型的频率划分方法

欧洲有 11 个国家已经完成了 2.6GHz 频率规划。从 2007 年开始，挪威、瑞典、芬兰、丹麦、荷兰、奥地利和德国相继完成了 2.6GHz 频率规划。2011 年，法国、意大利、西班牙和比利时也进行了 2.6GHz 频率的拍卖。欧洲的 2.6GHz 频段包含 FDD 和 TDD 频率，以德国和法国为例，典型的频率划分方法是 2×70MHz FDD+50MHz TDD。

有 6 个国家完成了 800MHz 频率规划。欧洲 800MHz 频段是电视广播由以前的模拟制式转向采用数字技术，频率利用率得以提高之后空闲出来的频率资源，因此又称为“数字红利”频段。该频段具有良好的传播特性，非常适合于移动通信使用，被视为移动通信的黄金频段。2010 年，德国在欧洲率先完成了 800MHz 频率的规划。2011 年，法国、意大利、西班牙、瑞典和葡萄牙相继进行了 800MHz 频率的拍卖。以德国和法国为例，欧洲的 800MHz 频段典型的划分为 2×30MHz FDD 的频率资源。

4. 具备国际化发展机遇，TD-LTE 取得显著进展

频率资源和产业优势为 TD-LTE 发展创造机遇。与 2G/3G 相比较，用于 4G 宽带通信的 TDD 频率资源显著增加。根据 ITU 对移动通信频率资源的规划建议，包括了 700MHz、1.8GHz、2GHz、2.3GHz 和 2.6GHz 总共大约 740MHz 的频率资源。其中，针对用于 2G/3G 移动通信系统使用的典型频率[1]进行统计，FDD 的总带宽是 340MHz，TDD 的总带宽是 50MHz，在总数中所占的比例是 13%。针对用于 4G 移动通信系统使用的典型频率[2]进行统计，FDD 的总带宽是 200MHz，TDD 的总带宽是 150MHz，在总数中所占的比例达到 43%，相比 2G/3G 的情况有了大幅度的提高。观察全球各个国家频率牌照的实际发放情况，对于 2G/3G 移动通信的典型频率，全球一共发放了 970 个 FDD 频率牌照，总带宽达到 17154.9MHz，一共发放了 169 个 TDD 频率牌照，总带宽 1135.4MHz，TDD 在牌照数量和带宽总数中所占的比例分别是 16% 和 6%。对于 4G 移动通信的典型频率，到目前为止，全球一共发放了 221 个频率牌照，总带宽 5580MHz，一共发放了 77 个 TDD 牌照，总带宽 2111MHz，TDD 在牌照数量和带宽总数中所占的比例分别是 26% 和 27%，如图 12 所示。

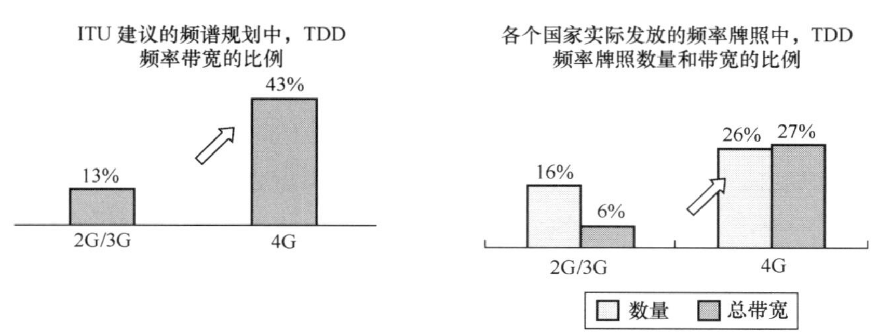

图 12　与 2G/3G 相比较，4G TDD 频率资源显著增加

在可以使用 TDD 频率的多种技术中，TD-LTE 占据优势。除 TD-LTE 之外，其他可以使用 TDD 频率的技术包括 WiMAX、下行广播技术以及 FDD 非对称载波聚合技术。在这些技术中，TD-LTE 具备明显的产业优势。

● WiMAX 从 2006 年开始商用，缺乏 2G 网络基础以及与 2G/3G 网络之间成熟的互操作方案限制了它的发展。截止到 2011 年年底，全球移动 WiMAX 用户总数约为 1500 万，与同时期全球 3G 移动用户的比例仅为 1%，发展不成功，目前 WiMAX 主流运营商转向 LTE 的趋势已经越来越明显。

1　2G/3G 移动通信的典型频率：FDD——880～915/925～960，1710～1785/1805～1880，1920～1980/2110～2170；TDD——2010～2125，1885～1920（单位：MHz）。

2　4G 移动通信的典型频率：FDD——791～821/832～862（欧洲），2500～2570/2620～2690；TDD——2300～2400，2570～2620（单位：MHz）。

● 下行广播技术也不会对 TD-LTE 目标的 2.3GHz 和 2.6GHz TDD 频率资源构成威胁，主要有两个原因。首先，2.3GHz 和 2.6GHz 高频点带来的无线信号传输损耗难以实现广播技术通过少数几个站点覆盖一个城市的部署成本要求。其次，广播技术难以实现蜂窝通信的频率使用价值。以美国的 MediaFLO 系统为例，2009 年用户数目约为 100 万，仅占当时美国移动用户总数的 0.4%，用户每月的费用是 10～15 美元，远低于同一个运营商移动业务大约 60 美元的 ARPU 值，2010 年年底，MediaFLO 网络被关闭。

● LTE 在 R10 版本（即 LTE-Advanced）中支持 FDD 非对称载波聚合技术，可以将 TDD 频率聚合为 FDD 使用。它存在的主要问题是规模效应的限制，世界上大多数的运营商仅拥有 FDD 或者 TDD 频率，只有少数运营商同时拥有这两种频率，而且组合的情况各不相同，采用非对称 FDD 难以形成有规模的发展。

5. 依托 LTE 整体产业优势，TD-LTE 全球商业应用启动

根据 GTI 组织的统计，截止到 2011 年 11 月 12 日，全球有 33 个 TD-LTE 试验网络，分布在全球的各个地区，其中亚太 16 个、欧洲 10 个、北美 2 个、南美 3 个、大洋洲 2 个。此外，TD-LTE 有 6 个已经公布的商用合同，以及 3 个已经商用的网络。

● 沙特运营商 Mobily 拥有 3G WCDMA 以及 WiMAX 无线宽带网络，目前有 20 万 WiMAX 用户，计划采用平滑演进的方式将 WiMAX 网络升级到 TD-LTE，2011 年 9 月 14 日在 6 个城市开始商用 TD-LTE，如图 13 所示。

● 沙特的另一个运营商 STC（沙特电信），同样拥有 3G WCDMA 以及 WiMAX 无线宽带网络，它在 2011 年 9 月 14 日，和 Mobily 在同一天，开始商用 TD-LTE。

● 日本软银：日本第三大运营商，3G WCDMA 用户数约 2800 万，在 2.6GHz 拥有 30MHz 频率资源，已有 16 万个小灵通站点，可用于部署 TD-LTE，具有很大的发展潜力。2011 年 11 月 1 日在东京、大阪、福冈 3 个城市开始 TD-LTE 试商用。

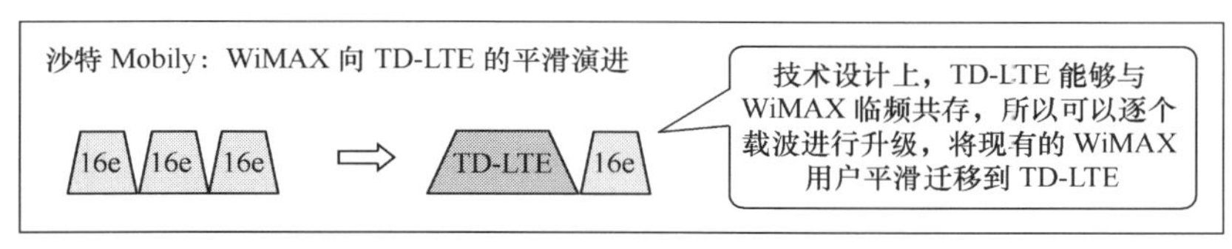

图 13 WiMAX 向 TD-LTE 的平滑演进

TD-LTE 和 LTE FDD 技术相似程度比较大。TD-LTE 可依托 LTE 整体产业发展。在技术标准方面，TD-LTE 和 LTE FDD 技术相似程度较大，它们属于相同的技术体系，分别针对 TDD 和 FDD 不同的双工方式进行优化，差异主要集中在物理层，TD-LTE 专用的设计包括无线帧结构、TDD 双工方式相关的处理过程和特色技术智能天线的设计。与技术标准相对应，二者产业阵营的重合度比较大，全球主要的设备厂商都同时开发 TD-LTE 和 LTE FDD 产品，包括：移动通信系统设备全球排名前 5 的厂家，爱立信、华为、中兴、阿朗以及诺西；终端芯片的主要厂家，高通、ST-爱立信、海思、中兴微电子和三星等；移动通信测试仪表的主要厂家，泰克、罗德斯瓦茨、安捷伦和安奈特等。

6. 2012年启动扩大规模试验，推动TD-LTE发展

TD-LTE规模试验第一阶段基本完成。已经规划的TD-LTE规模试验包括2个阶段的安排：第一阶段验证规模同频组网能力，验证多天线方式，实现系统和单模终端芯片的成熟；第二阶段实现和验证R9版本的技术性能，实现祖冲之加密算法，推动多模终端和芯片的研发。

目前，在6个城市有10个厂家提供TD-LTE系统设备，共建设了将近1000个基站，其中5家系统和3家芯片终端完成了第一阶段的测试。根据现有的测试结果，大部分TD-LTE系统的功能完善、性能良好、稳定性较好，接近LTE FDD商用设备的同等水平；部分TD-LTE单模芯片功能完整、性能较好，可长时间稳定地在网工作；部分领先厂商的规模网络KPI、吞吐量、多用户容量等主要指标达到规范要求，具备同频组网能力；智能天线与MIMO结合等关键技术的性能得到了较充分的验证；网络规划、优化的工具和仪表得到应用和持续改进。

2012年启动扩大规模试验。在完成规模试验的工作内容后，2012年内，在实现TD-LTE设备成熟，具备多模终端，并且支持祖冲之算法的条件下，计划启动扩大规模试验。主要有3个目的：扩大网络规模，推进产业成熟；积累建网经验，优化产品性能；发展友好用户，带动国际市场。在2.6GHz频段，扩大试验网络的规模，并且发放友好用户，积累组网和网络优化的经验，促进终端的进一步发展。在这个阶段，TD-LTE将以数据终端为主，包括MIFI和数据卡，多模终端同时支持TD-SCDMA模式，网络定位作为TD-SCDMA的补充。

三、无线移动通信发展趋势

1. 2012 年我国移动用户超 10 亿

2012 年，3G 业务快速增长与移动通信刚性需求等因素推动我国移动用户继续稳定增长，预计全年用户增长 0.9 亿～1.1 亿户，用户规模将达 10.8 亿～11.0 亿户。其中，3G 用户发展将进一步加速，2012 年 3G 用户预计增长 0.9 亿～1.2 亿户，用户规模突破 2 亿户，用户渗透率达到 20%。

未来 2 年内，我国将实现 3G 用户对 2G 用户的替代，届时净增用户全部来自于 3G 用户。

我国移动用户发展低、高方案分别如图 1 和图 2 所示。

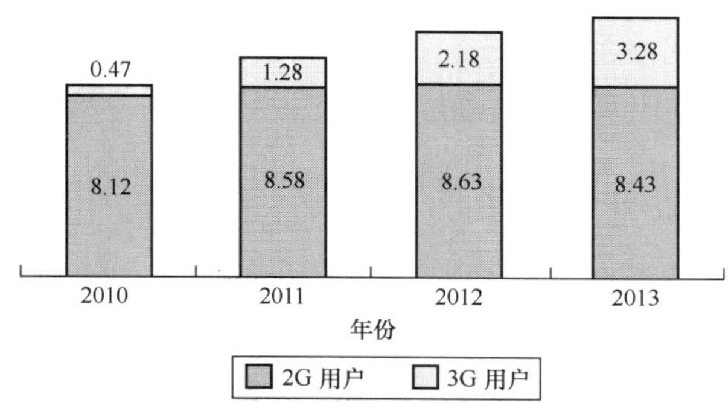

图 1　我国移动用户发展低方案（数据来源：工业和信息化部电信研究院）

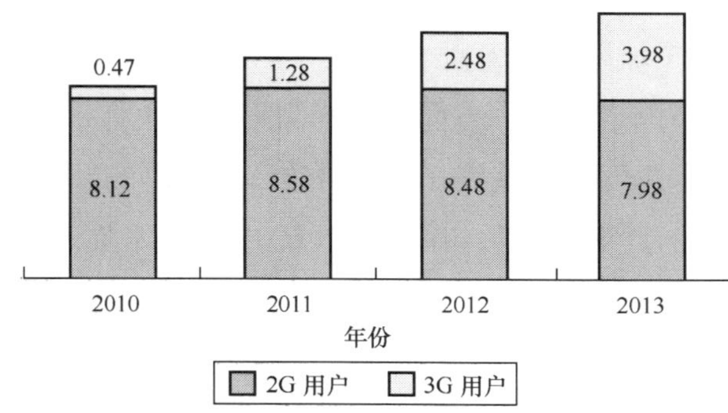

图 2　我国移动用户发展高方案（数据来源：工业和信息化部电信研究院）

2. 2014 年全球 LTE 用户快速增长

随着移动终端的多元化，一户多号的现象越发普遍，全球移动用户仍有较大的增长空间。预计 2012—2016 年年均新增量将在 4 亿户左右。2014 年全球移动用户普及率将超过 100%。中国和印度等发展中国家仍将是未来几年移动用户增长的主要来源。

LTE 终端芯片和语音方案对 LTE 用户的发展有很大影响。2011 年上半年以前，LTE 终端以数据卡为主。从 2011 下半年开始，数据卡结合语音终端。预计从 2013 下半年开始，语音终端价格降至普

及价位。在终端芯片和语音方案逐步成熟后，LTE有望在2014年开始快速增长，2014年新增LTE用户接近1亿户，2015年和2016年的新增用户分别在1.3亿和1.8亿户左右，但在总移动用户中的占比仍较小，预计2016年LTE用户占比将有望突破6%。TD-LTE的整体发展比LTE FDD落后，预计2016年TD-LTE用户将达到1.5亿户左右，在整个LTE用户中占30%左右。

3. 2015年我国将出现420MHz的频谱缺口

2011年，移动数据业务仍保持快速增长态势，未来10年中国的移动数据业务将以超过90%的年均增长率发展，2015年移动数据业务量将是2010年业务量的38倍。2020年移动数据业务量将是2010年业务量的1000倍左右，快速增长的移动数据业务将耗尽已分配的频率资源。

截止到WRC-07，ITU在全球范围内统一划分IMT频段1085MHz，地区/国家性划分为292MHz。据测算，我国到2015年移动通信频率总需求接近1000MHz，目前已划分用于IMT系统的频率共547MHz。如果不新分配频段，我国将在2015年左右出现420MHz的频率缺口。我国频率管理机构和科研单位都在开展频率需求研究，制定我国未来5～10年的中长期频率规划。

4. 2012年国际电联启动后4G研究

随着LTE-Advanced被ITU批准成为4G标准，国际电联开始研究2012—2020年的后4G，准备发布报告关于2010—2020年IMT未来10年的无线业务和市场发展情况。业界也对未来宽带移动通信技术的发展进行了展望。对于具体的研究，在3GPP R12中逐步体现。

一方面为满足激增的无线业务流量，无线接入网络呈现出多层面覆盖的趋势，蜂窝移动通信层与WLAN等技术组成的热点层、个域网层相互配合，优势互补，形成无缝的无线网络，有效地满足用户在室内、室外多种场景的业务需求。另一方面，以蜂窝移动为主体，在向后4G的发展过程中，技术与产品也在不断提升。从技术角度，提供更好的频谱效率、更高的频谱带宽的无线技术，在网络建设方面，通过增加基站密度来提升网络容量，并采用WLAN等技术实现对热点区域的业务分流。

5. 2014年HTML5将成为高效统一平台

HTML5助力Web成为高效统一平台，标准化进程已显著加快传统Web技术实现了互联网内容的跨平台访问，Widget技术的出现使得Web开始由内容平台向应用层平台转变。目前基于Web的应用在运行效率、系统能力调用等方面与本地应用还存在较大差距，随着未来HTML5技术的发展，Web能力将得到极大的提升与扩展，富媒体、终端能力访问、高性能JavaScript运行环境、3D渲染硬件加速、数据本地存储、数据本地查询等新技术的引入最终将把Web打造成为全功能、高效率、跨终端的统一应用层平台，优秀的跨平台能力正是HTML5带来的核心技术优势。从标准化进程看，受市场需求拉动，HTML5标准的正式发布时间已从原定的2022年大幅提前至2014年，其他相关技术标准也处于稳步推进当中。

2014年后Web平台将逐步走向成熟。目前在与原生应用的对比方面，Web应用的劣势仍然比较

明显，如图3所示。从开发者、应用本身和用户视角看，Web应用除在开发效率、迭代更新、平台能力等方面占有一定优势外，在UI体验、运行效率、硬件调用、本地存储等方面不占有任何优势，较适用于“瘦客户端”型业务，且Web应用要求使用环境具备良好的网络条件，对网络依赖度较高。

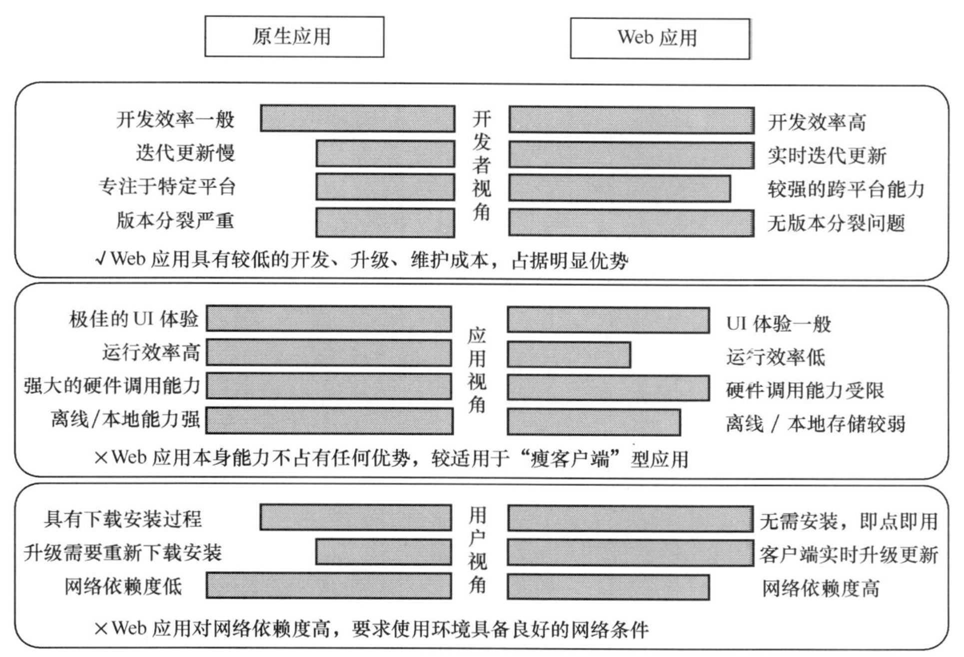

图3　Web应用与原生应用对比

2014年以后，HTML5标准将正式颁布，云计算也将成为主要的IT平台，预计届时全球用户将突破10亿，迎来爆发式增长，英特尔将发布14nm Airmont芯片，多核高频处理器将大大增强移动设备的处理能力，受以上三方面因素推动，Web平台的能力瓶颈将初步得到解决。此外，全球LTE网络建设开始快速发展，预计用户总数将突破1亿，Web应用存在的网络瓶颈也将被突破。此时，Web平台的主要短板已被弥补，除特别强调客户端执行效率、离线使用场景外，Web应用将具备规模性替代原生应用的能力。

下一代网络篇

导　读

下一代网领域一直是业界研究的热点，电信研究院下一代网领域一直紧密跟踪研究网络的业务和技术发展趋势，同时还关注领域的热点问题。本报告的研究内容由三部分组成。

报告的第一部分首先分析了2011年下一代网络领域的总体发展状况。在全球经济跌宕起伏的背景下，2011年下一代网领域在宽带、物联网、云计算等战略重点的进一步确定与推进下，下一代网以及ICT行业产生了重大的影响，网络继续向着泛在化、宽带化、融合化、绿色化不断演进和发展，同时也产生了新的技术热点和发展方向，其中光纤到户、城域网中PTN和IP RAN、融合CDN、云化的数据中心、智能管道、智慧城市都有新的发展。

报告的第二部分总结了2011年下一代网领域的的四个热点："宽带接入""智慧城市"、"三网融合"、"智能管道"，重点分析了这些热点的背景、成因、发展现状、存在问题等方面。这些技术和业务热点一方面反映了网络宽带化、融合化的技术趋势，也从产业的角度剖析了行业间竞争和融合的态势。

报告的第三部分展望了下一代网领域涵盖的泛在信息基础设施未来的发展趋势，并展望了2012年和未来网络宽带化、智慧城市、三网融合、智能管道的发展趋势。

本篇作者：

续合元　王爱华　杨然　张海懿　罗松　黄伟　陆洋　李海花　田辉　杨葆莉　张炎滨　王锋　周旗

一、2011 年下一代网领域发展综述

通信行业正在经历着前所未有的变革，作为承载各种业务与应用的网络基础设施在从传统网络向下一代网络过渡的过程当中，宽带、物联网、云计算等战略重点的进一步确定与推进将对下一代网以及 ICT 行业产生重大的影响。

（一）下一代网领域的背景分析

融合业务全球范围稳步发展，多方谋求产业发展主导权。2011 年是融合业务稳步发展的一年。2011 年底全球 IPTV 用户预计已达到 5400 万，2015 年底将达到 1.13 亿，年复合增长率达到 20.3%。2011 年全球平板电视出货量全年将达到 2.5 亿，其中 27% 的电视具备联网功能，到 2015 年将上升为 54%，出货量达到 1 亿 5 千 5 百万台。

2011 年也是互联网、电信、广电等行业争夺融合业务未来主导权的一年。2010 年 12 月 21 日美国 FCC 举行投票通过了“网络中立”原则，“网络中立”（Net Neutrality）原则于 2011 年 11 月 20 日生效，网络中立就是互联网业务提供商要求网络运营商不区分业务类型，要求电信行业平等对待内容提供者，网络中立的实施使电信行业与互联网行业博弈达到了新的平衡。2011 年原来广播行业拥有的 700MHz、800MHz 数字红利频谱开始拍卖和在移动宽带上使用，为通信行业和全球经济注入新的资源与活力。2011 年初，美国有线网络公司与电视台就“转播费”进行了艰苦的谈判，随着 IPTV、网络视频等多元化内容传输渠道的发展，传统的台网利益分配格局正在面临着重构。

国际社会推进宽带普及，运营商加快超高速部署。下一代网的驱动力来自人们对宽带需求的迅速增长。思科公司 2011 年 6 月发布的 VNI（Visual Networking Index 直观网络指数）表明：在过去 5 年，全球 IP 业务量增长了 8 倍（每年增长 50% 以上），在未来 5 年，将再增长 4 倍，2010—2015 年复合年增长率将达 32%。行业信息化的发展、三网融合的继续深入也需要网络能够支持更多的设备与应用、达到更快的速度。

世界各国已经对宽带化对社会、经济产生的巨大作用达成共识，全球已有超过 100 个国家出台宽带计划。2011 年国际社会更加重视宽带的重要作用，加大推进力度。2011 年 10 月 ITU 通信展上，ITU 和联合国数字发展宽带委员会提出新的全球宽带发展目标：2015 年所有国家都要提出宽带计划，此外 ITU 每年还将出版报告评估各国进展。令人振奋的是“宽带中国”战略已经启动，“宽带上网提速”等工程将为“宽带中国”奠定坚实的基础。

在网络部署上，Google 在美国已经开始提供 1Gbit/s 业务，并筹划在欧洲建设光纤网络，有线电视公司 Comcast 开始推 50M、100M 的 Docsis 3.0 业务，而以 Verizon 为代表的运营商已经把 FTTH/FTTP 的速率从 100M 提速到 150M。在我国，运营商启动了“宽带中国 · 光网城市”等工程，加大 FTTH/B 布局，加快超高速网络部署。

政府加强物联网产业政策，物联网发展进程加速。我国在调结构、转方式的大背景下，以强有力的政策驱动和政府主导全面推进物联网的发展，已经成为全球对物联网关注度最高的国家之一。2010 年 10 月《国务院关于加快培育和发展战略性新兴产业的决定》，明确将物联网列为战略性新兴产业，并在 2011 年 3 月发布的《国民经济和社会发展第十二个五年规划纲要》，明确“推动物联网关键技术研发和重点领域应用示范”，还将出台《国家战略性新兴产业“十二五”发展规划》，对物联网技术、应用和产业发展提出指导和部署。

在部委层面，工业和信息化部即将出台《国民经济和社会发展信息化“十二五”规划》和《物联网“十二五”发展规划》，两份规划均对物联网技术研发、应用推进、产业发展等进行了具体布局。财政部会同工业和信息化部 2011 年 4 月出台了《物联网专项资金管理办法》，并已经拨付五亿物联网专项资金，预计 5 年内拨付 50 亿。2011 年 6 月，财政部修订《基本建设贷款中央财政贴息资金管理办法》，增加了对物联网企业提供场外服务的贴息。

在地方政府层面，全国已有 28 个省市将物联网作为新兴产业发展重点之一，纷纷出台物联网产业发展规划，明确物联网相应配套措施和发展重点。

云计算产业发展空间大，对下一代网提出新的需求。2011 年是国内云计算技术加速发展的重要年份，从全球来看云计算也已形成了产业化发展局面。IDC 认为云计算市场规模将以 25% 的年增长率增长，到 2014 年全球云服务收入将达到 555 亿美元。思科 2011 年 11 月 30 日公布了首份《全球云指数》年度报告，预测 2015 年全球云计算流量将比现在增长 12 倍，复合年增长率为 66%。目前，云流量占数据中心流量的 11%，到 2015 年将增长到 33% 以上。

云计算产业的快速发展对下一代网络演进产生的影响主要体现在以下几方面。一是对更高带宽的网络服务需求，虚拟化的分布式处理技术，需要高实时性、高可靠性的宽带网络支撑。云计算技术要求不受时间、空间及具体物理设施的限制，通过网络可以随时获取服务，而实现这一目标的基础就是更高速的宽带网络。二是对智能管道的需求。在云计算应用中，按需提供服务的特性需要云管端三级的智能化，因此区分不同业务、不同终端、不同消费者，提供不同速率、不同 QoS 的管道服务，是云计算应用的需求。

（二）战略驱动业务技术发展

2011 年宽带、融合、物联网、云计算战略重点的进一步确定与推进，进一步促进网络向泛在、宽带、融合化方向发展，引发网技术新的发展：宽带接入速率的提升、城域网中 PTN 和 IP RAN 技术的竞争和融合、承载网的扁平集群发展、新型应用支撑平台不断出现。

宽带接入速率提升，干线 / 城域光网络继续向高速 / 大容量方向发展。固定宽带 xDSL/FTTx 接入速率快速提升（2M—8M—20M），移动宽带 3G 从 20M 提升到 50M，LTE 向着 200～300M 下行速率发展。

从宽带传送网络技术的发展趋势来看，除了目前逐渐规模部署的40Gbit/s WDM/OTN技术之外，基于100Gbit/s的WDM/OTN技术也逐渐步入市场，预计从2012年开始，100Gbit/s WDM/OTN技术将会逐渐从实验室测试向现网试点应用发展，而更高速超100Gbit/s的WDM/OTN技术目前则处于热点研究当中。另外，从局域网络的以太网技术来看，除了目前广泛应用的10GE/GE接口之外，基于40GE/100GE的国际标准目前已经制定完成，预计从2012年开始，基于40GE/100GE的业务接口传送需求也将逐步出现。

PTN和IP RAN竞争和融合加剧。无线宽带业务迅猛发展，基站IP化进程不断推进，基站和基站控制器以及核心网之间的互连接口已从E1转为以太网FE/GE，并且承载了大量的移动数据业务。由于现有的移动回传网仍是基于TDM电路交换方式的MSTP技术，无论是扩展能力还是带宽效率，都已不能满足宽带化、IP化和差异化服务发展的需求，需要向新一代分组化的移动回传网络转型，并希望兼具多业务综合承载的功能，进一步降低网络运营成本。在此形势下，业界对移动回传网络方案的关注度不断增加，2011年PTN和IP RAN之争成为令人瞩目的焦点。PTN和IP RAN作为移动回传的两大主流候选方案，分别代表了光传输和数据通信领域在移动回传市场的两种产业解决方案，随着MPLS-TP国际标准化的进展，在技术方案和产业发展上逐渐融合和趋同。

承载网的扁平集群化。为了应对互联网数据流量爆炸性的增长，承载网在向超宽带时代的演进中，迸发了大量的新技术，呈现出结构简化和集群化的发展趋势。承载网结构简化主要体现为优化和调整互联网骨干网和城域网的网络结构和路由策略，推进网络扁平化，提高网络资源的利用率，所有业务接入、控制及管理在边缘业务控制节点完成，实现骨干网络的最大简化；不同业务之间以虚拟专用网进行组织，实现不同应用控制流量/业务流量之间的有效隔离，并将故障影响局部化。随着2010年IEEE 802.3ba标准的发布，为承载网的超高速发展铺平了道路，目前交换及路由设备单端口已经能够支持40/100Gbit/s转发，大幅提升了单设备容量；在提升单节点能力的同时，从设备架构层面的集群化发展是解决路由器容量瓶颈问题的有效方式，是承载网发展的重大飞跃，打破了传统的路由器的扩展模式，同时保留了网络结构的清晰度，便于运营管理。

新型应用支撑平台不断出现。随着数据、视频等业务的快速发展，数据中心、内容分发网络的部署和建设快速发展，专用的信息存储、转发、计算等能力正在逐渐从应用系统中分离出来，成为支撑信息通信服务重要的战略性基础设施。电信运营商和互联网企业都开始加快应用支撑平台的建设，以便充分发挥平台的应用和产业聚合效应。电信运营商积极建设和发展IMS、IPTV、M2M等业务平台，以适应未来多媒体、视频、物联网等业务应用的发展需求，同时不断推进网络各种资源和能力的整合，提升这些能力对外开放能力；互联网服务提供商和增值服务企业也开始开放应用程序接口，依托成熟应用推进平台化服务和合作，聚合互联网应用和信息，如新浪微博的开放平台已有了2亿用户，第三方目前已经引入约3500个第三方开发的应用，还有约七八千个应用正在申请进入开放平台。以美国Netflix为典型代表，面向用户直接提供服务且采用前向收费模式的OTT（Over The ToP，顶层业务）服务市场发展迅速，互联网和电信网之间的业务形态、服务模式差异逐渐模糊。

二、2011 年下一代网领域热点剖析

梳理 2011 年下一代网络领域的热点，可以归纳成光纤到户、智慧城市、三网融合、智能管道四大热点。

（一）光纤到户

政策引领、竞争升级，FTTH 建设规模快速扩大。2010 年“三网融合”和《推进光纤宽带网络建设的意见》等相关政策的出台，激发了运营商宽带建设的积极性，其效果凸显，此外各地方政府积极发展“智慧城市”和云计算，也要求加速宽带网络建设。加之市场竞争趋于激烈，“三网融合”又可能引入新的竞争者，为了在带宽上占据优势，并且直接掌握潜在的最终用户，运营商普遍采用光纤到户直接覆盖用户。另一方面，随着产业链的成熟和部署规模的扩大，设备成本不断降低，直接部署光纤到户的成本已可接受，因此 2011 年电信运营商普遍转向以提供 20M 接入能力为目标的光纤到户网络建设。2009 年年底时，我国 FTTx 网络的构成为 FTTB 占 96%，而 FTTH 只占 4%；到 2011 年中期，FTTH 的比例已经上升到 25%，并且在新建光纤宽带网络中，将继续以 FTTH 为主。

宽带部署加速，同时存在问题和挑战。2011 年我国的光纤宽带网络建设进入了发展的快车道，与发达国家相比，我国的接入速率和宽带普及率都还有较大差距，但在未来几年还将继续加速前行：宽带用户数将保持 15% 以上的年增长率，而 FTTx 用户的增长率将在 30% 以上，占宽带用户的比例将超过 50%。但同时光纤到户的规模建设也出现了新的问题和挑战，首先是用户驻地网建设模式的问题，现有的入场费和排他性协议模式，不仅加重运营商负担，也损害了用户的选择权。此外，规模推广光纤到户将面临入户设备形态选择、用户家中光纤布放、停电后影响电话使用、只开通电话业务用户的处理等问题，这些细节问题直接影响用户的体验，阻碍用户接受光纤宽带。另外一个主要问题则是业务发展与网络的匹配问题。目前我国已部署的光纤到户网络，其用户开通率只有 1/5，一个重要原因是缺乏业务应用，用户没有动力升级。一般来说，网络建设通常会领先于业务发展。但是当网络规模发展起来以后，就必须要考虑业务商业模式的问题。

（二）智慧城市

物联网落地智慧城市，政府重视顶层规划。2011 年是我国“十二五”规划开局之年，众多的智慧城市以政府规划为主，政策支持力度加大。随着城市建设步伐明显加快，“智慧城市”引领中国城市化进程，成为促进物联网产业和应用发展的重要抓手和落脚点。截止到 2011 年 5 月，我国 18 个一级城市已全部提出了自己的智慧城市详细规划，80% 的二级城市也明确提出了建设智慧城市的发展目标。

为了更好地引导智慧城市建设，2011 年从国家政策、部委联动到地方政府都相继出台了相关指

导政策或行动规划。在国家政策层面制定了包括信息安全、电子信息产业、软件业、通信业、物联网、电子政务、电子商务在内的十多个与智慧城市建设相关的“十二五”规划。为了更好地探索智慧城市建设模式，及时总结经验和教训，加强部省联动，国家层面开展了小规模智慧城市建设试点示范。2011 年 9 月，工业和信息化部、浙江省人民政府、国家标准委在浙江省宁波市共同签署了《共同推进浙江省信息化和工业化深度融合和“智慧城市”建设试点战略合作框架协议》，三方就加强智慧城市战略研究、联合展开“智慧城市”建设试点、开展两化深度融合试点、加强信息化领域标准化建设、加快支撑体系和建立部省会商制度六个方面达成了共识。此外，国家“863 智慧城市主题项目”正式立项，深圳和武汉成为全国智慧城市建设试点城市。

在地方目前已有数十个城市制定了智慧城发展的专项规划或行动计划。**北京**市在已发布的《“十二五”时期城市信息化及重大信息基础设施建设规划》中明确，到“十二五”末要实现“数字北京”向“智慧北京”的全面跃升，形成宽带泛在的基础设施、智能融合的信息应用、创新可持续的发展环境。2011 年 9 月，**上海**市发布了《上海市推进智慧城市建设 2011—2013 年行动计划》，提出到 2013 年年底，上海智慧城市建设基本形成“基础设施能级跃升、示范带动效应突出、重点应用效能明显、关键技术取得突破、相关产业国际可比、信息安全总体可控”的良好局面。**广州**市正在制定《实施“智慧广州”战略，建设国家中心城市的意见》，提出实现智能技术高度集中、智能经济高端发展、智能服务高效便民的发展目标，将“智慧城市”作为加快城市发展模式转型升级、提升国家中心城市功能的战略举措。更多的城市也将建设智慧城市这一目标和任务列入了“十二五”发展的议事日程，如**南京、佛山、扬州、无锡**等，地方政府为智慧城市的发展营造了良好的政策环境。

智慧城市发展是现实驱动，应用带动战略产业是内在核心。目前，在城市化进程加速、全球经济一体化的背景下，城市在经济、政治发展上获得更多控制权的同时，也使全球的城市共同面临着可持续发展和公平性挑战：比如粗放型经济发展带来的水、土地和能源等基础资源紧缺，生态环境急剧退化，社会信任、社区精神和归属感等社会资本缺失，城市治理和公共服务水平难以满足市民日益发展的需求，交通拥堵成为城市发展痼疾等等，这些现象在当前的中国城市体现的尤为突出。智慧城市的兴起是新一轮信息化浪潮下对城市发展方式的反思，是在气候变化、低碳、绿色等一系列新的发展理念基础上进行的对城市发展新的思索。正是基于这样的认识，网络化、ICT 驱动的城市发展模式被广泛认同为是一种智慧的城市发展模式。

全面系统化的“智慧城市”内涵可被梳理为如下三点：即以智慧型产业和经济发展为核心，以高效、高速和广泛通达的智能城市交通和信息基础设施建设为基础，以透明、集成和整合的城市事务管理体系，低碳、高效、循环的智能电网、水资源利用管理体系，普惠性、高质量和全生命周期的教育培训、智慧医疗、社会保障体系为重点的智慧宜居生活环境建设为重点。应该说全球宽带战略的持续推进，物联网、云计算、移动互联网等新技术、新产业、新应用的不断发展和成熟，为智慧城市的实施奠定了技术和产业基础，使智慧城市由美好愿景逐步成为现实可能。

但是我们也应当看到目前智慧城市还是一个新的理念，各国、各城市对其认识也并不统一，比如北京、上海、广州在智慧城市建设重点中均提出了智慧产业的概念，但其含义并不一致（北京的产业重点是信息产业，上海扩展到新一代信息技术产业，而广州则上升为智慧经济，扩展到几乎整个战略性新兴产业的范畴）。此外国内智慧城市发展整体处于政府牵头的战略和规划制定时期，城市发展方式和管理方式转型固然是根本目标，以应用带动新型产业成长，拉动 GDP 的增长依然是内在重要的驱动力量。

国内外智慧城市各有特色，建设模式是巨大挑战。国际上智慧城市建设已有一些先例。如荷兰的阿姆斯特丹以低碳、环保为出发点建设智慧城市；瑞典的斯德哥尔摩自 2007 年开始实施交通拥塞收费系统；欧盟从 2010 年 9 月开始试点智慧城市项目 Smart Santande 等。国外的智慧城市侧重于局部技术试验，我国的智慧城市建设规划则更加突出城市主要优势，如城市综合优势、产业优势、管理和服务优势、技术和基础设施优势、人文环境优势等，提出涉及城市经济发展、人民生活、政府管理、基础设施建设、人文环境打造等全面的城市功能提升，这样的建设思路对今后的建设模式、资金筹措和项目管理、评估等等各方面提出巨大的挑战。

目前国内智慧城市建设以政府主导、企业协同配合模式为主，同时政—企合作即 PPP（或公私合作 PPP：private public partnership）模式也在探索当中，但是长远来看，必须要找到合理的运营模式才能持续发展。国外则是开始阶段就采用 PPP 的方式，这也是为什么智慧城市在国内比国外热的一个重要原因。

智慧城市分层技术架构初现，整体顶层设计亟待攻关。智慧城市是基于新一代信息通信技术深度开发和广泛应用所确立的新型城市发展战略，具备以下 5 方面核心特征。第一，通过全面感知推动物理空间和网络空间的一体化，促进城市安全和高效运转；第二，通过多系统整合互通实现管理和服务的精确性和人性化，推动城市管理和服务模式创新；第三，通过无处不在的智能手段实施参与互动，丰富城市幸福生活体验；第四，通过知识创新和应用促进经济发展高端化，驱动经济转型发展；第五，通过构建高质量的居民终身学习、人才聚集和创新创业环境，不断提升居民现代文明素质，为城市持续繁荣发展提供不竭智力资源。其中 1、2、3 点是智慧城市的技术特征，分别对应于智慧城市技术架构层次中的感知层、应用支撑层和应用层特征。4、5 是智慧城市的综合特征。

在智慧城市的进一步推进中，面临的首要问题就是要对全面、完善的智慧城市的各个方面进行顶层设计，包括发展的具体目标体系构建、评价指标体系及目标学习反馈体系的构建、运行操作体系的构建，以及众多的基础支撑体系的构建等等。如果说智慧城市的技术框架层次和特征目前相对比较清晰，其整体顶层设计缺乏实际可借鉴的经验，是各个城市下一步实施面临的巨大挑战。

（三）三网融合

国外融合业务加速发展，合理监管和优质内容是发展保障。2011 年国际视频市场上，表现最为突出的是视频 OTT（Over-The-Top）业务。OTT 模式是指视频、电视和其他业务提供商通过公共互联网而非专用网络提供的业务。利用 OTT 模式，视频服务提供商能够面向多种类型的终端提供业务，有利于规模的扩大和面向多屏互动等新型业务的推广。2011 年国外视频 OTT 发展迅速，特别是美国的视频 OTT 业务在规模和商业模式上均取得了长足的进步。Netflix 公司的业务量占到了固网宽带接入峰值业务量的 30%，总用户达到 2500 万左右，与去年相比增加 100 万左右，订阅用户数超过了美国有线电视运营商 Comcast。2011 年 Hulu 营收达到 4.2 亿美元，比 2010 年增长 60%。付费业务 Hulu Plus 自 2010 年 6 月推出以来，到 2011 年底短短一年半的时间内内用户达到 150 万，为其取得的最快增速。目前 Hulu 的独立用户已经超过 2000 万。

国外视频 OTT 发展如此迅速主要有两方面的原因，一是 OTT 内容提供商有稳定、优质的内容源，例如 Netflix 同时提供在线 DVD 租赁和在线包月收看，DVD 片目达 10 万部，在线播放节目数量达 17000 部，而 Hulu 则与 NBC、新闻集团、迪士尼等内容商联合成立视频网站，以“正统、权威、高质量”的正版内容为竞争力。二是宽松的管制环境、合理的管制方式，是其快速、长期稳定发展有力保障，例如，美国 FCC 并不根据终端类型进行视听节目的监管，而是对于认定属于互联网信息服务的视听类节目，统一采取宽松的监管政策。

我国三网融合稳步发展，电广发挥优势夯实基础。2011 年作为三网融合新政实施的第一年，电信和广电双方立足自身条件，发挥各自优势，取得了一定的成果，并为下一阶段发展夯实了基础。

在政策方面，国务院公布了第二批三网融合试点城市，试点城市总数增加 42 个。通过扩大试点范围来探索积累经验，将为 2013 年开始的全面三网融合提供借鉴。在 IPTV 业务方面，中国的 IPTV 用户数突破 1300 万，其中中国电信的用户接近 1200 万，实现了用户规模的新突破。手机电视发展势头良好，2011 年全国有电视功能的手机销售量达到了 1 亿，产业规模达到了 33 亿元。互联网电视发展迅速，销量和渗透率均不断提高，总规模预计将达到 329 万台。广电方面则在 12 个试点城市和地区基本完成了 IPTV 集成播控平台的建设，并实现与中央总平台对接。在宽带建设方面，电信运营商围绕宽带带宽和覆盖率，加快了宽带网络建设改造的投入力度，通过推进 WLAN（无线局域网）、光纤提速提升了网络承载融合业务的能力。电信和广电双方在各自围绕三网融合发挥自身优势的同时，也在积极探索多样化的融合模式。如上海文广与上海电信的“上海模式”；武汉广电与武汉电信通过组建“武汉市三网融合合资公司”，形成的“武汉模式”。

2011 年作为三网融合的磨合缓冲期，电信和广电双方在由竞争转向竞合的过程中，也不可避免的出现以 CNTV 状告广东电信、江苏电信为代表的多起双方摩擦事件，这也从一个侧面折射出三网融合在推进过程中仍存在着体制上的障碍。

智能化技术使终端更趋融合，面向终端的监管体制面临挑战。随着三网融合的逐渐深入，视频终端在向着连接互联网、开放操作系统、网络侧平台支持的方向发展。首先，智能电视与智能手机、个人电脑等视频终端在系统架构的趋于一致随着技术发展，智能电视机也实现了硬件平台与软件平台的分离，操作系统与应用程序的分离。目前典型的智能电视由终端硬件平台、操作系统内核、基础中间件、应用框架 /UI API、应用软件几部分组成，而系统架构的一致性，使得在智能手机、PC 终端等领域已经取得优势的企业能够快速在智能电视领域形成优势，如苹果、谷歌等移动互联网企业通过布局操作系统，打造各自的应用开发平台。其次，视频终端发展模式也趋于一致。如同移动互联网“封闭”的 WAP 连接和“开放”的 Internet 连接一样，电视业务根据视频业务内容提供的不同，也分为“封闭”的电视业务（如 IPTV、HbbTV）和“开放”的互联网电视业务。“封闭”电视业务由网络运营商负责内容的集成和业务的提供，而互联网电视则由互联网视频企业、互联网电视牌照方和电视机厂家共同来提供业务。因此未来的手机、电视、平板电脑很难有独自的技术和应用特征，它们的核心软硬件和应用模式都将趋于相同。

我国对视频融合业务的监管是针对物理终端进行监管，如下表所示。首先这种监管方式根据终端类型采用不同的监管手段，并不能保证真正的内容安全，因为不管用户采用什么终端，看到的内容都应该一致。二是未来的终端融合，在实施监管的时候很难采用技术的手段对终端实施监管。三是牌照体系的分制，将间接影响终端产品技术规范的缺失，从长远来看，如果 APP 市场成为互联网应用进入电视和其他相关终端的主流方式，这种牌照体制的恶劣影响将逐步放大。

终端类型	面向业务	监管方式
PC	互联网视听节目	许可证制（56 号文）
IPTV	IPTV 业务	牌照制（344 号文）
手机	手机电视业务	牌照制（74 号文）
电视	互联网电视业务	牌照制（181 号文）

我国对于电视终端的监管政策还在不断细化。2011 年 10 月，国家广电总局办公厅制定下发了《持有互联网电视牌照机构运营管理要求》的通知（181 号文件），要求互联网电视集成机构应当建立互联网电视独立的用户管理，计费认证体系，不得与传输网络运营商合作进行互联网电视业务的用户管理、计费认证工作。对于互联网电视业务监管政策的进一步细化，不仅阻碍了产业各方加入，而且使得已有的电视厂家形成了基于牌照制的体系分割，而且使得互联网电视成为与其他视频终端有所区别的“特殊终端”，为产业长期发展带来挑战。

（四）智能管道

拓展网络要素实施智能化转型，产业界积极实践智能管道。我国电信业从 2004 年就开始了向移动化、宽带化、智能化、融合化、国际化的转型之路，光纤宽带、无线宽带建设成绩卓著，IDC、CDN、云计算中心等应用基础设施快速发展，与传统的通信传输通道一起构建出综合管道，将纯粹的传输管道的比特传送功能扩大到计算、存储、分发等各种资源的网络调度功能，形成综合资源优势，实现从传输管道向应用管道的延展。

2011 年产业界在智能管道方面有了更多的探索，设备厂商爱立信已经在 57 个运营商拥有商用案例，中兴针对无线接入、有线接入、承载网、核心网、运营支撑等网络单元推出了端到端的智能管道解决方案，上海贝尔推出“彩色管道”和“智能流量管理”解决方案。国内电信运营商中国移动着手部署智能管道商用，通过业务基地模式打造数字内容集成平台、开发管道新价值；中国电信提出做智能管道的主导者，并试点基于智能管道的应用。国外运营商 Sprint 与谷歌 VoIP 整合，实现可控的智能管道，免费提供本地通话、短信等，然后通过互联网行业所需要的用户规模从新的业务领域如广告、游戏等获取利润；AT&T 宣布智能管道转型之路，投资 10 亿美元在全球部署面向商业客户的基于网络的云计算和移动应用，成立专门机构面向商业客户迅速增长的移动服务需求提供解决方案，实现对网络通信资源、计算资源和移动终端能力进行整合、重构和优化。

移动网智能管道优先落地，技术和商业模式间缺乏衔接。由于移动网络的频率资源有限，网络资源无法满足移动数据流量每年翻一番的需求，量收剪刀差持续扩大，因此国内外电信运营商都在积极围绕移动网络部署智能管道，并没有对固定网部署智能管道的管控。例如：沃达丰、英国 BT、中国移动等使用分优先级限速、临时高速保障、公平使用等策略对移动数据业务实施网络管控；TELE2、TELENOR、DOCOMO、中国电信等在速率分层计费、忙闲时动态计费、个性计费套餐、分级别用户计费等价值提升方面开展商用。因为实行了公平使用策略，沃达丰成为少数从移动宽带流量中获取巨额利润的运营商之一；中国移动试点公平使用管控，试商用用户平均日累计使用量降低 31.51%，且用户无投诉；DoCoMo 基于用户计费，多重的资费起点和封顶点，满足了不同使用习惯的用户需求，带动流量套餐签约率同比增长 30%。

目前智能管道采用的技术是在 3GPP 形成的标准策略计费控制（PCC），PCC 可基于累计使用量 / 用户 / 时间 / 终端 / 区域 / 速度等策略实现资源疏导和价值提升。由于 PCC 的部署需要 BOSS、PCRF、PCEF 以及无线侧等网元的统一配合，大范围部署对现网会造成何种影响还未可知，所以 PCC 规模部署仍需时日。另外目前智能管道只是实现对无线接入网进行管控，并不能达到移动互联网上数据业务端到端的管控，所以用户和第三方对智能管道运营商业务模式的认知度仍然存在不确定性，因此还需探索智能管道技术方案和商业模式之间的有效的衔接。

三、下一代网领域的未来发展趋势

（一）下一代网领域的总体发展趋势

物联网感知和延伸能力不断增强。智能物体、传感器、RFID 标签等通过各种近距离无线通信技术（例如 UWB、NFC、RFID 等），与末端网络（个域网、汽车网、家庭网络、社区网络、小物体网络等）、公众信息通信网络、行业专网的互联，来实现人与物、物与物之间的通信。物联网使机器、物体、环境等能够进入人类感知的范畴，实现物理真实世界在网络虚拟空间的映射，从而使人能够更智能感知和控制物理世界。随着国家物联网战略的实施，越来越多的智能信息感知和采集、智能控制设备将部署在人们生产、生活环境中，使人与物、物与物之间能够开展更加广泛的信息交互。

传送、数据技术融合，网络扁平化趋势明显。随着网络和业务的分组化主导发展，传送网和数据网出现了技术融合趋势，相关的融合型设备也逐步出现，典型的如早期的 MSTP 设备融合了以太网的透传和二层数据交换功能、介于二层和三层的 MPLS 功能等，而近期传送设备最典型则为新一代的 OTN 设备，也即 P-OTN 设备，其最典型的特征是完美地融合了 L0、L1、L2 三层不同的业务接入及组网功能，既可以支持波长层面业务，也可以支持 OTN 电交叉业务，同时也可以支持基于二层的分组交换业务，是未来 OTN 技术发展的主导方向。同时，数据设备也在同时融合原本属于传送设备的功能，典型如 OTN 接口功能、PTN 协议功能、高速传输的 40Gbit/s 和 100Gbit/s 技术等。这些融合型设备的出现将为网络整体扁平化创造了积极条件，但究竟是从下而上开始扁平化还是从上而下开始扁平化，目前正在热烈的探讨之中，尚无定论。

从目前融合性设备的发展趋势来看，传送设备将努力把 L0/L1/L2 三层功能集成于同一节点，而数据设备则额外集成 OTN 接口、MPLS-TP、40/100Gbit/s 高速长距传输接口等功能。从网络层次的变化来看，无论最终是哪种设备类型最终主导市场发展，网络扁平化已成大势所趋，传送网络将采用更少的设备类型实现更复杂的组网功能。

应用和服务分化，存储、计算、分发等设施更趋下沉。随着应用的快速创新发展，以及围绕某些特色应用（如微博）的快速聚集，许多互联网应用提供商不仅直接提供应用，而且开始探索平台化的服务模式。通过平台化，使第三方开发者可以通过运用和组装其接口能力，或同时引用其他第三方服务接口能力，快速产生新的应用，这些应用还可以使用平台提供的资源而直接运行在该平台之上。开放平台模式成功的关键在于：通过与第三方应用的互利互惠，提高用户对平台网站的粘性和使用程度，进而提高获利水平，同时通过利益分摊，达到平台自身和第三方应用循环刺激而产生滚雪球式的增长。应用和服务逐渐剥离，各种应用服务平台数量越来越多（如即时消息平台、手机支付平台、应用商店等），服务类型和服务能力不断扩展和增强，同时平台不断呈现专业化的趋势。电信运营商、互联网企业纷纷发力，甚至同时运行有多个平台，整个信息通信网络正在发展成为一个平台生态系统。

传统的信息基础设施以提供网络传送能力为主。随着 IT 与 CT 融合趋势日渐明显，IT 服务能力不再局限于仅支持企业内部应用，而逐渐趋向网络化、开放化、基础化，特别是随着视频业务以及云计算应用的发展，网络分发、存储、计算能力逐渐成为了网络基础设施服务的重要部分，如 IDC 中心、云计算中心、CDN 网络等。不仅电信运营商、互联网企业，全国一些省市也纷纷出台举措来推进 IDC、云计算等这些重要基础设置的建设，如北京祥云、上海云海、深圳鲲云、重庆云端、杭州云超市等工程。

互联网应用进一步发展，传统电信业务网和互联网趋向于“融合”。互联网电话发展快速，从用户体验和网络技术来看，电信网话音服务和互联网话音服务差异已经不大。话音应用加速与各种在线应用融合：话音和即时消息结合，米聊、微信等活跃用户增长率明显高于传统移动即时消息业务；语音微博、视频微博等创新型应用不断出现。在商业模式方面，随着 OTT 等业务的发展，互联网也不再局限于后向收费的模式，而向前向收费模式扩展，并且在国外取得了较快的发展，最典型的如美国流媒体服务提供商 Netflix，其订阅用户数已经超过美国有线电视运营商 Comcast。电信运营商也在积极谋划引入互联网业务应用，如我国三大电信运营商纷纷推出了即时通信软件，国内外电信运营商在积极推进基于 IMS 的 RCS（富媒体通信）研究试验，并积极发展基于位置的服务、基于移动支付的电子商务等。

（二）下一代网领域的热点发展趋势

宽带中国成为共识，将进入快速全面发展阶段。国际上以美国为代表的发达国家将宽带战略与网络空间国际战略有机结合，试图通过把握网络空间的主导权进而抢占经济、科技发展和综合国力竞争的制高点，继续全球领导地位。国内宽带应用在国民经济各个领域的渗透和支撑作用持续增强，成为推动经济增长和促进社会发展的核心生产要素。社会各界也对宽带的需求和关注程度日益增长，“反垄断”、“假宽带”等事件显示出普通民众对宽带的极大关注，因此“宽带中国”战略成为国家各级政府、相关部委、运营企业和制造企业的共识，我国宽带网络将进入快速全面发展阶段。预计到 2012 年底，我国宽带网络将实现 20M 以上宽带端口超过 8000 万、50% 以上用户使用 4M 接入、家庭普及率超过 1/3，宽带网络在社会生产生活中的应用得到进一步普及。

智慧城市分层技术架构初现，整体顶层设计亟待攻关。智慧城市是基于新一代信息通信技术深度开发和广泛应用所确立的新型城市发展战略，具备以下五方面核心特征。第一，通过全面感知推动物理空间和网络空间的一体化，促进城市安全和高效运转；第二，通过多系统整合互通实现管理和服务的精确性和人性化，推动城市管理和服务模式创新；第三，通过无处不在的智能手段实施参与互动，丰富城市幸福生活体验；第四，通过知识创新和应用促进经济发展高端化，驱动经济转型发展；第五，通过构建高质量的居民终身学习、人才聚集和创新创业环境，不断提升居民现代文明素质，为城市持续繁荣发展提供不竭智力资源。我们认为这五点中，前三点特征可以表征为智慧城市的三个核心技术特征。如果我们可以将智慧城市的技术体系分为四个层次，即应用层、应用支撑层、网络层和感知层，则这三点分别体现在感知层、应用支撑层，以及应用层。在感知层，各种传感器、RFID/ 二维码和智能装置部署在城市的各个设施、部位和具体的设备上，并通过配置其上的通信模块相互连接，并与各种远近距离、专用和公用网络相连接；基于网络层新发展和壮大的应用支撑层是智慧城市新的关键基础设施，以各类公共的、私有的云的方式实现城市各类公共和私有的信息的计算、存储和处理，一方面与下层的网络、上层的应用间纵向连接，更关键的是通过多系统整合和互通实现横向的互通；在应用层，各个行业、部门应用平台通过引入开放接口，通过将更多的数据资源开放给公众，通过采纳更多的 WEB2.0 技术手段，使应用越来越丰富，用户体验越来越智能，管理和服务方式越来越人性。如果说智慧城市的技术框架层次和特征目前相对比较清晰，其整体顶层设计缺乏实际可借鉴的经验，是各个城市下一步实施面临的巨大挑战。

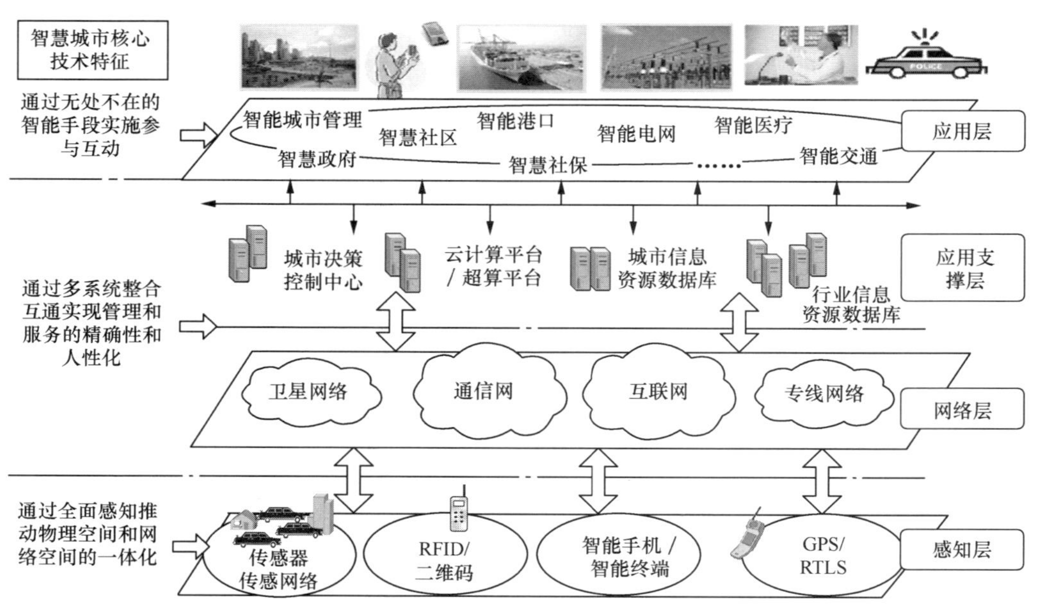

图 1　智慧城市技术框架及核心技术特征

三网融合整体加速发展，智能电视孕育新的突破。对于我国三网融合，随着试点规模的扩大、基础网络的升级、新型终端和技术的发展将带来我国三网融合整体加速。2011 年三网融合第一批试点城市已经完成了双向进入业务许可的申请和审查工作，将为第二批试点工作奠定了基础、积累了经验。此外工业和信息化部提出 2012 年将重点实施宽带上网提速工程，基础网络的升级为三网融合的加速发展提供了保障。而随着平板电脑、智能手机、智能电视等新型终端的兴起，多屏融合、多屏互动的需求逐步显现，而云存储、云播放等技术的成熟也为多屏融合提供了技术的保障。

国外智能电视的火热发展和我国智能电视产业业态的不断完善，智能电视必将成为我国三网融合领域新的热点，据奥维咨询（AVC）的预测，2012 年中国平板市场的智能电视渗透率会达到 27.6%，规模将会达到 1190 万台。在产业配套方面，2010 年智能电视刚兴起时，国内围绕智能电视配套的芯片厂商、软件厂商和内容厂商不足 500 家，但到 2011 年下半年，这个数据已经变成了 2000 多家。此外在商业模式上，随着产业发展智能电视的用户沉淀和路径依赖将逐渐形成，围绕智能电视用户的广告播放、付费购买和使用等基于智能电视的增值服务将会成为重要的新兴盈利来源。

由于监管的限制，未来的智能电视之路必将是坎坷崎岖。目前监管政策中规定智能电视只能嵌入一个互联网电视集成平台的地址，终端产品与平台之间是完全绑定的关系，集成平台对终端产品的控制和管理具有唯一性。因此短期监管的细化使得部分智能电视的市场需求未得到满足。在 IPTV、高清互动数字电视、免费视频网站的竞争下市场将不断寻找新的突破方式。只有通过市场与政策的不断碰撞，未来智能电视才能孕育新的突破

智能管道面向增值创收，感知、管控、分发开放能力建设是关键。智能管道的是电信行业为匹配各种形态的业务和用户需求，为新的运营模式奠定基础，同时避免增量不增收的问题。因此未来智能管道的发展可以从增强现有网络管控能力、拓展新的网络资源能力（例如建设 CDN、数据中心的信息基础设施）、开放现有网络平台能力（电信运营商现有 BSS/OSS 的能力）三方面着手进行。智能管道的智能管控主要是面向互联网的各种业务和应用，能够实时和非实时建立匹配各种形态业务和应用的端到端通道，满足业务提供者的各种商业模式需求。

智能感知、管控、分发以及平台开放能力是智能管道发展的关键技术。智能感知能力主要包括三方面，第一，用户识别，根据用户签约数据、QOS 设置识别用户分类；第二，业务感知，网络侧自动感知，通过 DPI 技术对 IP 数据包进行检测，识别出相应业务类型；第三，需求挖掘，通过数据分析，识别消费场景和消费需求。智能管控能力主要包括动态资源分配，即根据用户和业务分类，根据资源管控策略实现按时段、按业务等灵活的资源分配能力；个性化定制，即能为用户提供自助式的资源配置（如按需带宽、带宽提速）。智能分发能力包括智能疏导与分发，即提供与业务、承载网络（移动或固定）匹配的差异化内容分发通道；网络与 CDN 协同，即适配终端类型，识别业务等级，适配接入质量。服务管道开放能力即网络的资源指配和资源保障能力通过开放的 API 接口提供给第三方的 SP/CP。

未来智能管道发展的难点主要存在以下三个方面：首先，互联网内容提供者和网络运营者协同创新业务模式，为用户提供端到端的服务质量保障（例如 OTT 的前向收费业务）；其次，实现跨多个网络运营商的端到端的网络管控需要对现有网络资源进行技术升级和部署，如 PCRF 和 RACF 的融合；最后，网络与 CDN 协同提供业务的标准化以及服务管道的标准化。

网络与信息安全篇

导　读

网络与信息安全领域年度报告共分“2011 年网络与信息安全总体形势”、“2011 年网络与信息安全热点分析”、“2012 年网络与信息安全展望”三个部分。

第一部分以综述的形式，从安全监管、基础网络安全态势、应用安全、网络空间战略等三个侧面，介绍并分析了 2011 年全球范围内的网络与信息安全总体形势。

第二部分对 2011 年全球范围内的网络和信息安全热点进行了聚焦分析、点评，从网络战争威胁、个人信息保护、网络身份管理、智能终端安全等四个方面，展现了 2011 年全球网络和信息安全领域的重点和热点。

第三部分以行业深度观察为视角，从下一代互联网安全保障机制、网络身份标识、移动支付市场、云计算安全威胁、Web APP 发展、HTML5 安全风险等六个方面，对 2012 年及未来全球网络和信息安全形势进行了预测和展望。

本篇作者：

魏亮　马志刚　程学东　谢玮　许子先　潘娟　杜宏伟　魏薇　卜哲　匡晓烜　陈其云

一、2011 年网络与信息安全总体形势

（一）安全监管措施落实到位，基础网络安全态势基本平稳

2011 年 2 月 19 日，中共中央总书记胡锦涛在省部级主要领导干部社会管理及创新专题研讨班开班仪式上发表重要讲话，强调要“进一步加强和完善信息网络管理，提高对虚拟社会的管理水平，健全网上舆论引导机制。”把虚拟社会的管理纳入社会管理，把网络虚拟社会与现实社会的管理统筹起来，体现了党中央对互联网建设、管理、应用的重视。

1. 坚持开展安全防护检查，基础网络安全能力显著提高

根据工业和信息化部《关于做好通信网络安全防护和 2011 年度安全防护检查工作的通知》以及《关于 2011 年度通信网络安全防护技术检测工作安排的通知》的要求，工业和信息化部电信研究院、国家计算机网络应急技术处理协调中心、国家信息技术安全研究中心和中国信息安全测评中心，于 2011 年 8 月 1 日至 9 月 30 日，对中国电信集团公司、中国移动通信集团公司、中国联合网络通信集团有限公司已备案的部分重点网络单元进行现场技术检测，验证安全防护管理制度和技术措施的达标情况，通过技术检测，极大地调动了相关单位开展网络安全防护工作的自觉性和主动性，有效地促进了网络安全防护体系的建立和完善。

总的来看，技术检测结果反映出各运营企业对网络安全防护工作的重视程度已有一定提高，对网络单元的安全防护意识有了增强，针对前期已发现的典型性、普遍性安全问题的防护措施落实情况明显好转，表明近年来通信网络安全防护工作已经取得了明显成效。但在网络安全形势严峻的大环境下，在网络安全工作动态发展过程中，安全手段建设环节的安全防护还有待完善，需要继续加强推动包括新网络、新业务（如应用商店）在内的信息服务系统的安全防护工作，安全防护工作仍需常抓不懈。

2. 加强网络安全执法力度，黑客行为受到法律制裁

2011 年，我国政府进一步落实网络与信息安全保障策略，持续推进网络与信息安全相关法规和标准的建设，加强对互联网的管理、监控和防范，加强网络犯罪打击力度，净化网络环境。

为严厉打击黑客攻击、网络病毒等违法犯罪活动，最高人民法院、最高人民检察院于 2011 年 8 月 29 日联合发布了《关于办理危害计算机信息系统安全刑事案件应用法律若干问题的解释》，自 2011 年 9 月 1 日起施行。该司法解释共有十一条，重点包括：一是明确了非法获取计算机信息系统数据、非法控制计算机信息系统罪，提供侵入、非法控制计算机信息系统程序、工具罪，破坏计算机信息系统罪等犯罪的定罪量刑标准；二是规定了对明知是非法获取计算机信息系统数据犯罪所获取的数据、非法控制计算机信息系统犯罪所获取的计算机信息系统控制权，而予以转移、收购、代

为销售或者以其他方法掩饰、隐瞒的行为，以掩饰、隐瞒犯罪所得罪追究刑事责任；三是明确了对以单位名义或者单位形式实施危害计算机信息系统安全犯罪的行为，应当追究直接负责的主管人员和其他直接责任人员的刑事责任；四是规定了危害计算机信息系统安全共同犯罪的具体情形和处理原则；五是明确了“国家事务、国防建设、尖端科学技术领域的计算机信息系统”、“专门用于侵入、非法控制计算机信息系统的程序、工具”、“计算机病毒等破坏性程序”的具体范围、认定程序等问题；六是界定了“计算机信息系统”、“计算机系统”、“身份认证信息”、“经济损失”等相关术语的内涵和外延。

执法部门加强网络安全执法力度，黑客行为受到了法律的制裁。2011 年 2 月，南京警方抓获了网络犯罪嫌疑人，其“潜伏”某游戏网站利用网络漏洞修改消费点数牟利 400 余万元。2011 年 4 月，北京市西城检察院以盗窃罪对网络犯罪嫌疑人提起公诉，其利用木马程序“踏破”U 盾，非法从他人网银中转账，盗取 30 多万元资金，被告人当庭认罪。2011 年 11 月 1 日，某网站负责人及合作人因涉嫌提供侵入、非法控制计算机信息系统的程序、工具罪，在海淀法院受审，后分别被海淀法院判处有期徒刑 5 年和 4 年，处罚金 60 万元和 10 万元。这是刑法修正（七）出台后，北京市首例相关案例。

3. 政策法规落实成效明显，基础网络安全总体态势平稳

2011 年我国基础网络安全态势总体趋于平稳，主要表现在以下几个方面。

① 境内感染病毒终端数总体呈下降趋势，境内被篡改网站数明显下降。据 CNCERT 数据显示，2011 年我国基础网络运行总体平稳，互联网骨干网各项监测指标正常。在我国互联网网络安全环境方面，我国境内感染恶意代码的主机数量和新发现信息系统安全漏洞数量总体呈现下降趋势，境内被篡改网站数量和接收到的网络安全事件报告数量总体呈现下降趋势。

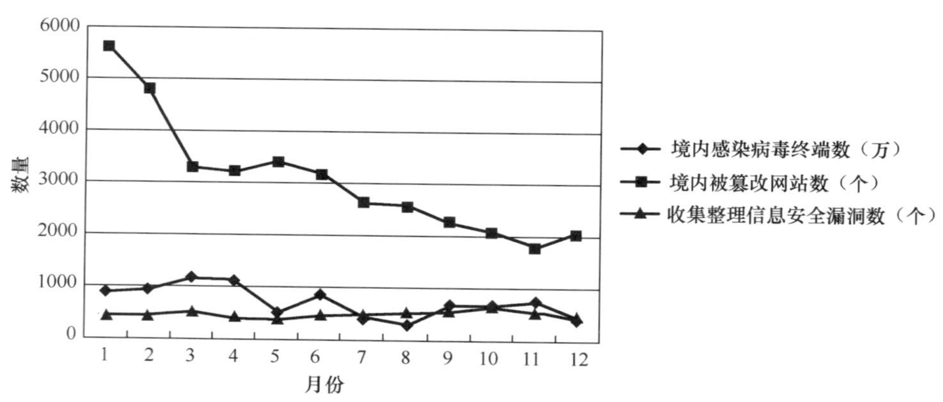

图 1　2011 年我国境内感染病毒终端数及被篡改网站数（数据来源：CNCERT）

② 新增木马病毒数量逐步降低。数据显示 2011 年上半年新增木马病毒数量总体呈现下降趋势。

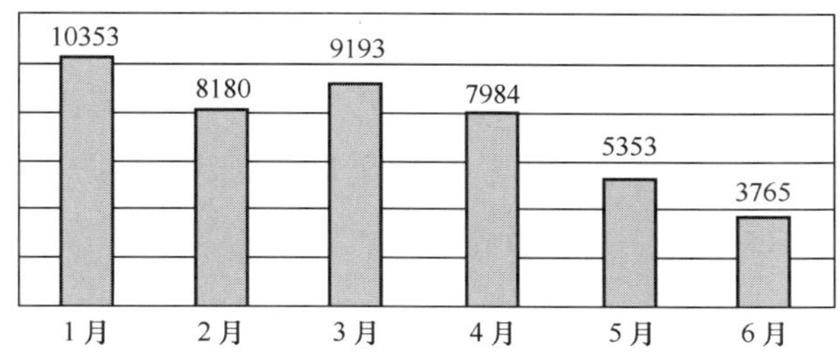

图 2　2011 年上半年新增木马病毒数量（单位：万）（数据来源：360 安全中心）

③ 挂马网站数量明显减少。数据统计表明，2011 年截获的挂马网站，比去年同期下降了 89.74%。其中下半年截获 110 万，比上半年的 236 万有大幅下降。从数据上来看，单个挂马网站的侵害人数保持平稳，这说明黑客并未放弃网站挂马的攻击方式。

④ 网民遭受木马病毒攻击比例有所下降。据有关数据统计，2011 年上半年，遇到病毒或者木马攻击的网民数半年增加 735 万人，达到 2.17 亿，比例为 44.7%，与 2010 年底相比下降 1.1 个百分点。

（二）伴随新技术新业务发展，应用安全总体形势不容乐观

1. 智能终端安全问题影响社会安全

2011 年智能终端安全事件频频发生，如智能终端操作系统厂商非法搜集用户位置数据，对用户造成严重的隐私侵犯；智能终端木马、病毒、吸费软件泛滥，严重威胁终端用户利益。智能终端安全问题已逐渐影响到了社会安全。

数据显示：截至 2011 年 12 月，新增手机病毒 2943 个，同比增长 14.4%，全年查杀到手机恶意软件 24794 款，同比增长 266%，中国大陆地区（不包括中国香港、中国澳门、中国台湾）2011 全年累计感染智能手机 1152 万部，全球范围内，累计感染智能手机 3711 万部。

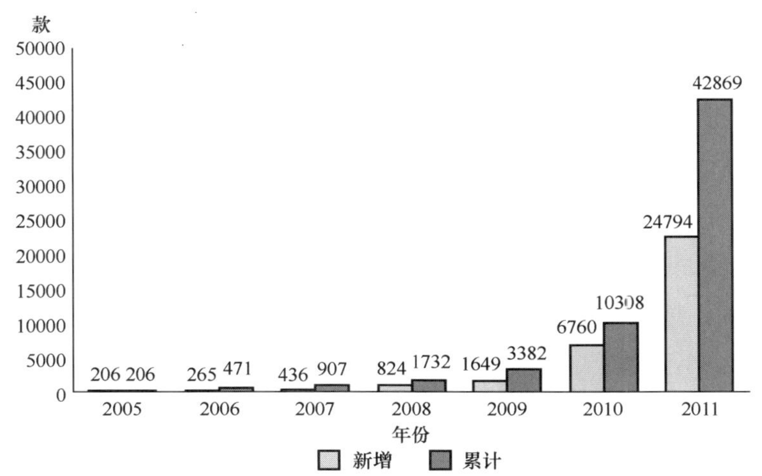

图 3　2005 至 2011 年手机恶意软件增长趋势（数据来源：网秦“云安全”监测平台）

据统计：在 2011 年截获的 24794 款手机恶意软件中，“远程控制木马”以 27.3% 的感染比例位居首位。同比 2010 年初涨幅高达 89%，全年累计感染手机 291 万部，成为 2011 年度智能手机的第一安全威胁。而恶意扣费、隐私窃取、资费消耗类、系统破坏类则以 25.5%、16.3%、11.2%、8.4% 的比例位居其后，其后则为流氓软件（5.3%）、诱骗欺诈（4.1%）、恶意传播类（1.9%）恶意软件。

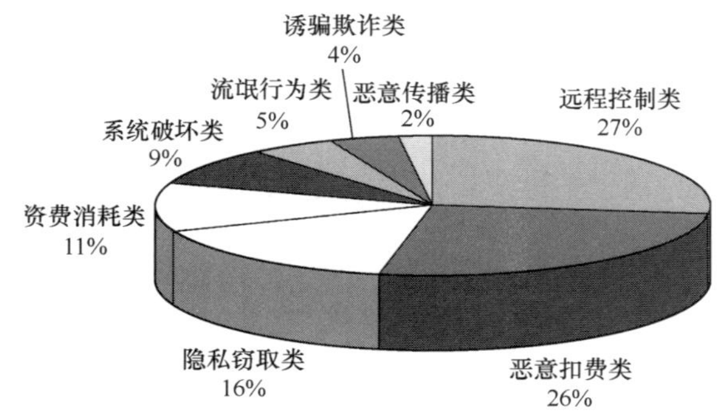

图 4　2011 年中国大陆地区手机恶意软件特征分类（数据来源：网秦“云安全”监测平台）

综上，移动互联网新技术、新业务的快速发展及智能终端的迅速普及引发了新的安全问题，急需国家相关部门出台专项标准、法规，并严格执行落实。

2. 云计算变革带来信息安全新挑战

云计算注定是今后发展的趋势，我国正在逐步推动相关产业的发展。云计算本身的特点也加剧了固有的安全风险或者是带来了新的安全风险。伴随云计算技术的发展，产生了虚拟化安全、租户资源保护、日志轨迹缺乏记录、DDOS 攻击频发等新型安全问题。敏感数据和应用托管在跨境云计算服务器上将面临泄漏和非授权使用的风险。如政府、重要行业的数据存储在云服务器上，将可能产生跨境流动、相关数据被泄露或服务中断，这都将会影响国家安全；个人用户数据存储在云服务器上，将可能数据被窃取，为用户隐私保护带来安全隐患。云计算资源按需购买、使用，用户可以方便获取大规模计算、带宽等能力，但承载大规模业务和用户的云计算平台本身易成为黑客攻击的目标，而一个大规模云计算平台的瘫痪对于用户的损失是不可估量的。

3. 全球频发用户隐私泄露事件

2011 年 3、4 月全球接连发生多起企业数据泄漏大案，其波及面之广，受害者之众都是历史罕见。3 月份知名信息安全企业 HBgary 公司 CEO 的数千封 Gmail 邮件泄露，波及美国政府部门和包括美洲银行、高盛、强生等多家 500 强公司。4 月初全球最大的电子邮件营销公司 Epsilon 遭黑，导致至少 39 家大型企业用户邮件地址外泄，紧接着索尼公司遭黑，引发史上最严重的消费者资料“泄露”事故。

2011 年 11 月 17 日《南方日报》报道称，国内某著名的电子商务网站存在严重系统漏洞，其 4000 万用户资料存在被窃取的风险，通过网络可以抓取到该网站用户的姓名、联系方式、地址等个人详细资料。2011 年 12 月，CSDN 网站 600 万用户注册邮箱和密码被泄露。此后天涯社区、百合网、多玩、世纪佳缘、走秀等多家知名网站数千万网友个人信息相继被泄露，更有人将其做成压缩包，上传至网络供人下载，由于部分密码以明文方式显示，导致大量网民受到隐私泄露的威胁。

由于用户隐私信息泄露事件带来了广泛的社会影响，再一次对互联网企业和互联网用户敲响了安全警钟。

4. 团购网站安全问题逐渐凸显

2011 年 10 月 9 日，国内知名安全网站研究报告显示，目前国内团购网站安全性参差不齐，该企业安全检测平台在 289 家团购网站授权下，对这些网站进行了安全检测，结果如下。

① 70.6% 的团购网站存在高危漏洞，可被黑客轻易攻击利用；存在严重级别漏洞和警告级别漏洞团购网站比例分别为 54.7% 和 66.4%，而完全没有明显漏洞的团购网站比例仅为 5.5%。

② 高危漏洞中，跨站脚本漏洞、团购程序漏洞，以及 SQL 注入漏洞是出现频率最高的三类漏洞，存在上述漏洞的团购网站比例分别为 61.3%、41.5% 和 19.4%，大量网站同时存在多种不同类型的高危漏洞。

③ 大型团购网站的安全状况相对较好，出现高危漏洞的网站比例为 25.0%，出现严重漏洞的网站比例为 12.5%（大型团购网站指艾瑞数据统计中月度活跃用户量超过 500 万的团购网站）。

④ 部分中小型团购网站欠缺安全意识和专业维护能力。以漏洞种类计算，个别网站存在 9 种不同类型的漏洞；以漏洞数量计算，个别网站存在 39 个漏洞。

近年经济相关网络安全问题有上升趋势，需要深入研究相关信息安全防护技术，提高信息安全防护能力。同时加强宣传，提高个人信息安全意识。

5. 利用新技术实施传统诈骗，并趋向集团化运作

2011 年，电信诈骗案件（尤其电话和短信诈骗）持续高发多发，涉案金额巨大。2011 年 10 月，广东警方与中国台湾及泰国警方共同行动，侦破“5・13”特大跨国跨境电信诈骗案，抓获 174 名犯罪嫌疑人。警方捣毁了一个组织严密、网络庞大、涉及人员多、涉案金额巨大的特大跨国、跨两岸电信诈骗犯罪集团。其总部设在中国台湾，利用电信技术及互联网技术实施诈骗，通过租用互联网网络传真平台和非法电信运营商线路，对中国大陆、中国台湾居民进行诈骗。面对这种非接触性、跨国跨两岸地区的新型犯罪，广东警方先后共出动 1200 多名警力，与福建、中国台湾和泰国警方联手，侦破电信诈骗案件 200 余起。

本年度出现的诈骗案件主要是利用新兴起的电信技术及互联网技术实施传统诈骗。由于境内 VoIP 监管不严，为犯罪者提供可乘之机。VoIP 改号设备成为犯罪核心技术，借此诈骗者冒充 110 实施犯罪。利用互联网技术实施网站钓鱼案件也逐渐增多。2011 年 1 月，中国银行众多网银客户经历“惊魂 300 秒”，账户内资金瞬间被钓鱼网站洗劫一空，涉案金额接近 1 个亿。

2011 年 5 月，南京市警方破获一起特大网络诈骗案。该团伙主要利用在线聊天、邮件等工具提供便宜的商品信息，然后让买家链接他所提供的假淘宝网页，诱使买家点击付钱，上当受骗。警方经调查发现，表面上分散的假淘宝网诈骗案，实际上是一个有组织、有分工、有网络技术平台支持和统一管理的犯罪集团所为，总涉案金额高达 3000 万元。

6. 网络犯罪呈全球化趋势，攻击由传统平台转向移动平台

2011 年度诺顿网络调查报告显示，全球每天有 100 万人成为网络犯罪的受害者，全球因网络犯罪造成的直接损失每年达 1140 亿美元，因处理网络犯罪问题而浪费的时间价值是 2740 亿，网络犯罪导致的损失约为 3880 亿美元，远远超过了大麻、可卡因和海洛因全球黑市的交易总额 2880 亿美元。从网络犯罪受害者人数来看，中国的网络犯罪相较于全球可能更加恶劣：去年，全球有 4.31 亿成人遭受过网络犯罪的侵害，其中就有 1.96 亿的受害人来自中国。

此外，移动设备及社交网站面临的威胁也不断增多。调查显示，有 10% 的在线成人遭遇过手机网络犯罪。针对手机操作系统的新漏洞数有所增加，从 2009 年的 115 个上升到 2010 年的 163 个。事实上，赛门铁克互联网安全威胁报告第 16 期称，2010 年的手机漏洞比 2009 年增长 42%，这一迹象表明，网络罪犯开始将精力重点放在移动领域上。2011 年 1 月思科发布年度安全报告：网络犯罪类型正处在转型期，网络诈骗分子的目标开始从安装 Windows 操作系统的个人电脑用户转向其他操作系统和平台，其中大体包括智能手机、平板电脑和移动平台。思科报告表示，由于 Windows PC 正在日益变得难以突破，网络犯罪分子正在把焦点转移到其他 OS、智能手机和平板产品，因为这些厂商对平台安全性和漏洞修补的关注度不足。几年来，利用移动设备推动网络犯罪的犯罪分子利用设备缺陷、第三方应用等各种手段锁定被害人。同时 Infonetics 公司的预期数据也证实了这一点，移动安全客户端软件市场将以每年 50% 复利计算至 2014 年，达到 16 亿美元。

（三）网络成为国家安全的组成部分，网络空间国际形势复杂

2011 年，随着美国网络空间安全战略思想的演进，国家利益开始向网络空间转移，全球对空间网络基础设施的安全管理日益重视。在伊拉克战争期间尝到给敌方预留计算机软硬件后门甜头的美国，更加注重对网络产品安全的审查，以避免留下安全隐患。2011 年 1 月，美国外国投资委员会对中国电信企业华为公司收购 3Leaf 公司进行严格的安全审查，之后建议华为撤回收购计划。迫于压力华为最终放弃收购。该事件充分说明了美国政府对基础网络设施在网络战争时代安全意识的强势性。

另一方面，西方大国及其盟友将以其研发的网络武器为基础，主导国际网络空间的军事事务，并对他国形成非常规的网络军事威慑。制网权称为制海权、制空权、制天权后现代战争的又一重点领域，网络空间的控制与反控制称为国际战略和战争的新内容。为了应对网络战争的现实威胁，各国纷纷组建网络战部队、研发网络战争武器，为未来可能爆发的网络战争加紧进行实战准备工作。

2011 年 6 月 1 日，英国国防大臣尼克 · 哈维表示，网络武器将会成为国家军械库所藏武器的一部分，这是英国第一次承认有网络武器研发计划的存在。7 月美国国防部发布《网络空间行动战略》，网络空间成为美国国家主权的重要组成部分。美英两国不但在逐步加强自身的网络战争能力，还试图建立起区域性的网络安全屏障，网络空间安全战略由国内延伸至国际，区域 / 组织网络战争联盟与合作日益重要，网络战争时代已经逐步来到我们身边。

网络战争消除了空间和时间的制约，超越了传统的军事和国家安全的范畴，加深了国家之间的防范和猜忌，并引发新的网络冲突和网络军备竞赛，对稳定与发展全球经济十分不利，网络空间的对话与合作机制亟待建立。

二、2011 年网络与信息安全热点分析

（一）网络空间国际行动升温，网络战争威胁加剧

目前，随着互联网的发展，以国家利益为代表的国别利益部分地转移到网络空间，国际关系中的国家利益冲突随之转移到网络空间，并呈交织放大之势。近年以来，以美国为代表的西方大国以维护网络空间的国家利益为核心，一直在进行着网络战、信息战的战略准备工作。

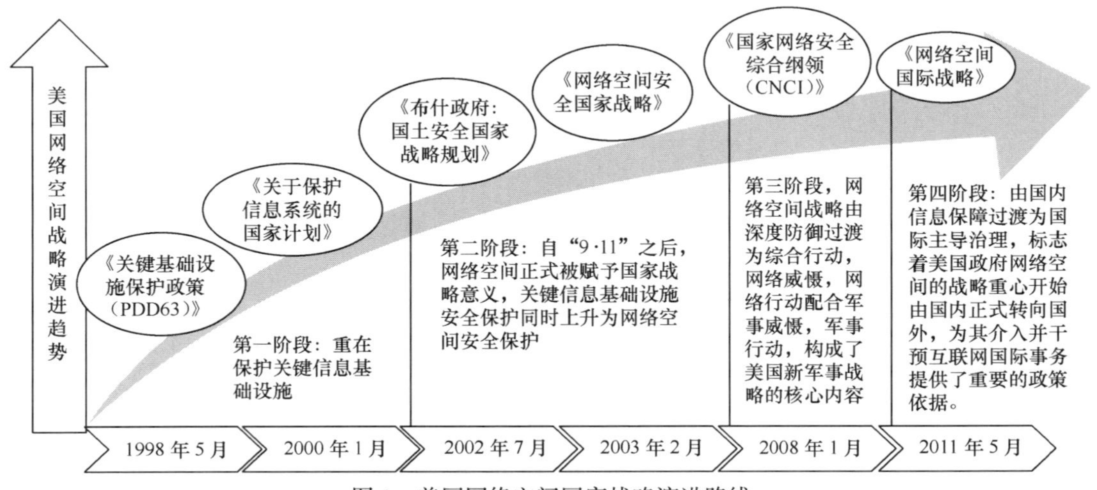

图 1　美国网络空间国家战略演进路线

首先，网络空间国别战略由国内延伸至国际。2011 年 5 月 16 日，美国白宫发布由总统奥巴马签署的《网络空间国际战略》，标志着美国政府网络空间的战略重心开始由国内正式转向国外，为其介入并干预互联网国际事务提供了重要的政策依据。《网络空间国际战略》以网络武器为基础，以网络自卫权为借口，网络战争正式被赋予合法外衣，美国不仅将继续加强对全球域名解析系统的单边控制，而且日后若遭遇可能威胁国土安全的网络攻击，美国可以动用军事实力进行反击。2011 年 7 月 16 日，美国国防部发布《网络空间行动战略》，网络空间与陆、海、空、太空并列，首次成为美军的“行动领域”，标志着网络空间正式取得美国国家主权疆界的地位，成为美国国家主权的重要组成部分。《网络空间国际战略》主要介绍了美军在网络领域的战略计划，包括将网络视为作战区域、变被动防御为主动防御、与私营企业乃至美国盟友协同作战保护网络安全等。其中，《网络空间国际战略》的机密部分详细列出了美军发动“网络战”及应对网络袭击的各种方案，旨在令美军在网络空间“有攻有守”，并且会让“攻守”更加平衡。

其次，网络战争国别行动走向联盟集体行动。美国欧盟首次进行网络安全联合演练。2011 年 11 月 3 日，美国和欧盟在比利时布鲁塞尔举行了名为“大西洋网络 2011（Cyber Atlantic 2011）”的网络安全联合演练。演练双方分别是欧洲网络信息安全局和美国国土安全部，演练模拟关键基础设施遭受网络攻击或发生其他网络危机的情况下，美国和欧盟如何加强相互协作且互不干扰（据《Homeland Security NewsWire》报道）。美澳首次把网络战列入共同防御条约。2011 年 9 月 15 日，外电报道美国

和澳大利亚首次计划将网络战争纳入双边共同防御条约。美国国防部官员表示，虽然北大西洋公约组织（NATO）已经开始注意网络威胁问题，但是考虑到即将发生在“数字化战场”的各种进攻行动，盟国依然需要将网络战争规范在双边或多边防御条约中，以便采取集体行动防御并积极应对各种网络攻击（据国外媒体《Totaltele》）。

种种事实已经充分说明，为了实现网络空间战略由计划上升为具备实战能力，西方大国及其盟友将以其研发的网络武器为基础，主导国际网络空间的军事事务，并对他国形成非常规的网络军事威慑，必要时甚至动用常规武器，对他国的网络目标甚至关键信息基础设施实施打击和摧毁。为了应对网络战争的现实威胁，各国纷纷组建网络战部队、研发网络战争武器，为未来可能爆发的网络战争加紧进行实战准备工作。2011 年 6 月 2 日，外电报道美国五角大楼已制定了一份网络武器和工具清单，其中包括能破坏对手重要网络的电脑病毒。这份清单将武器的使用分为三个等级：全球、区域和敌对地区，其中全球范围内的行动属最高等级行动。2011 年 5 月 25 日，我国国防部在例行记者会上证实，国防部正在组建“网络蓝军”，其中广州军区已组成专业化的“网络蓝军”，其目的是提高部队的网络安全防护水平。2011 年 8 月 8 日，韩国政府发布《国家网络安全综合计划》，决定组成国际接口局、互联网服务商、企业和个人等“三线防御体系”；2011 年 12 月 17 日，金正日死亡后，韩国联合参谋本部将信息作战防卫态势（INFOCON）上升为第三等级“提升准备态势”，28 日又下降为第五等级（平时准备态势）。2011 年 9 月 20 日，新加坡资讯通信科技安全局决定设立“全国网络安全中心”，开展全天候的网络安全监视行动。

纵观国际国内形势，当前，我国应当按照国际国内两个大局，统筹制定网络空间国际国内战略，综合运用外交、安全、军事、产业等多方面的力量，加强网络空间国际关系格局的战略规划和政策策略设计，加强网络空间国家利益的战略领导和组织管理工作，在网络空间国际关系中能够充分掌握主动，为我国在网络空间领域国家利益的实现争取较多的国际空间和外交机会，切实维护国家网络主权完整和神圣不可侵犯。

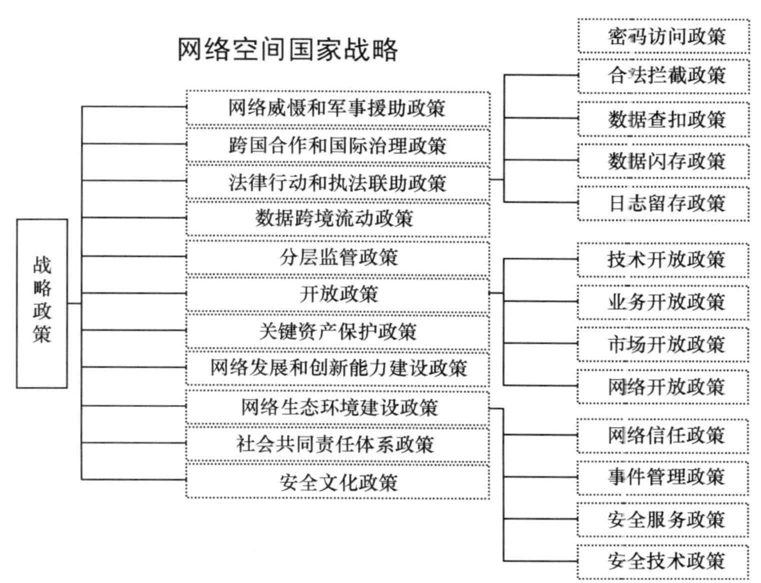

图 2　我国网络空间国家战略框架建议

（二）用户隐私泄露集中爆发，网络个人信息保护短板凸显

2011 年年底，国内媒体广泛报道国内数十家知名网站的用户信息被泄露，使得全社会密切关注互联网上的个人信息保护。本次用户信息泄露事件的波及面、规模、危害在中国互联网上发展过程中前所未有，不仅涉及包括 CSDN、天涯社区、多玩、京东、当当、支付宝、嘟嘟牛、7K7K、多玩网、178 游戏网在内的多家社交网站、游戏网站、婚恋网站，而且交通银行、民生银行、广东省出入境官网等一些政府、金融网站也涉及其中。

截至 12 月 29 日，公开渠道可获得疑似泄露的数据库有 26 个，涉及账号、密码 2.78 亿条。其中，具有与网站、论坛相关联信息的（例如，被声称属于某个网站的数据）数据库有 12 个，涉及数据 1.36 亿条；无法判断网站、论坛关联性的数据库有 14 个，涉及数据 1.42 亿条。

泄密事件引起互联网管理部门的高度重视，经抽查核实发现部分数据是有效的，经过与相关网站、论坛联系核对后，确认 CSDN 社区、天涯社区两家网站发生了用户数据泄漏事件，但泄漏原因还有待进一步分析；对于其他网站、论坛，虽然曝光数据中个别条目有效，但不能判定发生了网站、论坛用户数据泄漏事件。

针对广东省出入境官网泄密一事，广东省公安厅通过官方微博“@ 平安南粤”回应称：经初步调查，该网站确实存在技术漏洞，现已修补完毕。”同时某网站就“银行信息泄露”事件作出说明，称自己“由于未经核实发布信息”，给交行、民生银行、工行带来了不良影响，表示歉意，并称愿意配合公安机关调查此事。

曝光的数据有真有假，但是不可否认的是此次事件已经给互联网用户带来了严重的个人信息安全威胁。目前，相关事实已由公安机关查明，违法人员已经被依法严肃查处。

- 泄密事件将导致更多严重后果

直接导致个人信息泄露范围扩大。若用户某一个网站的注册账号、密码等信息被泄漏，该用户在其他网站注册的账号和密码也面临被泄漏的高风险。利用以泄露的用户数据作为“字典”，探测拆解其他网站的账号密码。如果泄露密码与电子邮件密码相同，用户注册账号时留下的电子邮件账号密码存在极高泄露风险；利用获取密码的邮件账号冒用用户名义，在其他网站上利用密码重置功能进一步窃取更多账号。

间接导致的危害更大更深。利用用户注册留下的姓名、联系地址、电话，可进行恶意下单等经济欺诈活动，如 2012 年 1 月 4 日，《京华时报》第九版刊载了这样一条消息：从未参加网购的某先生同时接到了几大电子商务网站的货到付款快递，他没有下过订单，但他的名字、联系方式都是对的。问遍了周围的人，王先生也没有找到下单的人；被窃取账号可被网络营销公司、钓鱼集团非法利用，一些所谓网络营销公司居然拿被窃用户账号去发水帖，刷僵尸粉，发布网络信息打击竞争对手，或推送广告、虚假、欺诈信息。更有可能被非法恶意人员用于发送违法、反动信息，危害其他用户安全和社

会稳定。

● 互联网用户需提高网络安全意识

广大互联网用户通过此次事件深刻体会到互联网安全给日常生活带来的影响，同时也应该提高对互联网安全的认识，平时养成良好的安全意识和上网习惯，避免在不同网站注册时使用同一套账号和密码。

● 互联网企业需重视并切实做好网络信息安全防护工作

作为大量用户信息的收集者和管理者，互联网企业的网络平台有义务保障用户信息安全性，互联网企业应增强安全观念，通过增大安全方面投资等有效手段加强安全防护工作，有效做好用户信息泄露的处理工作。

部分互联网企业无视用户利益，不重视用户数据，错误认为安全对一个企业来说是要"花钱但不产生收入"的事情，即使用户数据被盗，对企业来说也损失不大，甚至部分企业早知其数据库被盗，而直至被黑客公开出来才开始道歉和采取措施。

互联网企业的安全方面投资普遍不足。一家券商 TMT 研究部门的调研数据，目前，中国互联网公司的信息安全支出，在整体 IT 支出中的比例不到 1%，欧美的比例是 8%~10%。而国内，对安全性要求比较高的金融行业，其信息安全支出在整个 IT 支出中占到 10%。与此同时部分互联网企业也受资金投入影响，缺少自己的专业安全运维团队。比如大型 B2C 购物网站每年的安全投入可达千万元级别，普通网站要想免于黑客攻击每年也要付出几十万元的成本。但是目前，许多小公司的安全投入最多几十万元，有的只有几万元，甚至有的互联网公司连基本的公司防火墙都没有设置，黑客进出自由。

部分互联网企业网络信息安全事件处理水平相对低，在发生网络信息安全事件应更积极妥善处理用户的损失。2011 年索尼公司旗下 PlayStation 和 Qriocity 服务就曾发生用户信息泄露事件，索尼为处理每名用户善后花费了 20 美元，总开销超过 20 亿美元，那些信息被泄露的平台用户最终获得了一个月的免费会员资格等补偿。这对于国内互联网企业公司和互联网服务商或许是一种借鉴。

● 国内互联网行业发展环境有待进一步改善

在激烈的互联网竞争中存在一些不正当的商业运作模式，一是在新业务快速发展期，模仿抄袭网站成风，新互联网网站会聘用黑客入侵同类网站，获取核心用户数据库，并简单修改数据库信息后，直接导入自己网站，极大降低开发成本；另外一种是基于营销需求不正当竞争，通过非法获取特定人群的个人信息资料，如邮箱、手机号码等，与竞争厂商争夺用户资源。

● 黑客地下产业链推波助澜作用不可忽视

地下产业链通过多种途径销售用户资料，实现利益最大化，这个过程不可避免刺激非法窃取、传

播、销售互联网网站用户信息的行为。黑客首先非法获得网站用户信息，然后进行信息分层，寻找高价值的目标。首先选取的是带有虚拟货币的QQ号码、游戏账户、支付宝账户等，利用拿到信息直接进入账户尝试，如果有虚拟金钱就会转走或将QQ号倒卖；然后，收集、整理、保存用户基本信息如密码习惯等，尝试暴力破解其他网站账户，之后将这些用户信息倒卖给那些发送借钱诈骗消息、发布广告信息、发布钓鱼诈骗链接的非法分子；最后将用户信息再次倒卖给垃圾邮件、垃圾短信发送公司。

- 政府监管将进一步加强

我国行业主管部门将加大安全防护工作力度，通过下发法律法规、安全技术检查引导行业自律等方式，加强对互联网企业安全防护工作的指导，同时也会积极推动相关法律法规的完善，明确各方保护互联网个人信息的责任。

我国现行立法没有清晰界定受保护的个人信息的具体范围，仅原则性的规定不得非法提供、窃取个人信息、不得侵犯公民的通信秘密，公民的姓名权、肖像权、隐私权受到保护等，但具体如何认定“个人信息”的范围没有明确规定。同时我国尚未出台专门的个人信息保护法律，对于个人信息保护的法律支持是：《中华人民共和国刑法》规定了非法控制、侵入计算机信息系统罪，盗取用户信息的行为在情节严重时属于犯罪，但是这些法律几乎没有实践过。此外对于负有保护用户隐私责任的网站平台的责任主体互联网企业，疏于责任或者故意造成个人信息泄露、导致权益受损的，根据《中华人民共和国合同法》、《中华人民共和国民法通则》等依法维权也难于实现。因此就个人信息保护而言，政府应加快针对性立法，为打击网络犯罪提供坚实的法制基础。

（三）全球泛起网络身份管理涟漪，各国实现路径大相径庭

欧洲、美国、韩国、日本等互联网发达国家和地区历来重视公民身份信息管理，2011年以来，纷纷制定并积极推行国家（地区）网络身份管理战略，加强对公民网络信息监管和保护。

从2008年1月28日起，韩国的35家主要网站按照韩国信息通信部（MIC）的规定，陆续实施网络实名制，登录这些网站的用户在输入个人身份证号码等信息并得到验证后才能发帖。2010年12月15日，欧盟正式启动《欧洲2011–2015电子政务管理行动计划：利用信息和通信技术促进智能、可持续和创新的政务管理》，决定在欧盟范围内普及网络电子身份证（eID）的使用。2011年4月15日，美国白宫发布《网络空间可信身份国家战略》提出要在美国建立一个以用户为中心的身份生态认证系统。2011年3月31日，经济合作与发展组织（OECD）发布《经合组织成员国数字身份管理国家战略与策略》，详细介绍了欧洲多国以及美国、日本、韩国等18个国家的数字身份管理战略以及实际部署情况。我国应当借鉴国外的做法以及我国实施身份证管理制度、数字证书（digital credential）应用的现实，使用“网络身份管理”的提法，正式替代“实名制”的提法，充分强调网络身份认证与个人信息保护并重，并以此为基点，促进电子商务及电子交易的发展、促进公共服务及民生服务的发展。

纵观国际上网络身份管理种种模式，大体可以区分为“集中式管理模式”和“非集中式管理模式”两种。所谓“非集中式管理模式”，是指由政府主导构建可互通互用的身份管理生态系统，并服务于多个企业联盟构建起来的身份信任框架，用户可以根据不同类型的在线服务类型选择不同的认证手段以及身份信任框架。“非集中式管理模式”又可分为“以应用为中心的身份管理策略”、“以用户为中心的身份管理策略”两种形式。“以应用为中心的身份管理策略”是指以 Liberty Alliance 和 OASIS 为代表的标准化组织进行的身份联盟规范研究，如 ID-FFv1.2（用于运营的身份服务功能框架基本原则）；此外，还有 3GPP 基于 GBA 的身份认证技术、3GPP 基于 IMS 网络的身份管理技术、3GPP 基于祖冲之密码算法（ZUC）的 LTE 接入认证技术等。“以用户为中心的身份管理策略”以 OpenID 和 CardSpace 为代表，目前 Google、Yahoo、PalPay 等越来越多的互联网站都已选择加入 OpenID 研究基金会，支持该技术方案。在“集中式管理模式”下，欧盟强调建立一个统一的数字证书（digital credential）市场，实现数字时代商业及文化信息与服务在欧盟各国国内及跨境的自由流动。截止到 2011 年底，27 个欧盟成员国中的 14 个将开始向公民发放电子身份证（eID），预计在未来几年里，欧盟 5 亿人口中将近有一半的公民将持有一张电子身份证（eID）。尽管欧盟提出泛欧电子身份证（eID）的远期目标，但目前依然是各国分别颁发电子身份证（eID）。

在我国，2011 年以来，围绕着网络实名制，大体提出了“自组织加 v 认证”、“身份证号码 + 手机号码”、“身份密码（i-PIN）+ 数字证书（digital credential）”、“电子身份证（eID）”和“身份信息两极根比对”等五种认证模式。所谓“自组织加 v 认证”，是指官方网站对用户真实身份进行的基于自愿申请的审查和验证活动。例如新浪微博开展的基于身份证件的加 v 认证，并由国政通提供在线技术支持。所谓“身份证号码 + 手机号码”，是指用户在注册账号时，通过身份证号码、移动电话号码等将用户的身份属性相互关联起来，并通过短信确认方式实现实名绑定。所谓“身份密码（i-PIN）+ 数字证书（digital credential）”，是指由权威第三方电子认证机构使用公共密钥加密之后签发的，用以证明持有人网络身份的计算机文件。所谓“电子身份证（eID）”，是指由用户主动提交身份信息，经公安部全国公民身份信息系统核查无误后，生成的一组唯一的网络标识符和数字证书。所谓“身份信息两极根比对”，是指以公安部公民身份证号码查询中心、全国组织机构代码管理中心作为根验证比对中心，互联网站按照特定的规范指南与上述系统进行对接，完成对用户应用账号注册信息的一致性比对。在征求意见的过程中，大家普遍认可的总体原则和思路是：

（1）在网络互动环节推行网络实名制应尽可能降低对广大网民现有网络体验的变化和影响，防止引出大规模的负面效应；

（2）现实生活中的公民身份（如二代身份证、公安 eID 等）和网络实名身份应按照不同的应用场景、安全等级要求、部署难度进行定义以及区分；

（3）应总体规划网络实名身份颁发机构、公民身份认证服务机构、网络互动监管机构等实体，对各实体之间的流程、网络实名身份信息、缓存机制、接口关系等进行标准化部署和要求。

韩国是世界上首个强制推行网络实名制的国家。2009 年 4 月 22 日修订的《信息通信网络促进利用与信息保护法》（法律第 9637 号）规定，每种应用类型的日平均用户数量超过 10 万以上的大型门户网站，应当向其用户提供“基于国民身份号码”和“非基于国民身份号码”两种账号注册登记方法，应用实名认证措施包括电子认证机构颁发的个人身份验证证明。目前韩国已通过立法、监督等措施，对网络邮箱、网络论坛、博客乃至网络视频实行实名制，包括 Naver、Daum 在内的 146 家互联网站均已采用“基于国民身份号码”的身份认证系统。

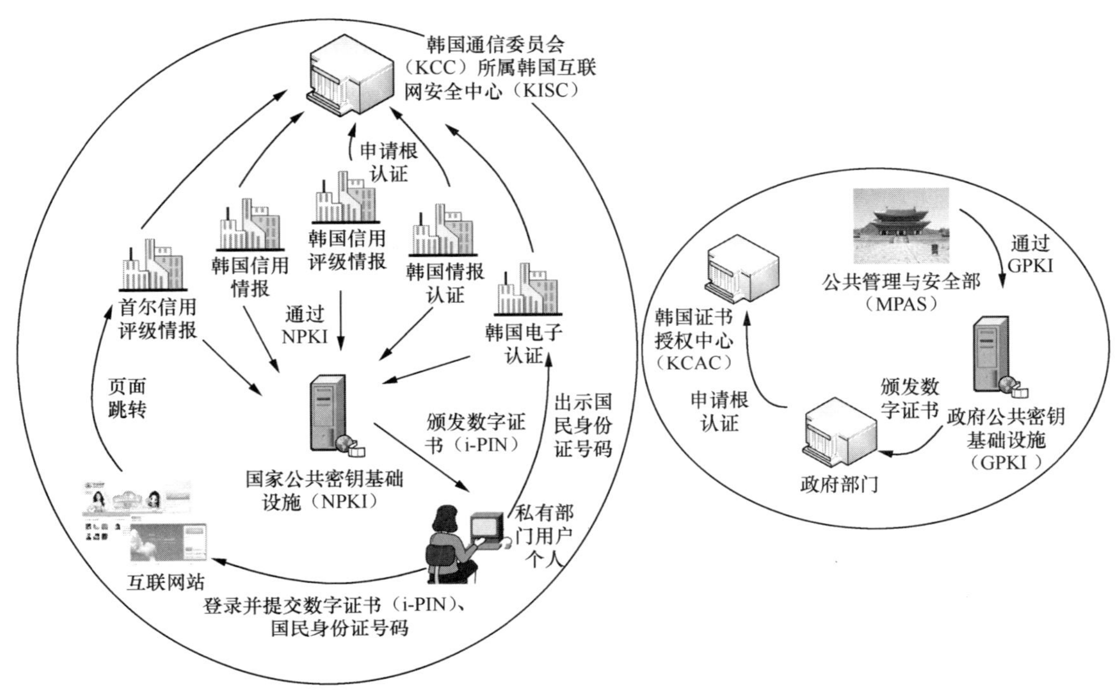

图 3　韩国的网络身份认证系统及其公共密钥基础设施

但是，2011 年，韩国因网站泄漏个人信息，导致自 2007 年施行至今的网络实名制饱受争议，命运多卯。2011 年 7 月 30 日，韩国知名门户网站“NATE”和社交网站“赛我”遭黑客攻击，约 3500 万名用户的个人信息外泄，包括未经加密的用户名、姓名、电话号码、电子邮件地址和加密的密码、身份证号码等。2011 年 8 月 11 日，韩国行政安全部在党政会议上介绍了“个人信息保护综合战略”，出于保护网络用户个人信息安全考虑，政府拟分阶段逐步取消网络实名制。2011 年 12 月 29 日，韩国通信委员会（KCC）向政府递交报告，计划通过修改相关法律法规，禁止互联网站收集用户的国民身份证号码、身份密码（i−PIN），并重新评估目前在用的身份认证系统。从 2012 年起，日均访问量超过 10 万人的互联网站全面禁止收集和使用用户个人信息，2013 年将该范围扩大至所有互联网站。

无独有偶，在我国，自 2011 年 12 月 21 日起，我国 CSDN、天涯、新浪、京东商城、网易公司、支付宝等互联网站相继爆出用户个人信息被泄露，甚至工商银行、交通银行和民生银行的用户个人信息也被爆料泄露。这与韩国 2011 年 7 月发生的情况如出一辙。该事件对我国正在进行的网络实名制、手机实名制是否产生影响以及影响程度如何，现在还很难作出判断，有待进一步观察。

（四）移动互联网安全问题凸显，智能终端安全越发重要

2011 年移动互联网安全事件仍旧频发，用户隐私窃取、恶意扣费事件不断扩大化，让智能终端安全更加令人担忧。

2011 年苹果和谷歌两大公司非法搜集用户定位数据，造成严重用户隐私侵犯，Carrier 公司预装在手机系统中的软件存在过度搜集用户隐私行为，吸费、卧底等恶意软件依然盛行，让智能终端面临严重威胁，飞流下载软件恶意扣取手机用户费用，网秦涉嫌合谋，苹果在线应用商店涉黄，影响未成年人的身心健康。

从 2011 年的移动互联网重大安全事件可以看出，公司行为的恶意事件成为移动智能终端安全的一个重大威胁。网秦涉嫌与恶意软件公司合谋，苹果、谷歌这样的大品牌智能终端公司也会实施非法收集用户信息行为，这种公司行为造成的危害更大、范围更广，也更加难以防范，因此对公司行为的管理、监控、约束成为移动互联网安全的重要方面。

2011 年 Andriod 平台迎来了其高速发展的时期，在用户数量急剧暴涨的同时，其安全问题也日益凸显。由于 Andriod 平台的开放性，2011 年它成为手机木马重灾区，Andriod 木马呈现爆发式增长态势，相较 2010 年，无论从手机木马种类、数量，还是感染手段的多样性与感染用户数上，都呈现出几十倍的大幅增长。而这些木马的危害也主要集中在恶意扣费和窃取用户隐私上。这主要是经济利益的趋驱使，恶意扣费是移动智能终端相比传统计算机系统的一个新特征，也是危害较大的一种威胁。另外隐私窃取是第二大恶意行为，分析隐私窃取的根源，也是为了间接获取一些利益，包括搜集用户行为为自身业务品质提升提供支持、窃取用户电话本、或截获用户账号信息最终用于经济诈骗，或出售大量用户信息为其他商业团体的商业活动提供信息支撑。因此归根到底都是利益驱动，这些危害在成规模后会给社会、国家造成很大的安全威胁。

Andriod 是开放的移动智能终端操作系统的典型，针对这样的操作系统如何加强其安全性，对其实施监管，是提高移动智能终端安全的重要方面。

由于 Andriod 的开放性，终端公司基于 Andriod 开发出衍生的操作系统，衍生的操作系统除 Andriod 自带的公开 API 外还增加了大量未公开 API，这给安全监管带来新的困难。

以上是对 2011 年移动互联网安全形势的重点分析。由这些安全事件可以看出 2011 年移动互联网安全形势逐渐凸显，智能终端安全越发重要。智能终端与无线网络以及互联网结合带来巨大的安全威胁。结合后原有的互联网安全威胁依然存在，而开放的无线网络更容易被攻击，网络系统更加复杂并且漏洞增加，新型业务层出不穷带来安全新问题，移动恶意代码数量日益增加，智能终端安全机制相对不足，用户隐私泄露事件不断增多，移动内容监管缺乏有效手段。

这些威胁产生的根源来自多个方面：终端、网络、业务。对于终端，其存储的隐私和包含的经济利益是首要的攻击目标。对于网络，网络 IP 化将互联网安全威胁引入电信网络中。对于业务，开放

的业务平台（包括应用商店）给智能终端带来更多的安全风险。

分析这些安全威胁和威胁产生的根源，目前需要重点解决的安全问题如下。

缺乏智能终端安全评测体系，无法对智能终端的安全状况作出科学的分析和评估，也就无法给出合理的指导意见和建议来防范安全事件，并引导产业健康发展。

智能终端核心芯片和操作系统还未掌控。一些新的安全事件和影响更广的安全事件是由操作系统厂商甚至芯片厂商直接内置恶意程序于系统当中引发，如果无法掌控智能终端核心芯片和操作系统，则无法做到真正的安全。

境内外应用软件商店和应用平台无管理。智能终端的特点是其开放性，可随时安装新的应用软件，因此后装应用软件的安全是保护用户安全的另一重要方面。目前吸费软件、隐私窃取软件盛行，还有涉黄应用的上线，主要是由于对境内外应用商店和应用平台无统一的管理和要求。

私有通信协议和加密算法造成管理困难。黑莓、苹果均有通过私有协议和自有服务器通信的能力，这些私有协议和加密算法的使用给国家的安全管理工作带来很大困难，因此有必要针对此类问题提出更好的管理办法。

电子支付、定位在内的敏感应用加剧了安全威胁。电子支付直接涉及用户的金钱，定位信息与个人隐私直接相关，这些应用的使用直接对智能终端的安全保护机制提出更高的要求，因此有必要针对这些高安全要求的特殊应用提出更加安全的智能终端安全架构和策略，来保证这些应用的安全使用和产业化。

针对重点安全问题，政府、产业已经有一些应对措施。2011 年工业和信息化部正在加强研究移动互联网和智能终端的管理办法，维护国家安全和设备公共利益，保护消费者的合法权益，保障通信网络安全运行。

在标准角度，移动智能终端安全系列标准正在逐步完成。2012 年“核高基”重大专项“移动智能终端操作系统研发”也推动了国产操作系统的研发进程。针对电子支付等敏感应用提出的“Trust Zone”技术为嵌入式领域安全提供了新手段。

通过完善法律法规、制定相关标准、研究新的安全技术，移动互联网、移动智能终端的安全性在不断提升，但新的安全问题、新的攻击手段也不断涌现，因此政府、产业还需不断努力，持续改进管理方法、研究新的技术方案来不断提升和维护移动互联网及智能终端的安全性。同时要加强自主知识产权技术的发展，从根本上解决安全问题，保护国家、用户安全。

三、2012 年网络与信息安全展望

（一）下一代互联网发展进入快车道，安全保障需未雨绸缪

2011 年 2 月 3 日，IANA 将最后可用的 IPv4 地址分配殆尽，虽然某些 RIR 还有够一两年的库存，但 IPv4 地址分配的时代已经基本成为历史。随着 IPv4 地址耗尽，全球互联网 IPv6 时代已经正式到来。

国务院部署加快发展下一代网络产业。2011 年 12 月 23 日，国务院常务会议明确了我国发展下一代互联网的路线图和主要目标。2013 年底，开展 IPv6 网络小规模商用试点，形成成熟的商业模式和技术演进路线。2014 年至 2015 年，开展大规模部署和商用，实现 IPv4 与 IPv6 主流业务互通。我国未来将重点研发下一代互联网关键芯片、设备、软件和系统，加快产业化及现网装备，推动下一代互联网商用进程，促进新型业务研发、现网试验和在线应用，建设基于 IPv6 的三网融合基础业务平台，支持物联网、云计算、移动互联网发展。目前，我国三大电信运营商都已经制定了 IPv6 发展规划，并开展了相应的现网试点工作，腾讯、百度等大的 ICP 也开展了业务应用的 IPv6 试验。我国基于 IPv6 的下一代网络建设即将进入规模部署的快速发展期。

同时 IPv6 网络发展将面临很多的安全挑战。首先，IPv6 协议和软件安全漏洞可能伴随网络加速部署而进入高发期。IPv6 采用了很多新协议和通信机制，很多潜在安全漏洞和威胁尚未暴露。且我国在 IPv6 基础软件（OS、DB）方面未掌握核心技术，发现安全漏洞和修补漏洞的能力有限，安全风险无法准确评估。其次，面对复杂的过渡期网络环境，安全手段面临适用性挑战。过渡期将同时存在 IPv4 和 IPv6 两种网络以及各种各样的过渡技术，这将使网络结构更复杂，很多现有的防护手段在双栈双网环境下将面临适用性挑战。再有，IPsec 加密衍生安全问题尚无有效应对手段。比如当用户大量使用加密通信时，将会使防火墙、垃圾信息过滤、恶意代码识别等安全手段的有效性大大降低，影响安全监管的实施。

然而伴随下一代互联网网络的发展必然会出现各种各样的安全威胁，我们应当在建设规划阶段统筹协调，充分考虑并同步解决上述可以预见的安全问题，才能更好的促进下一代互联网产业健康快速发展。

（二）密码应用日益广泛，相应安全管理机制应加强

随着移动通信网络和终端技术的不断发展，以及网络和用户信息安全需求的日益增长，密码技术在各领域的应用得到了长足的发展。近年来，比较重要的密码应用包括：手机应用软件商店的代码签名和加密认证，SNS 网站通过对称加密对用户进行可信认证，VPN 应用的端到端应用加密协议，电子邮件服务的服务器侧加密协议，以及 IPv6 的 IPSEC 协议等。

所有这一切都预示着，互联网端到端透明的属性正在被逐渐改变，我国广泛使用的 IP 地址层层溯源、基于寻址技术的端口扫描和数据过滤等技术手段将会逐渐失效。因此，我国应当加紧建立相关公共密钥基础设施（PKI），做好信息对抗的战略准备工作。研究制定《在线密码管理条例》，统筹制定我国的在线密码应用计划，掌握 IPSEC、DNSSEC 在我国部署应用时的密码自主权，防止国内密码应用被国外所掌控、垄断。

2011 年 9 月 19 日至 21 日，在日本福岗召开的第 53 次第三代合作伙伴计划（3GPP）系统架构组（SA）会议上，我国祖冲之密码算法（ZUC）被批准成为新一代宽带无线移动通信系统（LTE）国际标准。ZUC 算法将用于我国的第四代移动通信网络，为我国自主知识产权密码算法的市场应用和推广奠定基础。ZUC 成为国际标准提高了我国在移动通信领域的地位和影响力，对我国移动通信产业和商用密码产业发展均具有重大而深远的意义。

（三）网络身份标识管理获全球认可，逐步加快推进速度

“互联网匿名文化”逐渐被摒弃，提高网络空间身份可信度成为全球共识，各国政府、国际组织都在积极推进网络真实身份标识管理相关技术、标准、机制建设工作。美国 2010 年 6 月 25 日发布“网络空间可信身份标识国家战略（NSTIC）”白皮书，提出“网络身份证计划”，要求网上的每个人有安全、可靠、唯一的身份标识，建立本国以及国际间的网络身份标识生态系统。全球主流互联网企业也在积极倡导采用真实身份的网络环境。Facebook、Google+ 为代表的社交网络倡导建立采用真实身份的网络环境，认为此举有助于找到自己的朋友、家人和同事，防止网络诈骗、网络暴力、网络骚扰等违法活动，有效规范用户行为。国内的淘宝、腾讯等互联网企业也都开始实施了不同程度的应用实名认证机制。

现实世界中，可信任的身份证管理制度是社会基础安全保障。互联网安全秩序构建的一个基本问题就是网络用户身份的可信任性难以保障。互联网虚拟身份和真实用户间多对多的映射关系，使问题更为复杂。目前我国互联网行业自身已经开始了用户网络身份标识统一管理的实践，国家应尽快研究将统一网络身份认证管理机制纳入国家网络安全发展战略，同时推进相关技术研发、系统规划和配套管理机制、法律法规的建设。

（四）移动支付市场潜力巨大，催生安全技术新需求

2011 年底我国获得牌照的第三方支付企业达到 101 家，移动支付市场已经呈现出蓬勃发展的势头。易观国际预计 2011 年移动支付用户比 2010 年增长 60.9%，整体规模将达到 2.2 亿户。而我国手机用户已突破 9 亿，其中有 3.2 亿手机上网用户，未来移动支付的市场需求不可估量。尽管移动支付来势凶猛，但发现大多消费者还存在疑虑。据调研，使用手机进行支付是用户最担心的手机安全问题。事实上由于经济利益的驱使，移动支付也必将成为手机黑客攻击的下一个目标。移动支付涉及用户金钱，其安全事件将对社会产生巨大冲击，如果未解决相关安全问题，便规模发展移动支付业务，将让移动

支付用户面临巨大的安全风险，让整个行业面临巨大的挑战。

移动支付面临着多方面的安全风险。移动终端中存储的用户账户信息及密码信息是移动支付安全的根本，移动智能终端病毒滋生给移动支付带来极大的安全威胁，移动终端无线接入环境也存在暴漏用户账户信息、签约密码的威胁，移动支付有多种解决方案，其中全终端方案安全芯片集成于终端中，也存在移动终端厂商设置后门获取用户支付信息的风险，特别是国外大牌移动终端厂商如果获得大量中国移动支付用户的相关银行账户、消费行为信息，将对国家安全产生冲击。正是由于存在这诸多的安全风险，移动支付催生安全技术新需求，如：国产安全加密算法、移动终端安全存储区、硬件安全隔离区、安全操作系统、应用认证安全、无线接入安全、支付业务认证体系等，这一系列安全技术的研究和实现是保证移动支付安全的技术基础。

移动支付发展势不可挡，而移动支付又面临着重大的安全风险，为确保产业的健康与安全，完善法律法规、制定相关标准、探索新的监管模式和监管技术手段是当务之急。

（五）云计算高速发展将加剧传统安全威胁，并带来新的安全隐患

云计算时代传统安全威胁依然存在，并且云计算的高速发展加剧了这些威胁。云计算面临的传统威胁包括：①物理设施与设备安全中的机房环境与设施安全（安防监控、防火防震等）和设备故障等，②网络与平台安全中的病毒、木马与漏洞、密码破解泄漏、DDOS 攻击和僵尸网络、DNS 攻击等，③操作维护安全中的安全域划分、身份认证与访问控制、内部人员威胁等，④用户数据安全中的用户数据加密、数据容灾备份等，⑤信息内容安全中的暴力恐怖反动信息、黄色等非法内容等。云计算的出现加剧了上述传统威胁，原因在于，例如黑客将可能利用云计算平台超强处理能力进行密码破解，或者用于发起 DDOS 攻击，其造成的危害程度更深、影响范围更广。云计算平台的海量用户也必将对传统身份认证与访问控制技术提出挑战。

云计算也带来了新的安全隐患，包括：①网络与平台安全中的虚拟化安全（Hypervisor 攻击、虚拟机内存与 I/O 隔离），DDOS 攻击也更加突出，②用户数据安全中的多租户数据隔离、剩余数据清除、服务商优先访问等，③信息内容安全中的数据跨境流动、隐私数据保护等。

我国云计算安全形势严峻，国际 IT 巨头在云计算这一新技术领域继续保持领先地位，包括云计算安全技术，相关的标准组织主要有 CSA 和 NIST 等。在法律法规上，美国有 1974 年的《隐私权法》、《联邦信息安全管理法案》、《爱国者法案》、《儿童网上隐私保护法》、《计算机欺诈和滥用防止法》等。欧盟也制定了相关法律，如 1995 年的《数据保护指令》、2002 年的《隐私与电子通讯指令》、2002 年的《关于电子通信领域个人数据处理和隐私保护的指令》。

我国应尽快填补涉及云计算安全的技术、标准和法律法规空白。从技术方面考虑，重点关注虚拟化安全（虚拟机隔离，网络虚拟化隔离，Hypervisor 攻击），数据隔离与清除（多租户数据隔离，剩余数据清除，数据加密技术），不良信息溯源（解决信息与发布载体的动态绑定带来的定位难题）。从

标准方面考虑，尽快出台云计算相关标准，包括技术标准：如云计算安全防范和检测标准。管理标准：如操作维护，安全域划分，权限管理，密码管理等。服务标准：如提供的服务安全等级（如灾备级别），责任界限划分，第三方评估认证等。从法律法规方面考虑，如保护数据和隐私，限制数据和隐私的跨境流动，特别是涉及国家安全内容，防止数据泄露，规定服务商需确保所提供服务的稳定性、连续性，保障用户权益，保证服务连续性，严禁利用云计算资源发起DDOS攻击、发送垃圾邮件或用于密码破解等，防止资源滥用，禁止不良信息传播，必要时需进行跨国司法协调。

（六）Wep APP成移动互联网应用发展趋势，HTML5安全风险初现

Web APP是移动互联网应用的发展趋势之一。HTML5技术具有支持网页多媒体化、文档语义化、应用跨平台化、相对Flash省电等诸多优势，同时目前的本地APP存在与平台绑定等劣势，因此基于HTML5的Web APP应用前景被看好。Chrome、Safari、Ucweb、Firefox和Opera等浏览器均支持HTML5，浏览器厂商将会构建自己的Web App Store，Flash技术所有者Adobe公司宣布将不再开发针对移动浏览器的Flash Player版本，今后重心将放在HTML5及其他网络应用技术之上，RIM、FACEBOOK、MICROSOFT等IT巨头公司也纷纷表示支持HTML5，百度在2011年5月启动了Web APP应用创新大赛，腾讯将推出国内首个HTML5应用市场Web App Market。

HTML5已被发现存在诸多安全隐患。2011年8月，欧盟网络与信息安全局ENISA宣布发现HTML5的13个规范的51个安全问题。安全公司天融信公布了HTML5存在8大安全漏洞，包括新标签和新属性绕过黑名单策略、隐藏URL中的恶意代码、拖放劫持攻击的崛起、本地存储存在安全隐患、两个跨源请求方法、僵尸网络、地理定位暴露位置、CSS3增加UI攻击风险等。专业安全人士分析，HTML5的招牌功能存在安全隐患，例如HTML5支持Web动画和视频，技术人员发现支持HTML5的Opera浏览器存在图像处理的溢出漏洞，HTML5支持Web离线Cache，网站缓存用户敏感信息url，如果网站存在跨站脚本漏洞，用户敏感信息可被发给攻击者，Web Socket通信可能存在后门，被利用进行僵尸网络攻击。根据经验，溢出漏洞、跨站脚本漏洞、后门等都是造成互联网各种安全问题频发的高危安全漏洞。

由于HTML5处于发展初期，W3C还未充分考虑HTML5的安全机制。随着基于HTML5的Web APP大规模应用，其安全问题将逐渐暴露并引发关注。